JN086034

# インクルージョン・マネジメント

## 個と多様性が活きる組織

[著] 船越多枝

Funakoshi Tae

# INCLUSION

Beyond Diversity — Inclusive Organizations for the Future

東京 白桃書房 神田

# まえがき

「みんなちがって，みんないい」

——これは，詩人金子みすゞの詩*の一節である。

ダイバーシティ＆インクルージョン，という言葉を聞いたときに，筆者はこの一節を思い出す。同じくこの詩が思い浮かぶ人も多いのではないだろうか。本書は，「みんなちがう」と「みんないい」の２つを，企業で働く個人がなる・・べく感じられるための要素——つまり，組織に属する個人が，「インクルージ・・ョン」を認識するに至る要因とは何か，を解き明かそうとしたものである。

多様な人材のマネジメント，いわゆるダイバーシティ・マネジメントのこれまでの議論では，新しいアイデアやイノベーションの創出，また人材の確保といった企業戦略的な視点や，それを実現するための効果的な人事管理といった人的資源管理的見地からの議論が多かったように思う。それは，歴史的には属性での雇用における差別や格差があったという現実があり，その規範づくりはもちろんのこと，ダイバーシティそのものの意義を周知する必要があったためだと考える。今日では，それらは加速度的に進められていると感じるが，ダイバーシティ・マネジメントの効果は長期的なものが多く見えづらいこともあり，その点から企業や推進担当者にとってその推進は容易ではないと聞く。

本書で組織行動論の観点から，インクルージョンという概念を介してダイバーシティ・マネジメントを試考しよう，と考えた理由はここにある。企業の人材多様性が増し，それに適した規範ができ，戦略としてその意義を理解していても，企業がダイバーシティで期待する効果の実感はなぜ得られにくいのか。企業戦略レベルでの打ち手が進んできたのであれば，次に注力すべきは，組織を形づくる人々，つまり社員１人ひとりの認識ではないか。これが，本書における研究着想の原点である。

ただ，ここで議論となるであろう点は，営利目的の企業のなかで，果たして「みんないい」が実現可能なのか，である。まえがきで結論めいたことを言ってしまうのは気が引けるが，筆者が本書の調査研究で見出したことの１つは，

i

企業組織では，企業が目指す理念や目標の下で，いかにインクルージョンを実現するかが重要だ，ということである。だから，この「まえがき」の書き出しであえて，「『みんないい』がなるべく感じられるには」と述べた。

　もちろん，世の中の誰もが異なり，一人ひとりが尊重されるべき価値ある人間であり，そこに必ず守られるべき基本的人権がある。そして，社会学や教育学の文脈では，全ての人や状況において「みんなちがって，みんないい」ことが正解であると考える。

　他方，経営学は，他の企業との競争の中で，いかに企業を存続させ競争優位を勝ち取るか，ということが前提の学問である。人的資源は企業で最も大切な資源とも言われるが，競争優位を目指すには，当然進むべき方向にスムーズに合意ができたほうが良く，アクションのスピードも速いほうが良い。一方で，人々の同調が過ぎ，他社と異なるアイデアが創出できなければ差別化ができず，企業はいずれ衰退していくであろう。異なるアイデアを創出するには，議論に参加する人が様々にいて異なる視点が多いほうが良いに決まっている。ただ，そうすると今度は意見がまとまらず苦労するだろう。これは，著名なダイバーシティ研究者の多くがこれまで述べてきたことでもある。

　この点は，「みんなちがって，みんないい」の企業経営における実現が，なかなか大変であること，経営学においては二律背反の部分があることを示している。異なる意見を多く出すには多種多様な人材が求められるが，意思決定にスピードが求められる中で，多様性を活かすのはなかなか骨が折れることであるという現実——ここからダイバーシティ推進がなんとなく二の次になっている企業も多いのではないだろうか。しかし，人口動態とグローバル化における人材獲得という点からも，多様な人材に活躍してもらい，相互に貢献し合うためにも，ダイバーシティ・マネジメントは不可避であり，やるなら早く取り組むべきである。なぜなら，米国ですでに60年余りに渡りこの課題について模索していることからも見て取れるように，この取り組みは時間がかかる。

　少し前の話となるが，2017年11月に行われた日経フォーラム「世界経営者会議」の状況を伝える新聞記事**には，「3つのD」——「ディスラプション」「デジタル」「ダイバーシティ」の実現が今後の世界経済のカギだとある。国内外15人の講師から最も良く聞かれた言葉が，この3つだという。驚くべきは，ダイバーシティ・マネジメントにかかわる研究は，1960年代から蓄積されているにもかかわらず，2017年においても（欧米の企業でさえ），これか

ら先に必要なことは，ダイバーシティだと述べている点である。つまり，多く
の企業はまだこの経営課題を克服できていない。なお，2021年3月31日に世
界経済フォーラム（WEF）が発表した世界における男女平等の度合いを示す
「ジェンダー・ギャップ指数」で，日本は156カ国中120位（前年121位）***
と先進国では最低レベルの状況が続いている。

　一方で，オリンピック東京2020大会には多様性と調和が掲げられ，2025年
に開催が決定している大阪・関西万博においても，多様な文化や考えを尊重し
合うこと，また一人ひとりが互いの多様性を認めあうことが，大会テーマの実
現に非常に重要であると宣言されている。多様性は，いまや持続可能な社会に
は必要不可欠であると全世界が認識していると言えるが，様々なところでテー
マに上がるということは，実現に向け意識を高め，更なる実践が必要であるこ
とを示しているのではないか。だからこそ，この課題に今からでも一歩先んじ
て取り組むことが，競争優位に繋がると考えられる。

　繰り返しとなるが，日本企業の現状として，すでにある程度「みんなちが
う」という点，すなわち人材の「ダイバーシティ」の実現そのものにかんして
は，意義の浸透や規範，そして制度への対応ができつつあるように思う。それ
は，これまで多くの諸先輩方が導き出した，学術的・実践的含意と企業の真摯
な取り組みがあってのことと考える。だからこそ本書においては，社員が組織
内でインクルージョン認識を獲得し高めていくという，この次のステップと考
えられる点に着目した。なお，特に日本企業の発展に貢献したいという思いと，
日本企業固有の人事管理というコンテクストから見出せる示唆は多いと考え，
本書は対象を日本企業に絞ることとした。そして，組織に属する個人の認識と
いう非常に複雑な感情の機微を扱う点，またインクルージョン自体が，いまだ
経営学においては萌芽的概念と考えられている点から，質的調査での仮説導出
と事例分析に注力した。

　筆者はかつて，企業人であった。外資系企業での勤務経験もあるが，日本企
業にも勤務し，きめ細やかさ，人間関係を大切にする点，そこから生まれる卓
越した技術に感銘を受けた。また，そこでの同僚は，属性にかかわらず，みな
素晴らしい方ばかりであった。一方で，本書で調査テーマとした属性である女
性や外国人の同僚においては，これまでの規範から一律的な管理もなされるこ
とがあるなか，ときにキャリアに悩んでいたのも事実であった。企業と社員の
双方にとって，効果や成果が感じられるダイバーシティ・マネジメントとはど

iv

のようなものか。本書における研究課題への問題意識はそこに端を発するが，当時，研究と実践の両方において暗中模索であった筆者の拠り所は，学術界の偉大な諸先輩方の先行研究であった。自らの研究を進めるにあたってはもちろんのこと，実務の現場において，既存の学術理論を用いて説明や実践ができることは，安心感や説得力という点で，担当者にとっては何にも勝る応援となった。この経験から，本書は学術書と位置づけているが，多くの実務家にも読んでいただきたく，なるべく平易な表現を用い，実務に活かしやすいよう意識した。

　本書が日本企業の多様な人材の活躍推進──ダイバーシティ・マネジメント──において，学術面と実務面に何かしらの新しい視座と貢献を与えることができれば，これほどの喜びはないと感じている。

　　　　　2021 年夏
　　　　　かつての学び舎がある神戸に思いを馳せながら
　　　　　　　　　　　　　　　　　　　　　　船越　多枝

＊金子みすゞ（2020）.「わたしと小鳥とすずと」『わたしと小鳥とすずと　金子みすゞ童謡集』フレーベル館.
＊＊関口和一（2017）.「垣根超える革新　創造　日経フォーラム世界経営者会議『ディスラプション』『デジタル』『ダイバーシティ』『3 つの D』実現カギに」日本経済新聞朝刊（2017 年 11 月 27 日）.
＊＊＊中村奈都子（2021）.「女性活躍『120 位』が示す日本の無策」『日本経済新聞電子版』（2021 年 3 月 31 日）https://www.nikkei.com/article/DGXZQOFE304HV0Q1A330C2000000/（2021 年 7 月 27 日閲覧）.

# 目　次

# 基本用語

本書で用いられる用語のうち，先行研究や分野によって様々な定義・解釈が混在しているものや，専門性の高いものについて，ここで説明を行う。なお，ここでの説明は主として経営学におけるものとする。

【アイデンティティ（identity）】

アイデンティティ（identity）とは，金・大月（2013）によると「ある主体が自分をどのようなものとして認識するか，あるいは他者からどのようにみられているかに関する自己概念・自己定義」（155 頁）である。また，Turner et al.（1987, 蘭ら訳 1995）によると，「個人が明確な社会的存在として，自分自身についてある集合的意識を持っていること」（25 頁）である。なお，「アイデンティフィケーション（identification）」とは，個人的アイデンティティと，社会的アイデンティティを統合するプロセス（金・大月，2013）のことであり，また「アイデンティティ志向（identity orientation）」とは，「個人が自己のアイデンティティを確立する際の態度や傾向」（金・大月，2013, 159 頁）である。

・個人的アイデンティティ：
　親子，恋人，友人といった自分と特定他者との関係にかんする主体的な自己記述（金・大月，2013）。
・社会的アイデンティティ：
　国・人種・性別・宗教・大学・会社など集団やカテゴリーのメンバーであることにかんする自己記述（Hogg & Abraham, 1988, 吉森・野村訳 1995；金・大月，2013）。
・カルチュラル・アイデンティティ（cultural identity）：
　単純に表層的・深層的といった分類ではなく，社会文化的な識別，つまり個人の選択が他の人とどう異なっているか，自ら定義する様々なアイデンティティ（Cox & Blake, 1991; Ely & Thomas, 2001）。

【アファーマティブ・アクション（affirmative action）】

アメリカやカナダで用いられている用語であり，「積極的格差是正措置」または「積極的差別

x

是正措置」を指す（辻村，2011a）。その意味するところは，伝統的に不利な立場におかれてきた黒人，女性，少数民族，チャレンジド（障がい者）などに対する雇用上の差別を是正するために，それらの人々に対して積極的な採用や登用を行うことである（松村，2012；谷口，2008）。

【インクルーシブ・リーダーシップ（inclusive leadership）】
インクルーシブ・リーダーシップの考え方は，「リーダーによる包摂（leader inclusiveness）」（Nembhard & Edmondson, 2006），すなわちリーダーが人々の貢献を奨励しそれに感謝するという考え方の流れをくむリーダーシップ概念である。インクルーシブ・リーダーシップでは，フォロワーとのやり取りにおいて，開放性，近接性，有用性の3要素が示される（Carmeli et al., 2010）が，その具体的なリーダー行動はいまだ議論の途上であり，また「インクルーシブ・リーダーシップ」と「リーダーによる包摂」という2つの概念の弁別は，曖昧で両方が混在して使用されている。一方でCameli et al.（2010）のインクルーシブ・リーダーシップの定義は，Nembhard & Edmondson（2006）のリーダーによる包摂の概念が包含されると明示している。そこで本書では，これらの概念を全て含む語として，「インクルーシブ・リーダーシップ」を統一して用いる。なお，本書のインクルーシブ・リーダーシップの定義にはNembhard & Edmondson（2006）のリーダーによる包摂の概念，すなわち「他の人々の発言を奨励し，それに感謝すること」（pp. 947-948）が包含されていることが明確になるよう，Cameli et al.（2010）の定義に加筆の上再定義した。すなわち本書での定義は，「フォロワーに開放性，近接性，有用性という3つの要素を示し，発言の奨励やそれに対する感謝などの包摂を促す行動を，目標達成のために戦略的かつ直接的に行うリーダーシップ」とする。

【インクルージョン（inclusion）】
「経営学の分野（本書の定義）」
　「社員が仕事を共にする集団において，その個人が求める帰属感と自分らしさの発揮が，集団内の扱いによって満たされ，メンバーとして尊重されている状態」（Shore et al., 2011, p. 1265を加筆修正，本書第2章第1節1.4参照）。すなわち，社員本人において帰属感と自分らしさの発揮の認識が両立している状態を指す。
「教育学の分野」
　チャレンジド（障がい者），少数民族，海外から来た子といった特別な教育ニーズを持つ子どもたちを含め，すべての人に対して個人を尊重し，個別のニーズに対応しつつ，区別をしない一元的な教育を実施する必要性を示すもの（三好，2009；Tang et al., 2015）。韓

ら（2013）は，「統合教育（インテグレーション）とは，例えば障がいの有無であれば，
それを区別した上で場の統合を進める教育であり，インクルーシブ教育（インクルージョ
ン）とは，その区別なく共同の場を設定し，平等かつ包括的な教育を行うことである」
（115頁）と定義し，インクルーシブ教育（インクルージョン）と統合教育（インテグレ
ーション）を弁別している。

「社会学の分野（ソーシャル・インクルージョン）」

ソーシャル・インクルージョンは社会的包摂とも言われ，例えば単身高齢者，核家族化の
中で育児を行う母親，若い非正規労働者といった社会的に孤立しそうなグループや個人へ
の支援などを指す（藤本，2010）。

【インクルージョンを是とする風土（climate for inclusion）】

社員がインクルージョンを認識する環境が整っている風土のこと。この尺度は，Nishii（2013）
により開発され，ダイバーシティが存在する職場において（1）公平な雇用慣行の基盤（公平
な人事慣行に加えて多様な人材に対応する手続き，例えば相談窓口が整っているか等）（2）違
いの統合（多様な人材が歓迎されているか等）（3）意思決定への参加（様々な人材の意見が意
思決定に反映されるか等）の3つの次元にかんする項目が実現されているかで測られる。

【外集団】

⇒内集団／外集団

【カテゴリー（category）】

本書においては，社会的な類似性に基づき定義づけられたグループのこと。例えば，「日本
人」「女性」「外国人」「△△社の社員」など。

【カテゴリー化（categorization）】

人のまとまり（集合体）がカテゴリーとしてグループ化されること。準拠枠（心理的な意味を
持つ刺激を受けるあらゆる状況下）の人の「まとまり」において，「まとまり」内での類似性，
または他の「まとまり」との相対的な類似性をより高く知覚されるとき，「まとまり」が同類
としてグループ化されやすくなり，カテゴリー化に繋がる（Turner et al., 1987 蘭ら訳1995）。
カテゴライズとは，カテゴリー化すること。

【自己概念（self-concept）】

「自己に関連した心理的システムないし過程の認知的構成要素」（Turner et al., 1987 蘭ら訳 1995, 57 頁）で，自己概念は自己記述と自己評価から自身の自己像を説明するもので「自己同一化」ともいわれる。但し，時間・場所・環境により顕現する自己像は変化する（Hogg & Abrams, 1988 吉森・野村訳 1995, 23-24 頁）。人は複数の自己概念を持ち，その概念は複合的に作用する（Turner et al., 1987 蘭ら訳 1995）。自己概念は個人的アイデンティティと社会的アイデンティティから成る（Hogg & Abrams, 1988 吉森・野村訳 1995；金・大月，2013）。また，Turner et al.（1987 蘭ら訳 1995）も，自己概念の 1 つの側面として社会的アイデンティティが存在するとしている。これらの検討から本書においては，自己概念とアイデンティティ（個人的・社会的アイデンティティの上位概念）を同義として扱う。

【自己表象（representation of the self）】

他者や社会との関係性の中で，自己を解釈しイメージづけること（金・大月，2013）。「個人」「対人関係」「集団」の 3 つの包括レベルで説明されているが，これらは誰もが持ち合わせており，個人がどの自己概念を最も強く志向するかは状況により変化する（金・大月，2013；Brewer & Gardner, 1996）。

【集団凝集性（group cohesiveness）】

集団内での繋がりやまとまりの強さ，集団内でのコミュニケーションの濃さを示す概念（鈴木，2011）。Shore et al.（2011）によると，インクルージョン認識の 2 つの構成要素のうち，帰属感の方により影響する。

【上位目標（superordinate goals）】

1 つの集団や個人で成し遂げることができない共通の価値観やゴールのこと（Turner et al., 1987 蘭ら訳 1995）。

【人材マネジメント，人事管理】

「人材マネジメント」と「人事管理」の意味は以下の通り。本書においては，ほぼ同義として扱う。ただし，インクルージョン概念は組織と人材が相互に関わるという視点も含まれることから，組織としての関わり方という視点のみならず，より幅広く「組織と人が相互に関わりあうこと」を特に読者に意識頂きたい箇所については，「人事管理」ではなく，あえて「人材マ

ネジメント」という言葉を使用している。

・人材マネジメント：

本書では「人事管理・人的資源管理・労務管理・人材育成，ダイバーシティ・マネジメント等，組織における人材のマネジメント全てを含む活動」という意味で用いるが，そこには組織と社員が相互に関りあうことが包含される。

・人事管理：

平野・江夏（2018）は，「組織で働く人々に対する管理活動の総称」（1頁）と定義しており，そこには，経営資源としての人材だけでなく，組織の人材への関わりかたや，組織による人材の意欲や成長の促進という意味も含まれる（平野・江夏，2018）。

【心理的安全性（psychological safety）】

心理的安全性は，チーム内において個人が対人行動を起こすにあたり，その行動が非難されないという共通認識が存在する状態のこと（Edmondson，1999）。

【成果（outcome），パフォーマンス（performance）】

本書において，成果とパフォーマンスは同義で使用している。谷口（2005）によると，ダイバーシティと財務的な成果の因果を示す理論モデルは開発されていない。また，ダイバーシティの効果の検証には，長期的な成果，すなわちコンフリクトやコミットメント等の職場や組織に対する影響を考慮しなくてはならないという主張がある（Jehn, Northcraft & Neale, 1999；Williams & O'Reilly, 1998）。ここから，本書における成果及びパフォーマンスとは，職場や組織へプラスの影響を及ぼす非財務的指標を意味する。また，本書では，「個人の成果（個人成果）」と「組織の成果（組織成果）」という言葉を使用するが，それが意味するところを以下に示す。

・個人の成果（個人成果）：

個人が起こす態度や行動で，主に職場にプラスの影響を与えるもの。同僚と助け合う，個人が職場内にて報告・連絡を徹底するなどの具体的な態度・行動が含まれる。

・組織の成果（組織成果）：

組織全体が基準となり評価される成果や，すでに組織全体に共通して一般化された良い影響。例えば，意見を言い合う風土や，社内外の働きやすさの評判なども含まれる。また，組織の範疇には，職場単位も含む。つまり，職場や会社など，個人の集合体でひとまとまりのものにおける成果。

【属性（attribute）】

物事の性質や特徴を指し，本書ではダイバーシティを構成する個人の特性を指す。例えば個人の属性は，可視か不可視かという点からは表層的なものと深層的なもの，また自らが認識する社会文化的な構成要素の点からはカルチュラル・ダイバーシティがある（詳細は本書第1章第1節1.2参照）。他にも，属性は，直接的に業務に関連するもの（在職期間，スキル，経験等）・関係しないもの（性別，国籍，態度や性格等）などにも分類することができるが，これらに限らず，既存研究や実践上に数多の属性の構成分類が存在する（Jackson et al., 2003）。

【組織風土（organizational climate），組織文化（organizational culture）】

組織風土や組織文化は，組織成員の相互作用から形成された，あたかも客観的な組織の属性に見える社会的な文脈であり，組織成員にとって無意識的又は意識的なレベルがある（北居，2014）。北居（2014）によると，意識的なレベルにおいて，この2つは弁別可能と考えられ，組織風土は，「組織成員自身がそれをどう知覚するか」が焦点の「組織や職務を取り巻く環境に対する個人の知覚である心理的風土の集積」（29頁）と定義され，組織文化はあくまで組織の特性を示す「当該組織で共有された価値観や信念，行動規範」（29頁）と定義される。

【ダイバーシティ（diversity）】

「相違（点）」や「多様（性）」を意味する英単語。経営学においては，組織成員1人ひとりが，それぞれ違っていることである（e.g. Milliken & Martins, 1996；Qin, Muenjohn, & Chhetri, 2014；Roberson, 2006）。しかし，人は1人ひとり違って当然であることから，どのような違いをダイバーシティと定義するかは，研究により差異がある（Qin et al., 2014；谷口，2005）。詳しくは，本書第1章を参照。

　・表層的（な）ダイバーシティ（surface-level diversity）：
　　人種，性別，年齢層といった可視的な違いを構成要素とするダイバーシティ（Harrison, Price, Gavin, & Florey, 2002；Millikan & Martins, 1996；Pelled, 1996；谷口，2005）
　・深層的（な）ダイバーシティ（deep-level diversity）：
　　個人の専門性，キャリア，その集団での勤務年数，生い立ち，性格，価値観という不可視な違いを構成要素とするダイバーシティ（Harrison, Price, & Bell, 1998；Harrison et al., 2002；Roberson, 2006；谷口，2005, Tsui, Egan, & O'Reilly, 1992）
　・カルチュラル・ダイバーシティ（cultural diversity）：
　　カルチュラル・アイデンティティを構成要素とするダイバーシティ。カルチュラル・ダイ

バーシティでは，人種，民族的帰属意識，性別，性的アイデンティティ，社会的地位，国籍等，集団でカルチュラル・アイデンティティが形成されるもの全てをダイバーシティと定義する（Cox, 1993；Ely & Thomas, 2001；谷口，2005）。

【ダイバーシティ・マネジメント（diversity management）】
職場や組織における人材の多様性（ダイバーシティ）のマネジメントの総称。

【デモグラフィー（demography）】
人口統計学のこと。なお，デモグラフィックとは，人口統計学的な属性（e.g. 性別，年齢，職業，学歴，家族構成）のことである。谷口（2005）によると，デモグラフィー研究とはそもそも，人口動態に関連する統計学研究であり，ダイバーシティ研究とは異なる分野であったが，のちに組織におけるデモグラフィーと成果の因果関係に着眼されはじめたことから経営学のダイバーシティ研究にその考え方が取り込まれていった。

【内集団（in-group）／外集団（out-group）】
内集団は自分が類似性を認識し帰属感を持つ集団のことであり，外集団はそれ以外，つまり外（ほか）の集団のことである（Allport, 1961, 原谷・野村訳；Turner, 1987; 蘭ら訳 1995）。なお，人は内集団に対し好意的な態度を，外集団に対してはそうでない態度を取りがちとなる。人は，内集団を肯定的なものとして弁別するよう動機づけられており，それを外集団との比較で優位性を見出すことで実現しようとする。この結果，人々に内集団びいきが起こる。なお，重要な点は，人は利益にかんする葛藤がなくとも，単に内集団と外集団に弁別されるだけで，集団間での競争が起こり得るという主張である（Turner, 1987 蘭ら訳 1995）。

【日本型人事管理】
日本型人事管理では，ジョブ・ローテーションによる企業特殊的な幅広い専門性の開発，職能資格制度による昇進・昇格管理，終身雇用という特徴に加え，人事部が人事権を持つ（平野・江夏, 2018）。先行研究を既観すると，終身雇用と職能資格制度を前提として社員の育成を内部で行うことが多い日本的経営や，長期雇用と職務，勤務地，労働時間の無限定性が特徴の男性総合職モデル企業との整合性・親和性が高いと言えよう。

【日本的経営】

日本の文化や制度的な条件をもとに成立した経営についての考え方や経営システムのこと（加護野，1997，1-2頁）。終身雇用，年功序列，企業別組合という雇用制度，企業間の長期継続的な取引，内部メンバー中心の多元的な企業統治をベースに，長期的な視点での経営を基本とする。日本的経営からは QC や看板方式，同時並行型の開発など独特の経営システムが生まれた（加護野，1997）。日本的経営が国際的に通用するかの議論において，これをいち経営モデルとして指し示す言葉が「日本型経営」である（加護野，1997）。

【パフォーマンス】

⇒成果，パフォーマンス

【フォロワー（follower）】

組織を取りまとめるリーダーのもとで活動する人であり，リーダーを支える存在（小野，2013）。

【ポジティブ・アクション】

社会的・構造的な差別によって不利益を被っている者に対し，一定の範囲で特別の機会を提供し，実質的な機会均等の実現を目指す暫定的な取り組みのこと（内閣府男女共同参画局，2016）。

【マイノリティ（人材）（minority）／マジョリティ（人材）（majority）】

マジョリティ（人材）とは，組織における主たる構成員を意味し，マイノリティ（人材）は組織における少数派，すなわち組織内で主たる構成員でない属性の人材を意味する。本書の事例においては，日本人かつ男性総合職がマジョリティ，日本人女性総合職や，外国人社員がマイノリティという位置づけである。ダイバーシティ研究では，一般的にマジョリティ人材はマイノリティ人材より 組織における権力などの点で優位性を得てきたと認識されている（Cox，1993）。人材の個と多様性を活かすという点において，その構造変革は 1 つの大きな課題とされている。

【マジョリティ人材】

⇒マイノリティ人材／マジョリティ人材

序　章

# インクルージョン・マネジメントの
# 探求に先立って

## 1　問題意識：ダイバーシティ・マネジメントの限界

　本書の目的は，職場や組織における多様な人材の活躍推進，いわゆるダイバーシティ・マネジメント（diversity management）において，インクルージョン（inclusion）の認識——組織において社員が「帰属感」と「自分らしさの発揮」の両方を認識できること——がどのように促されるのか，またそのことが職場や組織にどのような効果をもたらすのか，を明らかにすることである。

　職場や組織における人材の多様性，すなわちダイバーシティ（diversity）は，組織の成果に繋がると長らく主張されてきた。米国では，組織におけるダイバーシティとそのマネジメントの研究は 1960 年代より進められ，特に 1980 年代以降は実証研究も含め，ダイバーシティ及びそのマネジメントが職場や組織に与える影響やその効果にかんして，研究結果の蓄積が進んでいる。しかし，現在まで 60 年近く研究が続けられているにもかかわらず，ダイバーシティと，職場や組織における成果との関連は，いまだ明確に見出されていない（e.g. Foster Curtis, & Dreachslin, 2008; Harrison, Price, & Bell, 1998; Horwitz & Horwitz, 2007; Milliken & Martins, 1996; Nishii & Mayer, 2009; Pelled, 1998, Theodorakopoulos & Budhwar, 2015）。

　これを受け，本書での議論の中心となるインクルージョン概念を語る前に，まず日本企業におけるダイバーシティとそのマネジメントのこれまでを簡単に振り返ってみたい。現在，日本においても「ダイバーシティ」という言葉を頻繁に耳にするようになったが，この言葉は，日本では 2000 年ごろまであまり耳にすることはなかった[1]。それまで多くの日本企業においては，社会にも伝統的な性別役割意識が残るなか，組織成員の多数が日本人男性であり同質性が

高く，また 1970 年代から 1980 年代は日本経済が順調に伸長していたことから，組織におけるダイバーシティについて，あまり意識する必要が無かったからである（e.g. 経済産業省・企業活力とダイバーシティ推進に関する研究会，2012；谷口，2008；辻村，2011）。ところがその後，グローバル規模でのビジネス拡大や，それに伴う優秀人材の確保，多様な顧客への柔軟な対応，そして，何より日本における労働力人口の減少という点で，人的資源を日本人男性のみに依存することに対する危機感から，2000 年代初頭より日本企業におけるダイバーシティ・マネジメントの重要性が高まりはじめた（有村，2008；一小路，2016；谷口，2005，2008）。

　例えば，労働力の減少については，「労働力需給の推計—労働力需給モデル（2018 年度版による将来推計）」（労働政策研究・研修機構，2019）によると，経済成長がゼロに近い状態かつ，性・年齢階級別の労働力率が 2017 年の水準と同等である場合，2017 年には 6,720 万人であった日本の労働力人口が，2030 年には 6,080 万人となり，その 10 年後の 2040 年には 5,460 万人に減少すると推計されている。また，経済同友会による 2014 年の提言書「企業のグローバル競争力強化のためのダイバーシティ＆インクルージョン」は，世界の生産年齢人口が約 45 億人と言われるなか，多くの日本企業では依然，日本人男性が労働力の中心であり，中核となる，40 代や 50 代においてその数は，概算するとわずか 700 万人であると指摘する。「令和 2 年度版男女共同参画白書」（内閣府男女共同参画局，2020）によると，2018 年の日本の就業率（生産年齢人口［15 〜64 歳］に占める就業者の割合）は，他の OECD 諸国 35 か国との比較において，男性は 84.0% で 3 位であるが，女性は 69.6% で 14 位であり，女性の就業率の更なる向上が望まれている。

　さらに，2017 年 3 月の「経済産業省・ダイバーシティ 2.0 検討会報告書」は，AI（人工知能）やビッグ・データ，そして IoT といった IT の進展に起因する第四次産業革命から，グローバルな経済活動の加速と非連続化が進むなか，日本企業における海外事業強化の必要性はますます高まり，これらのテクノロジーを使いこなす創造性の高い人材の獲得競争が，世界中で熾烈になっていくと述べる。また，総務省（2019）による「高度外国人材の受け入れに関する政策評価書」では，日本の人材不足が加速する状況において，高度外国人材の受け入れが，イノベーションや生産性向上を実現する目的で，国の施策として具体的に進みつつある点について触れている。

　このような背景があり，多様な人材を確保しその活躍を促すダイバーシティ・マネジメントは，現在，日本企業において喫緊の経営課題と言われており，多くの企業でその重要性が認識されている（日本経済団体連合会，2020）。しかし，数多の日本企業がその推進に取り組んでいるにもかかわらず，それが求める成果に明確に繋がっている実感をなかなか持てていない（経済産業省，2017；矢島ら，2017）。

　また，これまで米国・日本ともに，ダイバーシティ・マネジメントは，主に目に見える違い，すなわち性別や人種・国籍といった表層的ダイバーシティに関心が寄せられてきた（e.g. Bell, Villlado, Lukasik, Belau, & Briggs, 2011; 一小路，2016；Harrison et al., 1998; 河口，2013；NTT データ経営研究所，2019；谷口，2016；矢島ら，2017）。とりわけ日本においては，「ダイバーシティ・マネジメント」といえば，女性の活躍推進が中心に据えられることが多い。そこで，女性のキャリアに大きな影響を及ぼすと指摘されてきた出産・子育ての制度拡充や，採用における差別の撤廃，マネジャー相当職の女性を増やすことなどがダイバーシティ推進施策として積極的に展開されている（e.g. 河口，2013；経済同友会，2012，2016；経済産業省・競争戦略としてのダイバーシティ経営の在り方に関する検討会，2017；谷口，2016；矢島ら，2017）。しかし，既述のとおり，企業はそれらダイバーシティ推進の取り組みと成果の関連を明確に実感することが難しい場合も多く（経済同友会，2012；矢島ら，2017），日本企業におけるダイバーシティ推進が順調であるとは言い難い。

　日本企業における，このようなポジティブ・アクション[2]中心のダイバーシティ推進は，確かに組織における人材多様性の向上に貢献しているであろう。しかし，企業においてその成果への実感が明確に感じにくいことと，学術的にダイバーシティと成果の関連がいまだ曖昧であることは，決して無関係でないように思う。このことは，ダイバーシティ・マネジメントがいかに困難な経営課題であるかを示すと同時に，多くの日本企業が行うダイバーシティ・マネジメント，すなわちポジティブ・アクション中心の取り組みに対し，新しい視座の必要性を提示しているのではないだろうか。

　そもそも，優秀な人材を獲得するにあたり母集団は大きいほうが良く，日本人，男性，新卒採用などに絞り込む必要はない。つまり今後においては女性活躍に限定せず，多様な個を活かす人材戦略が求められている（e.g. 経済産業省・競争戦略としてのダイバーシティ経営の在り方に関する検討会，2017；内閣府

4

男女共同参画局，2020）。そうであるならば，今後，日本企業は特定カテゴリーに対する施策を充実させることではなく，属性にかかわらず個人を活かすことに，より注力すべきだと考える。

　これまでの取り組みを振り返ると，カテゴライズされた1つの人材グループに対し，十把一絡げで推進施策を行うことは，異なる1人ひとりが最大限能力を発揮することを目指す本来のダイバーシティ・マネジメントの考え方に，実は相反するとも言え，マジョリティ人材とマイノリティ人材との表層的な相違，例えば性別や人種・国籍に焦点を当てたダイバーシティ・マネジメントはむしろ，その違いを明確化し，カテゴリーを際立たせる結果を招いていたとも考えられる。

　もちろん，職場や組織において，性別や人種・国籍といった特定カテゴリーのグループに対し，差別や格差が存在するならば，それらを是正する対応は必要である。ゆえに，特定カテゴリーの人材に対し，雇用における格差是正を促す法整備や企業対応が行われてきた歴史がある。しかしこの結果として職場や組織の人材多様性，すなわちダイバーシティが増したとしても，そのこと自体が即，組織の期待する成果をもたらすわけではない（Ferdman, 2014）。つまり，ダイバーシティが何らかの成果に繋がるには，属性にかかわらず組織成員の「個」が発揮できる状況が必要であり，「個人」に対する働きかけによって，いかに「個の力」を引き出すかという視点が，今まで以上に取り入れられるべきである。現代においてダイバーシティの重要性が認識され，実際に職場や組織における人材多様性が増しているからこそ，今後はますます個人の能力発揮に着目したダイバーシティ・マネジメントが求められていくであろう。

　以上に鑑みると，今後，日本企業が行うべきことは，特定属性に対するさらなる支援の拡充を行うことではなく，属性にかかわらず，全ての個人をダイバーシティ・マネジメントに巻き込むことではないか。これが組織成員1人ひとりの認識に着目して，ダイバーシティ・マネジメントを，検討すべきと考えるに至った，筆者の問題意識である。

## 2　研究目的：インクルージョンの効果

　ここまで，日本企業においてダイバーシティ・マネジメントが重要な経営課題と認識されていること，そして，それにもかかわらず，その課題への取り組みが決して順調ではないことに言及してきた。そこで，本書では，職場や組織

のダイバーシティを成果に繋げる要因として，2000 年代前半から米国で学術的に注目され始めたインクルージョン（inclusion）という概念に着目する[3]。では，なぜ本書は，この概念に着目して日本企業のダイバーシティ・マネジメントを考察するのか。この点について，もう少し詳細に述べておく。

　第 2 章で詳述するが，インクルージョンとは，所属する組織において，社員が「帰属感」と「自分らしさの発揮」の両方を認識している状態を指す（本書における詳しい定義は，第 2 章第 1 節 1.4 を参照）。インクルージョンは，経営学ではいまだ萌芽的な概念とされるものの，特に米国においては学術的な議論も進みつつあり，職場や組織において個人が活かされている，価値を認められている，といった社員の認識に着目した研究がなされている（先行研究における定義は，第 2 章第 1 節 1.3 を参照）。前述のとおり筆者には，多様な人材の個々の能力を最大限活かすことが本来のダイバーシティ・マネジメントの目的ならば，属性だけでなく，それより先のミクロ的視点，すなわち「個」にも着目すべきでないか，という問題意識がある。そしてそこでは，組織に属する個人の「自分が活かされている」という認識が重要な鍵ではないかと考えた。この着想から，先行研究のレビューを経て，本書ではインクルージョンという概念を軸に，日本企業のダイバーシティ・マネジメントを議論し，この問題意識の探求を行うこととした。ただ，インクルージョンは，まだ比較的新しい概念である（Shore, Cleveland, & Sanchez, 2018）。先行研究では，企業で多様な人材が能力を発揮するには，インクルージョン概念をマネジメントに介在させることが効果的と主張されはじめているものの，その実証研究は少なく，その研究は，経営学においていまだ発展途上と言える。

　一方，近年では，日本企業のダイバーシティ推進実務において「ダイバーシティ＆インクルージョン」という言葉を耳にすることも増えた。奥林・平野（2014）は，インクルージョンを包摂性と訳し，組織の多様なメンバーの意識や行動のベクトルを統合するものと述べる。しかし，日本においてもインクルージョンはやはり萌芽的概念であり，その明確な定義や，ダイバーシティ・マネジメントとの関係性は，学術・実務の両方でいまだ議論が十分とは言えない。加えて，日本企業では，個人と組織の関係が，米国企業のそれとは大きく異なる（平野，2006）。このような背景から，本書の調査研究においては，日本企業を対象とし，多様な人材のマネジメントにインクルージョンという概念を介在させる効果を議論していく。これはダイバーシティ・マネジメントの次の一

手が見えにくい産業界のみならず，日本のダイバーシティ及びインクルージョンにかんする研究に対しても，大きな貢献になると考える。

　なお，本書では，日本企業のなかでも，伝統的に日本人男性総合職が大多数を占める企業，すなわち「男性総合職モデルの日本企業」（平野・江夏，2018）に着目するが，文脈から容易に認識可能と思われる場合において，本書内ではそれらの企業を単に「日本企業」と呼ぶ。また，ダイバーシティには，本来，様々な属性が含まれるが，本書の考察対象となる「ダイバーシティ」が示す属性は，「女性」と「外国人」であることを明示しておく。前節で述べたように，本書は特定属性のみが焦点となりがちな，日本企業のダイバーシティ・マネジメントへの問題意識を持ち，職場や組織において，多様な個人が活かされることを目指すインクルージョンという概念に着目している。一方で，ダイバーシティ研究の分析考察においては，どの属性を対象にするのかを明確にする必要がある（第1章1.2参照）。本書は，日本企業が研究対象であることから，現在多くの日本企業で活躍推進対象である「女性」と，ビジネスのグローバル化からその活躍が期待される「外国人」という属性に着目した調査設計を行うこととした。つまり，本書では，これら「女性」と「外国人」という，日本企業において今後一層の活躍が期待される人材のインクルージョン認識に着目し，比較対象としてこれまで日本企業で中心的な人材とされてきた男性総合職の分析を加える。そこから，社員の帰属感と自分らしさの発揮を両立させるマネジメント，すなわち，本書が提示する「インクルージョン・マネジメント」について，学術的・実務的な貢献を目指す。

## 3　本書の構成

　本書はⅢ部から構成される。まず，第Ⅰ部では，先行研究と研究課題に触れる。第1章から第3章では，本書の研究目的に基づき，3領域の先行研究レビューを行う。具体的には，ダイバーシティ及びインクルージョンの関連研究，そして日本企業にかんする先行研究のレビューである。第4章では，これらに基づき，先行研究の限界と，具体的な研究課題を提示する。

　続く第Ⅱ部では，研究課題を紐解くにあたり，2つの調査分析について記述する。第5章では，男性総合職モデルの日本企業A社における社員のインクルージョン認識について分析を行う。ここでは，日本人女性総合職及び外国人社員のインクルージョン認識と，日本人男性総合職のそれとを比較分析し，社員

のインクルージョン認識を高める要因とプロセスについて考察する。第6章では，インクルージョン・マネジメントの実践とその組織への効果を見出す事例として，株式会社プロアシストを取り上げ，その分析から，研究課題に対する考察を示す。

　第Ⅲ部では，第Ⅰ部，第Ⅱ部を振り返りつつ，総合的な考察を行い，本研究の結論，そして今後への展望を示す。第7章では，2つの調査の総合的な考察により，日本企業におけるダイバーシティ・マネジメントにおいて，何が社員のインクルージョン認識を促進し，どのような効果に繋がるのかについて，そのプロセスとメカニズムを整理する。加えて，組織全体で社員のインクルージョン認識を高めることの困難性も議論した上で，本書が提示する「インクルージョン・マネジメント」とは何かを説明する。続く第8章では，本書における研究の結論を示し，その理論的・実践的貢献について述べる。そして最後に，本書の結論及び貢献と限界について述べ，今後の課題と展望を提示する。

## 4　想定する読者

　本書は，経営学，とりわけ組織行動論とその近接分野である経営組織論，人的資源管理論分野における研究をベースに，近年，ダイバーシティ・マネジメント研究の分野で注目されているインクルージョンという概念について検討した学術書である。インクルージョンは，経営学においては，まだ比較的新しい概念であり，本書では，経営学においてはそれが一体何を指すのか，そのダイバーシティ研究における位置づけとは，という議論からはじめる。そして，インクルージョンという概念を取り入れて，日本企業のダイバーシティ・マネジメントを考察すると，今後の研究と実務実践においてどのような方向性を見出すことができるのか議論を重ねる。

　ここから本書は，ダイバーシティ研究に関心を持たれている学生・研究者を読者に想定している。またインクルージョン研究の文脈では，職場内でのヒトとヒトとの関係性についても多く触れられるため，職場内での関わり合いや，上司部下関係，インクルージョンを促すリーダーシップなどに関心のある学生・研究者にもぜひご一読いただきたい。また，社会学や教育学の分野でインクルージョン概念を研究されている学生・研究者の皆様にも，経営学での解釈や知見を得る一助として，興味を持っていただけるのではないかと考えている。

　また，ダイバーシティ・マネジメントは近年，企業において喫緊の経営課題

8

であることから，筆者は本書をダイバーシティ推進の次の一手に苦しんでいる実務家にも役に立つ本にしたいと執筆してきた。本書は学術書であるが，日本企業におけるダイバーシティ・マネジメントにおいて，なぜインクルージョン概念が重要になりつつあり，そのマネジメントにインクルージョン概念をどのように活かしていけば良いのかに着目して議論を進めており，企業の具体的事例も含まれる。そこで，企業においてダイバーシティ・マネジメントに課題感を持つ経営トップ，ダイバーシティ推進担当者，そして人事担当者などの実務家にもぜひ，手に取り実践に活かしていただければこれほど嬉しいことはない。なお実務家の方々には，実践的な示唆を得ていただく観点から，序章，第4章の研究課題に続き，まずは第Ⅱ部の事例研究と第Ⅲ部第7章の総合考察をお読みいただくことをおすすめする。その後理論的背景を学びたい方には第Ⅰ部に戻っていただくのが良いのではないかと考える。本書が，少しでもダイバーシティ・マネジメントの実践に役立つものとなるならば，心から嬉しく思う。

　帰属する組織でどう自分らしくありたいか，また自らがそこで活かされるか否かは，思ったより人生において重要なことである——これは誰もがふとした時に感じることであろう。本書を手に取っていただいた方々に，改めて，自分が活かされるとはどのようなことなのか，また自分は同じ組織の他者を活かす行動ができているのかと，組織における身近な人々の活躍を振り返って考えるきっかけになれば，望外の喜びである。

注
1 複数の文献で，日本におけるダイバーシティにかんする議論の契機は，2000年の「日経連ダイバーシティ・ワーク・ルール研究会」の設置であるとしている（e.g. 有村，2008；谷口，2016）。また，一小路（2016）によると，2000年ごろから新聞記事にて「ダイバーシティ」という言葉が見られはじめ，日本企業内のダイバーシティにかんする初めての新聞記事掲載は2002年3月である。
2 ポジティブ・アクションは，一般的には，社会的・構造的な差別によって不利益を被っている者に対し，一定の範囲で特別の機会を提供することで実質的な機会均等を実現することを目的とした暫定的な取り組みである（内閣府男女共同参画局，2016）。
3 先行研究におけるインクルージョン概念への着目については，第2章で詳述する。

# 第 I 部

# 先行研究と研究課題

　序章でも述べたとおり，本書の目的は，日本企業の職場や組織のダイバーシティ・マネジメントにおいて，インクルージョン（inclusion）の認識がどのように促され，またそれがどのような効果をもたらすのかを明らかにすることである。そこでその目的にかんする議論を行っていくにあたり，第 I 部では，関連の深い 3 つの分野について先行研究レビューを行う。

　まず第 1 章では，ダイバーシティ，及びダイバーシティ・マネジメントにかんする先行研究に触れる。経営学のインクルージョン概念は，そもそもダイバーシティ研究のなかで取り上げられはじめた。そこで，これまでのダイバーシティ・マネジメントの議論を振り返り，インクルージョン概念がなぜ注目されるに至ったのかを明らかにする。

　第 2 章では，インクルージョンにかんする先行研究レビューを行う。本書では，日本企業のダイバーシティ・マネジメントにおいて，このインクルージョンの有用性を仮定し，その実際を調査研究で見出すことを試みる。日本においても，「インクルージョン」という言葉がしばしば聞かれるようになった。しかし，インクルージョンは経営学で注目されはじめてからあまり時間が経っておらず，欧米の先行研究においてもいまだ萌芽的な概念と位置づけられている。そのような背景からも，日本でのインクルージョンにかんする先行研究の検討は決して十分とは言い難く，それらをまず丁寧に紐解くことが不可欠である。そこで，第 2 章では，インクルージョン研究として蓄積されたこれまでの知見を整理した上で，ダイバーシティ・マネジメントとの関連性及びその定義，そして先行研究における着眼点を整理し，本書の目的との関連や視座について検討する。

　第 3 章では，日本企業の人材マネジメントにかんする先行研究のレビューを行う。多くの日本企業では，これまで日本人男性総合職を中心とした人材マネ

ジメントが行われてきたが，その特徴や，そこにおける個人と組織との関係性
は，個人の認識と定義されるインクルージョンを検討する本書の調査研究の根
幹にかかわる。この点から，日本企業というコンテクストで本書の研究目的を
考察していくにあたり，留意すべき点を議論する。加えて，第3章では，日本
企業のダイバーシティ・マネジメントの現状を整理し，本書の考察において考
慮すべき点を見出していく。

　最後に，第4章において，上記3分野の先行研究レビューを振り返り，本書
における研究課題を導き出すこととする。

# 第1章

## ダイバーシティにかんする先行研究

　本章では，ダイバーシティにかんする先行研究をレビューする。ダイバーシティ・マネジメントを論じるにあたっては，そもそも，ダイバーシティとは何かを知らなくてはならない。本章では，最初にダイバーシティの歴史を概観し，マネジメントの対象となるダイバーシティの分類と定義の後，ダイバーシティの影響やそのマネジメントの効果について整理する。その後，ダイバーシティ研究においてインクルージョン概念が注目されるに至るまでを，先行研究から紐解く。

## 1　ダイバーシティとは

### 1.1　ダイバーシティ概念の変遷

　本節ではまず，ダイバーシティ及びダイバーシティ・マネジメントにかんする歴史を概観する。

　ダイバーシティ（diversity）とは，元来「相違（点）」や「多様（性）」を意味し，組織の文脈では，組織やグループに所属する組織成員1人ひとりが，それぞれ違っていることである（e.g. Milliken & Martins, 1996; Qin, Muenjohn, & Chhetri, 2014; Roberson, 2006）。しかし，人は1人ひとり違って当然であることから，何をダイバーシティと定義するかは，研究により差異がある（Qin et al., 2014；谷口，2005）。例えば，主に性別，人種，国籍等のデモグラフィー（人口統計学）上の違いに焦点を当てて議論される場合もあれば（e.g. Mor Barak, Cherin, & Berkman, 1998; Pfeffer, 1985; O'Leary & Weathington, 2006），人が他人と違うと認識することの全てをダイバーシティとして捉えるものもある（e.g. Jackson, Joshi, & Erhardt, 2003; Williams & O'Reilly, 1998）。

このように，ダイバーシティ研究の着眼点が様々である理由の1つは，その経営学における主要な課題が，時代背景により変化してきたからだと言える。

　先行研究を概観すると，経営学でダイバーシティという概念が現れたのは，1960年代の米国においてだと考えられる（e.g. Qin et al., 2014；谷口，2005, 2008）。当時，企業での雇用や職務において，有色人種や女性は差別を受けており，それは政府機関でも同様であった。そこで，当時の大統領であったJ. F. ケネディにより，1961年に連邦政府の全ての請負業者に対し，人種，宗教，肌の色，出身国による雇用差別を禁止する大統領令が出され，アファーマティブ・アクション[1]の導入が要請された（Kelly & Dobbin, 1998；野畑，2012）。続いて1964年に公民権法第7編[2]の施行と雇用機会均等委員会[3]の設置がなされ，職場での人種，肌の色，宗教，ルーツを持つ国等（性別は1967年に追加），属性の違いによる雇用差別禁止や，マイノリティ人材の機会均等に対する法整備が本格化した（Kelly & Dobbin, 1998；野畑，2012；谷口，2008）。このため，1960年代から1970年代においては，経営学におけるダイバーシティとは，主に当時の職場において差別の対象となり得る属性，すなわち人種や性別，年齢や障がいの有無といった違いを指していた（Milliken & Martins, 1996; O'Leary & Weathington, 2006）。よって，このころのダイバーシティ研究は，性別，人種等の可視的な違いに起因する職場での差別是正や，アファーマティブ・アクションにかんするものが中心であった（Qin et al., 2014）。しかし1980年代半ば以降は，これらの法整備で組織内に増えた多様な人材をどうマネジメントすればよいか，またその多様性がもたらす効果は何か，に企業が着目しはじめた（Kelly & Dobbin, 1998）。

　なお，ダイバーシティ研究やダイバーシティ・マネジメントの実践を進めるには，マネジメントの対象を明確にする必要がある（谷口，2005）。つまり，「組織における人材多様性の，どの違いをマネジメント対象とするのか」を決めねばならない。そのため，1980年代半ばごろより，マネジメントの目的に沿ってダイバーシティの構成を分類し，その分類に対する研究ごとの定義が示されるようになっていった。

## 1.2　ダイバーシティの分類

　前項で述べたように，広義のダイバーシティとは，個人の違い全てを指す（e.g. Milliken & Martins, 1996）。しかし，全ての人の全ての違いを想定して研

図1.1　ダイバーシティ構成の主な分類

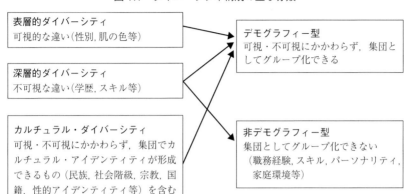

出所：Cox (1993), Ely & Thomas (2001), 谷口 (2005) をもとに筆者作成

究やマネジメントを行うことはできないため，まず研究対象とする人材カテゴ
リーやその違いを明確にしておく必要がある。つまり，・組・織・に・お・け・る・人・材・多・様・
性・の，・ど・の・違・い・を・マ・ネ・ジ・メ・ン・ト・対・象・と・す・る・の・か，を決める必要がある（谷口，
2005）。

　ダイバーシティ構成の分類は，その研究目的や，論者の立ち位置により様々
であるが，ここでは先行研究を俯瞰し，筆者なりの分類を試みたい。ダイバー
シティが示す違いの分類として代表的なものに，表層的ダイバーシティ[4]
（surface-level diversity），深層的ダイバーシティ[5]（deep-level diversity），カ
ルチュラル・ダイバーシティ（cultural diversity）の3つが挙げられる（谷口，
2005）。

　では，この3つの分類を簡単に説明したい。まず，表層的ダイバーシティと
は，人種，性別，年齢層といった可視的な違いを構成要素とする（Harrison,
Price, Gavin, & Florey, 2002; Millikan & Martins, 1996; Pelled, 1996; 谷口，
2005）。次に，深層的ダイバーシティであるが，こちらは個人の専門性，キャ
リア，その集団での勤務年数，生い立ち，性格，価値観という不可視な違いを
構成要素とする（Harrison, Price, & Bell, 1998; Harrison et al., 2002; Roberson,
2006; 谷口，2005, Tsui, Egan, & O'Reilly, 1992）。3つめはカルチュラル・ダイ
バーシティ（Cox & Blake, 1991）であり，人種，民族的帰属意識，性別，性
的アイデンティティ，社会的の地位，国籍等，集団でカルチュラル・アイデンテ

ィティ[6]が形成されるもの全てをダイバーシティと定義する（Cox, 1993; Ely & Thomas, 2001; 谷口，2005）。肌の色，性別，服装といった見た目と関連する場合も多いが，そうでない場合もあり，その点は本人が他人とどの程度区別されたいと考えているかにもよる（Ely & Thomas, 2001）。

　さらに，この3つの分類は，先行研究を概観すると集団としてグループ化が可能かどうかで，デモグラフィー型と非デモグラフィー型に分類される[7]（図1.1）。デモグラフィー（demography）とは，人口統計学，特に集団のサイズ，密度，分布や人口動態の統計にかんする研究分野である。Pfeffer（1985）によると，組織におけるデモグラフィーとは，様々な次元で，組織内の人々の分布を説明しようとするものであるが，次元毎に集積された各組織成員の情報は，集団やユニットの特性を示す。

　ここからデモグラフィー型ダイバーシティとは，違いが可視・不可視にかかわらず，人口統計学的な集団としてグループ化できるものと考えられる。表層的ダイバーシティは，違いが可視化されているため，グループ化は容易であり，デモグラフィー型ダイバーシティと分類される（Harrison et al., 2002）。また，カルチュラル・ダイバーシティもデモグラフィー型ダイバーシティに含まれる。カルチュラル・ダイバーシティにおいては，単に表層的・深層的という点ではなく，社会文化的な識別，つまり個人の選択が他の人とどう異なっているか，様々なアイデンティティを自ら定義し，グループ分類がなされる（Ely & Thomas, 2001）。アイデンティティ定義によるグループ化は，自らの選択によるため，他者が客観的にグループに分類することは困難であるが，自らの選択であっても，人口統計学的な集団としてのグループ化が可能な点で，デモグラフィー型ダイバーシティと考えられる（Ely & Thomas, 2001）。

　非デモグラフィー型ダイバーシティには，主として深層的ダイバーシティが分類される。ただし，宗教や学歴といった人口統計学的なグループ化が可能な構成要素も深層的ダイバーシティに含まれており，一概に深層的ダイバーシティが非デモグラフィー型ダイバーシティとは言えない（e.g. Milliken & Martins, 1996）。つまり，深層的ダイバーシティは，着目する「深層的な違い」が何かにより，デモグラフィー型・非デモグラフィー型の両方に分類可能であると言える。

### 1.3　本書におけるダイバーシティの定義

　さて，ここまで，ダイバーシティの定義とその構成による分類を整理してきたが，取り組もうとする研究やマネジメント実践において，また，その対象が誰かによって，考察の視点が大きく異なる。そこで，ここまでのレビューを踏まえ，本書ではどのダイバーシティの構成要素に着目し，何をダイバーシティの定義とするのかを考えていきたい。

　まず，前提として，本書で明らかにしたいことを確認すると，日本企業の職場や組織のダイバーシティ・マネジメントにおいて，社員のインクルージョンの認識をどのように促すのか，またそれがどのような効果をもたらすのかである。日本企業のダイバーシティ・マネジメントは，表層的ダイバーシティに分類される女性や外国人を対象とし，その対象人材への制度拡充や採用強化など，ポジティブ・アクションを中心に進められている場合が多い。そして，それら施策による効果はあまり実感されていない（e.g. 矢島ら，2017）。このことは，単に表層的な違いをカテゴライズし，その表層的なダイバーシティに対する施策のみを展開するだけでは，企業が期待する効果を得られない可能性を示唆していると考える。

　そこで本書では，表層的な違いに加え，自らが認知する違いをも包含するCox（1993）のカルチュラル・ダイバーシティの定義を参照した。Cox（1993）のカルチュラル・ダイバーシティの定義とは「人々がとある社会的システムの中で，社会文化的に区別可能なグループに，自ら区分し存在すること」（p. 6）[8]である。

　本書では，日本企業のダイバーシティ・マネジメントを研究枠組みに据えるため，現在，多くの日本企業がそのマネジメント対象とするカテゴリー，すなわち表層的ダイバーシティを明確に含む必要がある。一方で，マネジメント対象を表層的ダイバーシティに限定すると，例えば女性（の社員）という表層的には同じカテゴリーに属する人材において，個々人のライフイベント経験（例えば，出産経験の有無）といった要素は無視せざるを得ず，属性の個人認識を分析や考察に含めることができなくなる。

　その点，カルチュラル・ダイバーシティの定義には，個人の認識が含まれるため（Cox, 1993; Ely & Thomas, 2001），本書が依拠する後述のインクルージョンの定義とも整合性が高い。これらの検討に鑑み，上記のCox（1993）のカルチャラル・ダイバーシティの定義を，本書におけるダイバーシティの定義と

する。

　ここまでは，ダイバーシティとは何かについて，その歴史的背景と構成要素
の分類，そして本書における定義について検討してきた。次節では，ダイバー
シティ・マネジメントがもたらす組織成果について触れていく。

## 2　ダイバーシティ・マネジメントに期待される効果

　組織に存在する人材多様性，すなわちダイバーシティに対し，そのマネジメ
ントが効果的に行われた場合，個人や職場，そして組織にはどのような効果が
期待できるのか。ここでは，この点にかんし，これまでの先行研究を議論する。
　組織に人材多様性が存在することのメリットとデメリットについては，これ
まで多くの先行研究で論じられてきた（e.g. Millikan & Martins, 1996; 谷口，
2005；Van Knippenberg; De Dreu, & Homan, 2004；Williams & O'Reilly,
1998）。ダイバーシティとそのマネジメントがビジネスの成果，すなわち企業
の競争優位にどう結びつくかについて，Cox & Blake（1991）は（1）コスト
の抑制，（2）人的資源の獲得，（3）マーケティングにおける優位性，（4）創造
性の向上，（5）問題解決力の向上，（6）組織の柔軟性の向上の6つを挙げる。
　それでは，これらはどのような論拠をもって挙げられたのか。まず，（1）コ
ストの抑制と（2）人的資源の獲得についてであるが，これは人的資源管理の
側面からである。Cox & Blake（1991）の研究がなされた当時，マジョリティ
人材であった白人男性と比較して，女性や有色人種といったマイノリティ人材
の企業への定着率や職務満足度は低かった。そこで，マイノリティ人材の満足
度を高めることができれば，離職や人材育成に伴うコストが抑制でき，結果と
して人材の獲得に繋がると考えられた。また，先に触れたとおり，1960年代
以降は，法的要請への対応やビジネスのグローバル化に伴い，マイノリティ人
材の雇用は米国企業にとって不可避であった。このことから，マイノリティ人
材を適切にマネジメントすることは，企業の評価に繋がり，ひいては優秀人材
の獲得に有利になると考えられた。加えて，（1）コストの抑制と（2）人的資
源の獲得は，企業にとっても競争力強化の重要な要素である。つまり，マイノ
リティ人材の採用を含む法的要請への対応は，企業には必然の対応が求められ
るものであるが，対応しない場合には，結果として人材育成コストはかさみ，
より良い人材が獲得できず，競争力の低下を招く（Cox & Blake, 1991）。
　その他の4つ，（3）マーケティングにおける優位性，（4）創造性の向上，

(5) 問題解決力の向上，(6) 組織の柔軟性の向上については，組織内のダイバーシティが様々な視点や意見を生み，それらが多様な顧客への適切な対応，新しいアイデアの創出，組織内システムや制度の柔軟性向上，そして変化対応力などの企業競争力に繋がるという論拠で挙げられている。そして，これらは組織が積極的にダイバーシティに価値を置き，それを活かそうとしなければ生まれない効果であると述べられている（Cox & Blake, 1991）。

　Cox & Blake（1991）は，ダイバーシティが職場や組織に及ぼす想定効果を示すと同時に，職場や組織においてダイバーシティを活かすために成すべきことについても言及している。例えば，偏見や差別をなくす，どの階層においても個々が尊重される状況をつくる等である。しかし，それらは実証されたわけではなく，過去のデータや先行研究から導き出した想定の域を超えていない。つまり，そのような効果に繋がるダイバーシティ・マネジメントとはどのようなものかを，実証的に示すことができていない。このことは，ダイバーシティ・マネジメントの効果にかんする実証研究が求められていることを示唆する。特にデモグラフィー型ダイバーシティにかんしては，異なる属性の人々が意見をぶつけ合うダイナミズムとその結果という視点に偏りがちで，その結果がもたらされるまでのグループ間のパワーバランスや，プロセスに対する分析は少ない（谷口，2005）。

　しかし，これまでにも述べたとおり，ダイバーシティ・マネジメントとその効果を考察するにあたり留意すべき点は，職場や組織が何をダイバーシティ・マネジメントの対象とし，何を目的にそれを行うのかである。ダイバーシティは，広義には個人のあらゆる違いを含むため，1人の組織成員に対し複数の属性が存在し，時間や対人関係において変化する場合もある。ゆえに，ダイバーシティ・マネジメントにおいては，マネジメント対象とその目的が重要であり，それらによって効果を測る変数は異なる（谷口，2005）。つまり，企業は，ダイバーシティ・マネジメントで目指す効果を明確にし，そのマネジメントの対象と目的に応じて，手段や取り組みを選択する必要がある。

## 3　ダイバーシティが組織へ与える影響

　これまでダイバーシティの構成要素の分類および，そのマネジメントで期待される効果にかんする研究を議論してきたが，対象や目指す効果を明確にするには，ダイバーシティが組織に与える影響も明らかにしておかねばならない。

そこで，本項では，ダイバーシティが職場や組織に与える影響について先行研究を整理する。

　ダイバーシティの職場や組織への非財務的基準，すなわち組織成員のコミットメント，モチベーション，組織における優秀人材の確保などへの影響については，Williams & O'Reilly（1998）が，情報・意思決定理論（information and decision-making theory），ソーシャル・カテゴリー理論（social categorization theory），類似性・アトラクション理論（the similarity/attraction paradigm）の3つの既存理論で説明している（図1.2）。なお, Williams & O'Reilly（1998）は，ダイバーシティが影響を及ぼす範囲についてグループ（group）という単語を使用するが，ここでのグループとは，組織内に組み込まれており，業務において相互依存的かつ，その成果が顧客やグループにおける成員の長期的な関係性に影響するものだと定義している。この点にかんし，日本の中小企業の実態から，この条件が企業組織単位でも当てはまる場合も考えられる。そこで，本書ではここでのグループを，職場や組織と邦訳したことを断っておく。それでは，ここからは Williams & O'Reilly（1998）が前述の3つの理論を援用して主張した，ダイバーシティの職場や組織への影響について検討する。

　情報・意思決定理論では，ダイバーシティは職場や組織に対してプラスの作用を及ぼす。組織におけるダイバーシティは，より多くの知識，スキル，情報，ネットワークをもたらす（Williams & O'Reilly, 1998）。本理論では，ダイバーシティは，グループの意思決定プロセスに対し，マイナスの影響も及ぼす可能性があるが，そうであっても多様性がもたらす情報価値が成果に与えるプラスの影響はより大きいと述べる（Williams & O'Reilly, 1998）。多様な視点からの議論は，新たな発想をもたらし，結果としてイノベーションや新しいアイデアの創出に繋がり，安易な意思決定も防げると主張されている（Van Knippenberg et al., 2004; Williams & O'Reilly, 1998）。

　ソーシャル・カテゴリー理論では，デモグラフィー型ダイバーシティは，職場や組織にマイナスの作用を及ぼす（Williams & O'Reilly, 1998）。人は自尊心を高く持ちたいという欲求から，他人と比較し，自らを組織内の特定のカテゴリー集団に分類する（Tajfel, 2010; Tajfel, Billig, Bundy, & Flament, 1971）。このプロセスから，人は自らのソーシャル・アイデンティティ（social identity）を形成する（Turner, Hogg, Oakes, Reicher, & Wetherell, 1987 蘭ら訳 1995）。そして，自分が帰属する集団を内集団（in-group），その他集団を外集団（out-

図 1.2　職場や組織におけるデモグラフィー型ダイバーシティの影響

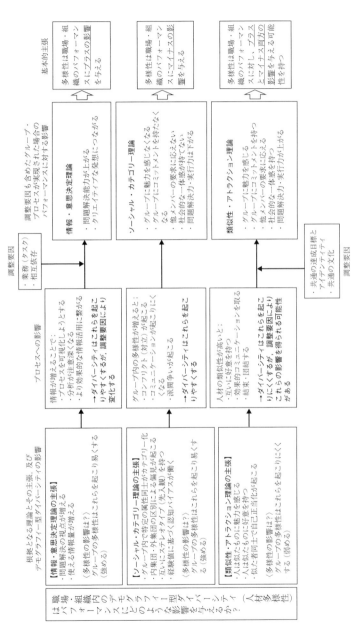

根拠となる理論とその主張，及び
デモグラフィー型ダイバーシティの影響

職場・組織内のデモグラフィー型ダイバーシティは影響を与えるか？（人材多様性）

**【情報・意思決定理論の主張】**
・問題解決の視点が増える
・使える情報量が増える

《多様性の影響は？》
グループ内の多様性はこれらを起こり易くする
（強める）

**【ソーシャル・カテゴリー理論の主張】**
グループ内で特定の属性同士がカテゴリー化
・内集団・外集団の区別による偏見が起こる
・互いにステレオタイプ（先入観）を持つ
・経験値に基づく認知バイアスが働く

《多様性の影響は？》
グループの多様性はこれらを起こり易くする

**【類似性・アトラクション理論の主張】**
・人は似たものに魅力を感じる
・人は似たものに好意を持つ
・似た者同士で自己正当化が起こる

《多様性の影響は？》
グループの多様性はこれらを起こりにくくする（弱める）

プロセスへの影響

情報が増えることで：
・プロセスを可視化しようとする
・分析が注意深くなる
・より効果的な情報活用に繋がる

→ダイバーシティはこれらを起こりやすくするが，調整要因により変化する

グループ内の多様性が増えると：
・コンフリクト（対立）が起こる
・効果的なコミュニケーションが起こりにくくなる
・派閥争いが起こる

→ダイバーシティはこれらを起こりやすくする

人材の類似性が高いと：
・互いに好意を持つ
・効果的なコミュニケーションを取る
・結束・団結する

→ダイバーシティはこれらを起こりにくくするが，調整要因によりこれらの影響を得られる可能性がある

調整要因
業務（タスク）
相互依存

調整要因が含めたグループ・
プロセスが実現された場合の
パフォーマンスに対する影響

情報・意思決定理論
・問題解決能力が上がる
・クリエイティブな発想につながる

ソーシャル・カテゴリー理論
・グループに魅力を感じなくなる
・グループにコミットメントを持たなくなる
・他メンバーの要求に応えない
・社会的な一体感が持てない
・問題解決力・実行力は下がる

類似性・アトラクション理論
・グループに魅力を感じる
・グループにコミットメントを持つ
・他メンバーの要求に応える
・社会的な一体感を持つ
・問題解決力・実行力は高まる

調整要因
・共通の達成目標と
　アイデンティティ
・共通の文化

基本的主張

多様性は職場・組織のパフォーマンスにプラスの影響を与える

多様性は職場・組織のパフォーマンスにマイナスの影響を与える

多様性は職場・組織のパフォーマンスに，プラス，マイナス両方の影響を与える可能性を持つ

出所：Williams & O'Reilly (1998, p. 89) を加筆修正．邦訳は筆者による

group）として，内集団に対しては好意的な態度を，外集団に対してはそうで
ない態度をとりがちとなる。人は，内集団を肯定的なものとして弁別するよう
動機づけられており，それを外集団との比較で優位性を見出すことで実現しよ
うとする。この結果，人々に内集団びいきが起こる。なお，この理論で重要な
点は，人は利益にかんする葛藤がなくとも，単に内集団と外集団に弁別される
だけで，集団間での競争が起こり得るという主張である（Turner et al.,
1987 蘭ら訳 1995）。つまり，帰属集団の構成要素が増えるという点で人材多様
性，すなわちダイバーシティは，職場や組織に対してマイナスに作用する
（Williams & O'Reilly, 1998）。ソーシャル・カテゴリーは，職場や組織におけ
るコンフリクト，凝集性，コミュニケーション等のプロセス面に，属性による
分断で悪影響を及ぼし，結果として成果にもマイナスとなる（Williams &
O'Reilly, 1998）。特に表層的ダイバーシティは，一目でカテゴリー化ができてし
まうため，カテゴリー集団同士の偏見や争いの原因となりやすいと考えられる。

　類似性・アトラクション理論では，ダイバーシティは職場や組織において，
状況によりプラスにもマイナスにも作用する（Williams & O'Reilly, 1998）。こ
の主張は，「自分と似ている・共通点がある」ことが好意や団結，またコミュ
ニケーションの質の向上に繋がるという理論である（Byrne, 1971）。初期の
組織デモグラフィーにかんする研究では，この理論に基づいた場合，様々な集
団の形成を容易にするデモグラフィー型ダイバーシティは，組織内に類似性で
括られる集団が多数できることから，組織成員同士のコミュニケーション，凝
集性，統合などの面でその質や量にばらつきが生じ，職場や組織にマイナスの
影響があると考えられていた（Williams & O'Reilly, 1998）。しかしその後の研
究で，組織内での共通の目標や経験（例えば，同じ時期に入社する経験，組織
で共に危機を乗り切った経験など）が，メンバーとの距離や類似性に影響する
こともあり，職場や組織におけるプロセスや成果に対してプラスとマイナスの
どちらの作用が大きいかは断言ができないとされている（Pfeffer, 1985;
Williams & O'Reilly, 1998）。

　以上 3 つの理論は，ダイバーシティの研究において，その効果を検証する根
拠として広く援用されてきた。しかし，ダイバーシティと職場や組織への効果
の関係については，研究結果は様々であり（Gonzalez & Denisi, 2009; Millikan &
Martins, 1996），一般的にプラス効果とマイナス効果の両方があり得るという主
張が支持されている（Jackson et al., 2003; Mor Barak, et al., 2016; Van

Knippenberg et al., 2004)。これは一方で，ダイバーシティが職場や組織に与える影響は，もはやこの３つの理論だけでは十分に説明ができなくなりつつあることを示していると言えよう。

　そこで，ダイバーシティが職場や組織の成果に影響を及ぼす要因を見出すべく，以降の研究が進んできた。ダイバーシティ研究が成熟していくにつれ，ダイバーシティのプラス効果を促進するプロセスやメカニズムの議論が盛んになったのである（Gonzalez & Denisi, 2009; Homan et al., 2008; Mor Barak et al., 2016）。この潮流のなかで，ダイバーシティのプラス効果を促進する重要な要素として，インクルージョン概念が注目されはじめた（Gonzalez & Denisi, 2009; Shore et al., 2011）。

## 4　ダイバーシティ研究におけるインクルージョンへの着目

　それでは，ここからはダイバーシティ研究の文脈において，どのようにインクルージョンの概念が注目されるに至ったかについて述べていきたい。既述のとおり，ダイバーシティは，1980年代ごろまでは主に表層的，深層的という２種類の構成要素による分類で考察されており，その依拠する理論も限定されていた。かかるなか，Cox & Blake（1991）は，人はそれほど簡単に分類できるものではなく，個人がアイデンティティと感じるもの，つまりカルチュラル・アイデンティティの全てがダイバーシティの構成要素になり得るとして，カルチュラル・ダイバーシティという考え方を提唱した。

　このことは，当時，表層的，深層的という二元論の分類で行き詰りつつあったダイバーシティ研究に新しい道筋をつけた。それと同時に，この考え方がダイバーシティの構成要素による分類を広げ，ダイバーシティ研究にさらなる複雑さを与えたとも言える。組織における人材多様性が増すにつれ，そのプラス効果が注目されるようになった一方で，ダイバーシティ・マネジメントの難しさから，離職率やコストの増加等のマイナス効果に対する懸念も拡大した（Cox, 1991）。

　そこで Cox（1991）は，職場や組織のダイバーシティをプラスの力に変えるためには，多様な人々の融和を促し，差別や偏見のない互いのアイデンティティを尊重しあう統合された組織，すなわち「マルチカルチュラル組織（multi-cultural organization）」を作る必要があると主張した。マルチカルチュラル組織とは，(1) 多様な人材がいる，(2) 多様な人材が活躍できる格差の無い組織

図1.3　ダイバーシティが組織成員のキャリアと組織力向上に与える影響

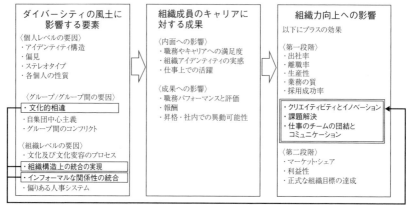

直接的に組織力に影響を及ぼす要因

出所：Cox（1993, p. 7）を加筆修正．邦訳は筆者による

構造がある，（3）多様な人材がインフォーマルなネットワークから締め出されていない，（4）差別や偏見が無い，（5）組織アイデンティティを持っている，（6）グループ同士の争いが無い，の6つの特徴を有し，全てのメンバーが能力を最大限発揮できる環境が整っており，かつ組織全体が人材多様性に価値があると認識する組織である（Cox, 1991）。

　このマルチカルチュラル組織を目指すにあたっての研究が進むにつれ，その統合フレームワークへの着目が進んだ（Shore et al., 2011; Thomas & Ely, 1996）。例えば，Cox（1993）は，個人キャリアと組織力にマルチカルチュラル・ダイバーシティが与える影響の相互モデル（interactional model of cultural diversity: IMCD）で，カルチュラル・ダイバーシティが組織に与える影響を示した（図1.3）。このモデルでは，ダイバーシティを受容する風土が，個人のキャリアと組織力に影響すると示唆する。

　図1.3においてダイバーシティを受容する風土を構成する3つの要因，すなわち個人レベルの要因，グループ及びグループ間の要因，組織レベルの要因において，組織レベルの要因以外の2つは，カルチュラル・ダイバーシティで定義されるグループ・アイデンティティであり，それらのアイデンティティは外部から変えることができない。そのため，Cox（1993）は，これらのグループ・アイデンティティを適切にマネジメントすること，つまり，ダイバーシテ

ィを受容する風土づくりが，組織として重要だと主張した。図 1.3 で示される
ダイバーシティの風土に影響する要素は集合的に風土醸成に影響する。醸成さ
れたダイバーシティの風土は，個人のキャリアに影響を与え，そこから組織力
へと順に繋がっていく。しかし，ダイバーシティの風土に影響する要因のうち
文化的相違，組織構造上の統合の実現，インフォーマルな関係性の統合の 3 つ
の要素は，これらをうまくマネジメントすることができれば，組織のクリエイ
ティビティとイノベーション，課題解決，チームの団結とコミュニケーション
などへのプラス効果に直結させることが可能である（Cox, 1993）。

　このようなマルチカルチュラル組織を目指すダイバーシティ・マネジメント
のアプローチは，マルチカルチャリズム（multiculturalism）と呼ばれる（Cox,
1991; Jansen et al., 2016; Stevens, Plaut, & Sanchez-Burks, 2008）。ダイバーシ
ティ・マネジメントの手法には，採用で多様性を増やす，社内教育を実施する
といった人的資源管理側面からのアプローチもあるが，マルチカルチャリズム
では，ダイバーシティを受容する風土の醸成，社員同士の壁を取り除くコミュ
ニケーション施策，社員の巻き込み等のアプローチが重要視される（Roberson,
2006）。これは，マルチカルチュラル・アプローチ（multicultural approach）
と言い，ダイバーシティ・マネジメントにおける主たるアプローチ方法の 1 つ
である（Jansen et al., 2016）。このアプローチでは，各個人が感じるカルチュラ
ル・アイデンティティの違いを互いに認め合い，業務上で生かすことができる
よう意識づける（Stevens et al., 2008）。

　このような，Cox & Blake（1991）が提唱しはじめたマルチカルチュラル組
織とその実現アプローチについての研究のなかで，経営学において多様な人材
1 人ひとりが受容されている認識を示す，インクルージョン（inclusion）の概
念に注目が高まった。それは，ダイバーシティ・マネジメントの有効性を引き
出すものとして，以降の研究に繋がっていった（Roberson, 2006; Shore et al.,
2011）。

## 5　小括

　ここまで，ダイバーシティにかんする先行研究について整理を行ってきた。
経営学におけるインクルージョン概念を検討するにあたり，その背景となるダ
イバーシティ研究を検討することは必要不可欠だからである。
　ダイバーシティ・マネジメントは，1960 年代に，主に表層的な違いによる差

別や格差の是正のための法対応からはじまった。そして，1980年代以降は，そ
れらを職場や組織にいかにプラスに作用させるかに着眼点を変えてきた。1990
年以降は，米国企業内におけるさらなる人材の多様化や海外進出が進むなかで，
ダイバーシティ研究では表層的，深層的という違いだけでなく，カルチュラ
ル・アイデンティティによる違いにも着眼するようになり，様々な視点から研
究が進められるようになった。

　単なる表層的な違いではなく，「何かしらの共通アイデンティティを持つグ
ループ化された人々」の違いを尊重するマルチカルチャリズムへの着眼は，そ
れまでの表層的な違いに対する差別や格差是正，社内制度の整備，またはアフ
ァーマティブ・アクションによるダイバーシティ・マネジメントではなく，互
いのグループ・アイデンティティの違いを理解し尊重するアプローチが有効だ
という議論へと発展していった。この議論が，インクルージョン概念に対する
注目を高め，その後のインクルージョン研究の発展に繋がっていくこととなる。

　以上本章では，インクルージョン概念の背景となるダイバーシティ研究の流
れを整理してきた。次章では，本書での鍵概念となるインクルージョンの先行
研究について，詳細に触れることとする。

**注**

1　アファーマティブ・アクションとは，米国やカナダにおいて，「積極的格差是正措置」または「積
　　極的差別是正措置」を指す（辻村，2011a，1頁）。その意味するところは，雇用や教育などで伝統
　　的に不利な立場におかれてきた黒人，女性，少数民族，障がい者などに対する差別を是正するため
　　に，それらの人々に対して積極的な採用や登用の措置をとることである（松村，2012；谷口，2008）。
2　米国における Title VII of the Civil Rights Act of 1964 の日本語訳。
3　米国における U. S. Equal Employment Opportunity Commission（EEOC）の日本訳語。
4　表層的（surface-level）とほぼ同義で，visible（可視の；e.g. Milliken & Martins, 1996; Pelled, 1999），
　　observable（観察可能な；e.g. Milliken & Martins, 1996），detectable（検出可能な；Jackson et al.,
　　1995）等の表現を使用する論者も存在する。
5　深層的（deep-level）とほぼ同義で，underlying（根本的な；e.g. Milliken & Martins, 1996; Jackson et
　　al., 1995），nonobsevable（不可視の；e.g. Milliken & Martins, 1996）等の表現を使用する論者も存
　　在する。
6　カルチュラル・アイデンティティは，可視・不可視という点では，表層的なものと，深層的なもの
　　の両方があるが，社会文化的に明確に識別される集団におけるメンバーシップという点から，カル
　　チュラル・ダイバーシティはデモグラフィー型ダイバーシティに分類される（谷口，2005）。
7　Harrison et al.（2002）は，表層的ダイバーシティを"demographic diversity"（p. 1030）と位置づ
　　けている。また，Ely & Thomas（2001）は，カルチュラル・ダイバーシティをデモグラフィック
　　なものと位置づけている。本書では本章の本文や注4〜6で触れた先行研究を概観し，カルチュラ
　　ル・ダイバーシティを本書で考えるところの，デモグラフィー型ダイバーシティへの分類・整理を

行った。なお，Ely & Thomas（2001）は，当該論文のなかにおいて "demographic diversity" の
対となる語として "Phsycological diversity" を使用しているが，本書ではデモグラフィー型ダイ
バーシティ以外をすべて非デモグラフィー型ダイバーシティとして分類している。

8 カルチュラル・ダイバーシティの定義は筆者による邦訳であり，Cox（1993）の英語原文は次のと
おりである。"the representation, in one social system, of people with distinctly different group
affiliations of cultural significance"。なお，本書内での英文文献の引用にあたっては，引用元とし
て邦訳書を記しているもの以外は，筆者による邦訳である。

本章は，船越多枝（2016a）．「日本におけるインクルージョン概念の妥当性に関する理論的検討」，神
戸大学大学院経営学研究科ワーキングペーパー（201613a）に加筆修正を加えたものである。

# 第2章

# インクルージョンにかんする先行研究

　ここでは，本書で鍵概念となるインクルージョンについて，先行研究レビューを行う。既に述べたとおり，インクルージョンは，欧米でも経営学においては，いまだ萌芽的概念の位置づけである。そこで，まずインクルージョンとは何かを紐解きながら，本書での定義を明確にする。次に，経営学，特にダイバーシティ・マネジメントの観点から，インクルージョン概念に着目する先行研究を整理する。具体的には，インクルージョン認識の着眼点と促進要因，インクルーシブ・リーダーシップ，そして最後に，ダイバーシティ・マネジメントにおけるインクルージョンの効果についての検討を行う。

## 1　インクルージョンとは

　まず本節では，インクルージョン（inclusion）に対し，先行研究のレビューからその定義を議論する。

### 1.1　インクルージョン概念とは何か

　経営学におけるインクルージョン概念が，表層的な違いであれ深層的な違いであれ，アイデンティティ認識が異なる多様なグループに属する人々をマネジメントしていくための概念として，1990年代初頭に注目されはじめたことは，前章で述べた。それでは，本来，インクルージョンとはどのような意味があり，どのような分野で使われてきた言葉か。この点について，経営学での定義を検討する前に触れておく。

　インクルージョンは，もともと社会学において，社会保障制度を検討する分野で取り上げられてきた概念である。社会保障の語源は，英語の social security

と言われる。藤本（2010）によると，その言葉が最初に使われたのは，1935年のアメリカの社会保障法（Social Security Act）であり，その後ILO（国際労働機関）が1942年に「社会保障への途」という報告書を出したことで，世界に広まった。社会保障という言葉は，日本では日本国憲法第25条第2項で用いられているが，その定義や範囲は1つではなく，今日では社会福祉や公衆衛生，社会保険をも包含する概念として用いられている。戦後まもなくの社会保障の目的は，戦争により生活が困窮した場合の保障という意味合いが強く，福祉三法といわれた「生活保護法」「身体障害者福祉法」「児童福祉法」の要請に対応するものであった。しかし，時代の移り変わりとともに，社会的に孤立する可能性が高くなった人たち，例えば単身高齢者，核家族化のなかで育児をする母親，若い非正規労働者といった人々への支援が重要となり，ソーシャル・インクルージョン（社会的包摂）の概念が着目されはじめた（藤本，2010）。すなわち，社会学において，インクルージョンとはソーシャル・インクルージョン（社会的包摂）を指し，社会的に孤立しそうなグループや個人への支援を示している。

　社会学以外でインクルージョンという概念が活発に議論されている分野が教育学である。教育学では，インクルージョン概念は1980年代に注目されはじめた。その概念は，障がい者，少数民族，海外から来た子といった特別な教育ニーズを持つ子どもたちを含め，全ての人に対して個人を尊重し，個別のニーズに対応しつつ，区別をしない一元的な教育を実施する必要性を示すものであった（三好，2009；Tang et al., 2015）。日本の教育学において，インクルージョンという言葉が注目されるに至ったのは，1994年にスペインのサラマンカで「特別なニーズ教育にかんする行動の枠組み」（以下，サラマンカ声明）[1]が採択されて以降である（安藤，2001；(独)国立特別支援教育総合研究所，n.d.；八幡，2012）。この宣言では，「万人のための教育（education for all）」の枠組みのなかに，「特別なニーズ教育」が位置づけられたが（八幡，2012），これ以前は，「統合教育（インテグレーション）」という言葉や概念が主流であった（安藤，2001）。

　教育学における統合教育（インテグレーション）とインクルーシブ教育（インクルージョン）の違いは，厳密に言うと研究者によっても概念定義が様々である（安藤，2001；韓・小原・矢野・青木，2013）。韓ら（2013）は「統合教育（インテグレーション）とは，例えば障がいの有無であれば，それを区別し

た上で場の統合を進める教育であり，インクルーシブ教育（インクルージョン）とは，その区別なく共同の場を設定し，平等かつ包括的な教育を行うことである」（115 頁）と定義している。

　これら社会学や教育学におけるインクルージョン概念を検討すると，インクルージョンという概念が包含する共通項が浮かび上がる。まず 1 つめは，インクルージョンとは集団内の少数派，いわゆるマイノリティに焦点を当てた概念であるという点である。そして 2 つめは集団におけるマイノリティが，いかに多数派，いわゆるマジョリティと同等にふるまえるか，または扱われる状態となるか，という点である。つまり，インクルージョンはその集団におけるマイノリティを区別するのではなく，どう集団のなかに包含していくのかという議論から呼び起こされている概念だと言える。

　これらを踏まえ，次に経営学におけるインクルージョン概念とその定義について検討する。

### 1.2　経営学におけるインクルージョン概念

　ここからは，経営学におけるインクルージョン概念を検討する。繰り返しになるが，経営学においては，1990 年代からダイバーシティ研究のなかでこの概念が見られるようになった（Roberson, 2006）。

　1960 年代の米国では，雇用や職場におけるマイノリティ人材の機会均等にかんする法整備が進み，企業はその対応のためダイバーシティ・マネジメントに取り組みはじめる。しかしそうして，企業内に多様な人材が増えるにつれ，その戦略における重要性が高まり，1980 年以降，ダイバーシティ・マネジメントは企業の重要な経営課題となっていく。それに伴い，ダイバーシティ及びその研究への注目も高まっていった（Nkomo & Hoobler, 2014）。その後も企業のダイバーシティ・マネジメントへの関心は高まる一方であり，2016 年の時点では，フォーチュン 500（Fortune 500）のトップ 50 社の企業において，ただ 1 社の例外もなく，ダイバーシティの推進やそれにかんする何らかの宣言が表明されている（Gündemir, Homan, Usova, & Galinsky, 2017）。

　このように，近年，組織における人材多様性，すなわちダイバーシティは，経営の最重要課題の 1 つに位置づけられている。しかしながら，組織におけるダイバーシティは必ずしも成果に繋がるばかりではなく，マイナスの効果をもたらすという研究結果も報告されているため，ダイバーシティ・マネジメント

を組織成果に繋げる要因の探索が盛んになっていった（e.g. Ferdman, 2014; Gündemir et al., 2017; Pless & Maak, 2004; Sabharwall, 2014）。

　米国において，マイノリティ人材の機会均等を目指す法的対応としてのアファーマティブ・アクションが，多様性の理解（understanding diversity）に変化したのは 1990 年代であり，このアプローチの段階では，多様性を理解して受容し，相互協力を促すことが目的であった（野畑，2013；谷口，2008）。そして，次に企業のあらゆる階層レベルで多様な人材が働くマネジング・ダイバーシティ（managing diversity）のフェーズに移行するが，この段階で鍵となるのは管理職であった（野畑，2013）。管理職は，ダイバーシティ・マネジメントを自分の課題ではなく社員同士の課題とし，自分自身が行動を起こす当事者とは認識していない場合が多い。ゆえに，管理職は意識的か無意識かを問わず，自分と似た属性や，組織におけるマジョリティ人材を取り立てがちとなる。このことが，「ダイバーシティ・マネジメントは経営課題だ」という管理職への動機づけのみならず，法的責任が伴うアファーマティブ・アクションを課す必要性の主張に繋がってきた（野畑，2013；Thomas, 1990）。そもそも社会における人材多様性が高い米国において，1960 年代から 1990 年代ごろまで，ダイバーシティ・マネジメントとは，企業が社会的に差別や偏見を受ける属性の人材をいかに受け入れるかであったのはすでに述べたとおりである。1980 年代から 1990 年代においては，ダイバーシティ・マネジメントは企業競争力にかかわる経営課題と言われはじめたが，やはり議論の焦点はデモグラフィー型のダイバーシティだった。

　このようななか，カルチュラル・ダイバーシティ（Cox & Blake, 1991）の考え方から，個人のアイデンティティを認め尊重し合う，マルチカルチュラル組織を目指そうという流れが起こり，そこからインクルージョン概念が経営学で注目され，本格的な検討がされはじめた。その後，インクルージョン研究は，組織や職場，グループにおけるインクルージョン認識の獲得と，ダイバーシティ・マネジメントにおける有効性という点に着目され発展してきた（Shore et al., 2018）。

　このように，インクルージョン概念はダイバーシティ・マネジメント研究のなかで出現したが，インクルージョンは経営学においては比較的新しい概念であることから，インクルージョンの意味や定義について，しばしば混乱や論争が生じている（Shore et al., 2018; Winter, 2014）。そこでここで，ダイバーシ

ティとインクルージョンの概念の違いを明確にしておく。例えばインクルージョンは、その意味において、ダイバーシティと同義であるという混乱がみられる（Ferdman, 2014; Shore et al., 2018）。この 2 つの言葉が混同されてしまう原因として、2 つの言葉の使い方や関係性の明示がない場合が多いことが指摘されている。例えば実務においてはダイバーシティ＆インクルージョン・オフィサー（Diversity & Inclusion Officer）という役職が存在し、研究者でさえも「ダイバーシティとインクルージョンの実践」といった言葉を使ってしまう（Ferdman, 2014）。ダイバーシティとインクルージョンが非常に近いところに存在するということは確かであり（Brimhall et al., 2017; Ferdman, 2014; Roberson, 2006）、これがインクルージョンを捉えどころのないものにしている 1 つの理由であると考える。しかし、多くの先行研究でダイバーシティとインクルージョンは明確に違うものだと言及されている。例えば、「ダイバーシティは組織の属性に焦点を当てており、インクルージョンは組織成員が心おきなく参加と貢献ができるよう、障害となる物を取り除くことに焦点を当てること」（Roberson, 2006, p. 217）、「ダイバーシティとは、法律で強制することができるが、インクルージョンは任意で行うもの」（Winter, 2014, p. 206）といった弁別がなされている。また、Ferdman（2014）は、「ダイバーシティとは多数のアイデンティティ・グループとその文化が、ある組織や職場に存在することである」（p. 3）とした上で、ダイバーシティは、必ずしも組織や職場に好ましい成果をもたらすものではなく、それらを求めるならば、さらなる条件が必要と述べ、「インクルージョンとは、職場や組織において、そこに存在するダイバーシティを有益なものにするプロセスや行動である」（p. 5）と主張する。これらを検討すると、ダイバーシティとはアイデンティティも含め違いが存在することであり、インクルージョンはそのダイバーシティを活かすことだと考えられる。

　Shore et al.（2018）は、このような混乱が生じているインクルージョンの概念に関し、先行研究の研究対象ごとに細分化し、整理を行った。その分類とは、職場のインクルージョン（work group inclusion）、インクルーシブ・リーダーシップを含むリーダーによるインクルージョン（leader inclusion）、組織に対するインクルージョンの知覚（perceived organizational inclusion）、組織によるインクルージョンの実践（organizational practices inclusion）、インクルージョンの風土（inclusion climate）の 5 つである（Shore et al., 2018）。表 2.1 に、

表2.1　インクルージョン研究の分類とその研究対象

| 研究の分類 | 研究の対象 |
| --- | --- |
| 職場におけるインクルージョン<br>(work group inclusion) | 職場における個人のインクルージョンの経験や認識，又その効果に着目する研究群（職場におけるインクルージョンとは何かという予備的研究を含む） |
| インクルーシブ・リーダーシップを含むリーダーによるインクルージョン<br>(leader inclusion) | インクルージョン研究のなかでも，リーダーの部下への態度やその関係性について考察を行っている研究，及び近年において着目されているインクルーシブ・リーダーシップにかんする研究群 |
| 組織に対するインクルージョンの知覚<br>(perceived organizational inclusion) | 個人や特定のアイデンティティ・グループがどのような組織にインクルージョンを感じるかということに着目する研究群 |
| 組織によるインクルージョンの実践<br>(organizational practices inclusion) | インクルージョンを最も効果的に推進するためのベストプラクティスや，経営層の役割に着目した研究群 |
| インクルージョンの風土<br>(inclusion climate) | インクルージョンを促進する風土とその要素にかんする研究群 |

出所：Shore et al. (2018) pp. 178-182 をもとに筆者作成，研究分類の邦訳は筆者による

それぞれの分類内容を示す。

　この分類は，無限に広がりつつあったインクルージョンの概念をある一定の枠組みで整理した点にかんし，評価できる。しかし，これらの概念は独立して研究されているものもあれば，複合的に調査や検討が行われているものもある。その意味では，インクルージョン研究を進めるにあたり，これらの分類を行うことが重要なのではなく，依拠する先行研究群とインクルージョンの定義を明確にし，それを介して何を明らかにしようとするかが重要と言えるであろう。

　それでは，続いて本書が依拠するインクルージョンの定義について検討を行っていく。

### 1.3　先行研究におけるインクルージョンの定義

　ここからは，これまで具体的にどのような定義でインクルージョン研究が進められてきたのかについて議論を行う。経営学におけるインクルージョンは，前項でも述べたとおり，ダイバーシティ・マネジメントに対し，その有効性を引き出す要因の1つとして，1990年代から出現した概念である（Roberson, 2006）。その先行研究において定義はさまざまであり，表2.2にその一部を参考として挙げておく。

表 2.2　経営学の先行研究における様々なインクルージョンの定義

| 先行研究 | インクルージョンの定義 |
|---|---|
| Miller（1998） | 組織の人々の能力を最大限に発揮させるもの（p. 151） |
| Pelled, Ledford, & Mohrman（1999） | 社員が仕事のプロセスにおいて，他者より内集団のメンバーとして扱われ，受け入れられている状態（p. 1014） |
| Mor Barak（1999） | 個人が組織の重要なプロセスに携わっていると感じられること。それには，情報やリソースにアクセスでき，上司や同僚との繋がりがある上で，意思決定に影響をもって参画できていることが含まれる（p. 52） |
| Roberson（2006） | 多様な社員が組織の一員として，組織内のシステム構造やプロセスにかかわり，統合されていること（p. 228） |
| Lirio et al.（2008） | 一人ひとりに職場への帰属感があり，従業員全員が組織の一員として，日々価値貢献を行っていること（p. 444） |
| Shore et al.（2011） | 社員が仕事を共にする集団において，その個人が求める帰属感と自分らしさの発揮が，集団内の扱いによって満たされ，メンバーとして尊重されている状態（p. 1265） |
| Nishii（2013） | 歴史的に権力があるアイデンティティを持つグループに所属する人だけでなく，全てのバックグラウンドを持つ個人が公平に扱われ，自らの存在価値を認められ，主要な意思決定に関われる状態のこと（p. 1754） |
| Jansen et al.（2014） | 集団が個人に対して与える，帰属感とありのままの自分でいられる程度（p. 373） |
| Buengeler et al.（2018） | 個人が帰属感（belongingness）と自分らしさの発揮（uniqueness），及び公共性（communality）の全てを同時に成り立たすことができていると感じていること（p. 292） |

注：表中のページ番号は，対応する各先行研究におけるページである
出所：表中の各先行研究をもとに作成，邦訳は筆者による

　インクルージョンには，まだ一般化された定義があるわけではないが，理論に裏づけされた定義の 1 つとして Shore et al.（2011）の定義が挙げられる。この定義は，Brewer（1991）の最適弁別性理論（optimal distinctiveness theory）に依拠して導き出されたものである。最適弁別性理論は社会心理学において，社会的アイデンティティ理論（social identity theory）の批判から出現した理論である（小川，2010）。社会的アイデンティティ理論（Hogg & Abrams, 1988 吉森・野村訳 1995；Tajifel, 1971; Turner et al., 1987 蘭ら訳 1995）は，個人が集団に振り分けられることで，自分が属する内集団とそれ以外の外集団ができ，内集団びいきが発生すると主張する。そして，人はそ

のなかで外集団との比較を行い，外集団に対する優越感を持つことで，社会的アイデンティティを得ようとする。しかし，社会的アイデンティティを得るためには自尊心が必要であり，その自尊心は自分が属する集団のステータスが低いからといって失われているわけではない。この矛盾を指摘した Brewer（1991）は，人は自分の居場所のため，また人々のなかで自分の価値を感じるために集団への帰属を求めると主張した。しかし，それにより同時に自分という自己認識や，比較による自己評価を犠牲にしなくてはならず，人はその点に不満を感じるようになると述べる。

　この主張から構築された最適弁別性理論（Brewer, 1991）によれば，人は集団に所属するとき，他人との類似性を求める一方で，人として唯一無二の存在である私でありたいとも思い，自身におけるその両方が均衡する最適バランスのポイントを見つけようとする。つまり，人々は，集団への帰属感（belonging-ness）をもってその集団におけるロイヤリティ，協働，信頼といったものを構築していくが，その集団にあまりにも馴染みすぎると，自分らしさ（unique-ness）も発揮したいという思いが大きくなり，集団への帰属感と自分らしさの発揮の最適バランスをとろうとする（Brewer, 1991; Shore et al., 2011）。この理論に依拠して考え出された Shore et al.（2011）のインクルージョンの概念フレームワーク（図 2.1）には，Brewer（1991）の最適弁別性理論と共通する2つの軸が存在している。1つめは，集団への帰属感を示す軸，2つめは，集団内での自分らしさの価値の高低を示す軸である。

　ここから，Shore et al.（2011）は，インクルージョンを「社員が仕事を共にする集団において，その個人が求める帰属感と自分らしさの発揮が，集団内の扱いによって満たされ，メンバーとして尊重されている状態」（Shore et al., 2011, p. 1265）と定義した。この定義では，インクルージョンには帰属感と自分らしさの発揮の両方が不可欠である，とされる。

　Shore et al.（2011）が導き出した定義は，最適弁別性理論に依拠して検討された上で示されたものである。また，インクルージョンは個人の認識とした上で，社員がインクルージョンを認識している状態を明確に定義し，加えてそうでない状態についても定義している。彼らの定義は，これらをフレームワークとして明確に提示している点で，研究上の分析に適していると考える。現に，多くの論文がこの定義について言及しており，分析に取り入れている（e.g. Jansen et al., 2014; Randel et al., 2018; Tang et al., 2015）。

図2.1　インクルージョン概念のフレームワーク

集団への帰属感

| | 低い | 高い |
|---|---|---|
| 価値が低い | **エクスクルージョン（排除）**<br>Excluaion<br><br>仕事を共にする集団において，自らは価値ある個としても内集団メンバーとしても認識されていないが，他者は内集団メンバーとして扱われている | **アシミレーション（同化）**<br>Assimilation<br><br>仕事を共にする集団において，その集団における支配的で標準的な雰囲気に従うことで内集団メンバーと認識され，自分らしさの発揮が軽視されている |
| 価値が高い | **ディファレンシエーション（差別化）**<br>Differentiation<br><br>仕事を共にする集団において，内集団メンバーとしては扱われていないが，個人としてその価値を認められており，その集団の成功には欠かせないと考えられている | **インクルージョン**<br>Inclusion<br><br>仕事を共にする集団において，内集団メンバーとして扱われており，価値ある個として自分らしさの発揮が許されている．又は奨励されている |

（左側縦書き：集団での自分らしさ）

出所：Shore et al.（2011, p. 1266）をもとに加筆修正，邦訳は筆者による

　一方で，Shore et al.（2011）が示した定義に対する批判も，近年見られるようになった。まず，帰属感と自分らしさの両立という点に対する批判である。集団内で特別な役割があるなどの一定の条件によりこれらの両立は可能な場合もあるが，一般的にはそれらは真逆のニーズであり，どちらかが高まれば，一方が低くなるはずだという主張がある（Buengeler, Leroy, & De Stobbeleir, 2018; Jansen, Otten, Zee, & Jans, 2014）。加えて，他人との共通項が少なければ，「自分らしさ」が相対的に可視化されやすいため，自分がその集団でマジョリティに属するか，マイノリティに属するかで，「自分らしさの発揮」の認識されやすさが異なるのではないかと指摘されている（Jansen et al., 2014）。「自分らしさの発揮」は，違いが際立つマイノリティが有利であるが，Deci & Ryan（2000）の自己決定理論（self-determination theory）の自律性（autonomy）から導き出した，「ありのままの自分でいるということ（authenticity）」を用いれば，違いだけでなく，似ていることも包含するため，マイノリティ人材，マジョリティ人材にかかわらず誰でも認識の条件は等しい。また，自己決定理論では「帰属感」と「ありのままの自分でいること」の2つは同時に両立が可能と言われている。その点で「自分らしさの発揮」よりも，「ありのままの自分でいること」という軸が適しているという主張である（Jansen et al., 2014）。

　さらに，インクルージョンが集団のなかの個人の認識であるとするならば，そう感じさせているのはその他のメンバーであり，集団内において自分がどう扱われているかが，インクルージョン認識において重要な点だという指摘がある（Buengeler et al., 2018; Jansen et al., 2014）。Jansen et al.（2014）は，ありのままの自分でいることを帰属する集団から許されていることが，インクルージョンの認識に繋がると主張し，インクルージョン概念を「集団が個人に対して与える帰属感とありのままの自分でいられる程度」（p. 373）と定義している。また，この点について Buengeler et al.（2018）は，個人とその周囲というマルチレベルでインクルージョン認識を考察することが必要だと述べ，Shore et al.（2011）と Jansen et al.（2014）の 2 つの先行研究，及び Brewer & Gardner（1996）が言及する集合的自己概念（collective self-concept）を参照し，インクルージョンの概念化を図っている。

　Brewer & Gardner（1996）によると，人は個人的自己概念（individual self-concept）と対人的自己概念（interpersonal self-concept）の形成を目指すのに加え，集合的自己概念も持ちたいと考える。Buengeler et al.（2018）は，この 3 つの自己概念の認識が揃ったときにグループでのインクルージョンを感じると主張した。すなわち，Shore et al.（2011）の定義で示されている自分らしさの発揮とは個人的自己概念を，帰属感とは対人的自己概念を示し，それに加えて，個人は帰属するグループや組織で共有される価値観や規範から，集合的自己概念を得ると主張している。その集合的自己概念は，個人に公共性（communality）を持たせることとなり，これが実現して組織やグループにおけるインクルージョン認識となると主張する（Buengeler et al., 2018）。ゆえに，Buengeler et al.（2018）は，「インクルージョンとは，個人が帰属感（belongingness）と自分らしさの発揮（uniqueness），及び公共性（communality）を同時に成り立たすことができていると感じていること」（p. 4）と定義している。

## 1.4　本書におけるインクルージョンの定義
　さて，ここまでの検討に基づき，本項では本書におけるインクルージョンの定義を明確に示す。前項までで述べたように，インクルージョンは，近年その概念が注目されてきた一方で，いまだ定義は一義的ではなく（Nkomo & Hoobler, 2014; Shore et al., 2011），それが結果として理論的研究と実証的研究の両方において妨げとなってきた（Shore et al., 2011）。このことから，本書

で依拠する定義と，それを用いて何を明らかにしたいのかを明示しておくことが重要だと考える。

　ここで改めて確認しておくと，本書の目的は，職場や組織における多様な人材の活躍推進，いわゆるダイバーシティ・マネジメントにおいて，組織成員のインクルージョンの認識がどのように促されるのか，またそのことが職場や組織にどのような効果をもたらすのかという点について明らかにすることである。本書が個人のインクルージョンの認識に着目するのは，職場や組織を構成するのは社員や組織成員という個人であり，それらの個人が職場や組織に帰属感を持ちつつ，自分らしく能力発揮ができれば，その集合体である職場や組織の成果に繋がるはずだ，と考えるからである。そして，本書は，日本人男性総合職が多くを占め，伝統的に彼らに適した人事管理を行う日本企業，すなわち男性総合職モデルの日本企業を研究対象としている。日本人男性総合職というマジョリティ人材が多くを占める組織において，マイノリティ人材であっても「帰属感」と「自分らしさの発揮」の両方を認識でき，彼・彼女ら全員の活躍を促すマネジメントとはどのようなものか。またそれは職場や組織にどのような効果を及ぼし，その成果にどう繋がっているのか。これらの問いを紐解くには，なによりもまず組織成員，つまり社員個人の認識に着目することが必要ではないかと考えた。

　この点から，本書におけるインクルージョンの定義は，個人のインクルージョン認識とは何かを明確に示している必要があるが，個人の認識は，不可視であり，非常に測りにくい。よって，研究を進めるにあたり，「インクルージョンを認識している状態」と「そうでない状態」の弁別妥当性が重要である。

　これらの点を検討し，本書におけるインクルージョンの定義は，Shore et al.（2011）に依拠し「社員が仕事を共にする集団において，その個人が求める帰属感と自分らしさの発揮が，集団内の扱いによって満たされ，メンバーとして尊重されている状態」（p. 1265）とする[2]。そして，インクルージョンが認識されていない状態とは，彼らのフレームワーク（図2.1）における「インクルージョン」以外の3つの状態，すなわち「アシミレーション（同化）」「ディファレンシエーション（差別化）」「エクスクルージョン（排除）」の象限に示される定義に当てはまる状態であるとする。

　もちろん，前項で指摘された Buengeler et al.（2018）や Jansen et al.（2014）といった，Shore et al.（2011）以降の議論や着眼点，特に集団における個人と

周囲の人々，それぞれのインクルージョン認識の関連性については，本書の考察でも含めていく必要があると考えている。しかし，これらの Shore et al. (2011) に対する批判は，Shore et al. (2011) の定義を否定しているのではなく，基本部分については先行研究の理論に依拠して練られた定義として支持している。加えて，Shore et al. (2011) のフレームワークは，個人のインクルージョン認識を中心に議論しているものの，その個人のインクルージョン認識は「集団内の扱いによって起こるもの」であると明確に述べている。このことは，インクルージョンという概念が，個人の認識と定義されているとはいえ，職場や組織などの集団において認識されるものであり，帰属集団という視点を分析に含めることが，妥当かつ重要であることを示している。

　次節では，具体的な研究調査の実施を目指すにあたり，インクルージョン研究において，どのような着眼点で先行研究が議論されているかを整理・検討する。

## 2　インクルージョン研究の着眼点

　さて，ここからはインクルージョン研究において，どのような点が着目され，研究されてきたのかを整理していく。先行研究を概観すると，経営学においてインクルージョン概念そのものへの着目は，おおよそ21世紀に入ってからであり，実証研究はあまり多くはない (Hays-Thomas & Bendick, 2013; Shore et al., 2011)。そのようななか，これまでの研究では，何が明らかにされてきたのかについて議論していく。

### 2.1　個人の認識

　まず，近年，研究の主流となっている個人のインクルージョン認識の研究について検討する。

　ダイバーシティ・マネジメントにおけるインクルージョン概念の初期の研究と位置づけられる Mor Barak et al. (1998) の研究では，社会的アイデンティティ理論 (Hogg & Abrams, 1988 吉森・野村訳 1995; Tajfel, 1971; Turner et al., 1987 蘭ら訳 1995) とインター・グループ理論 (intergroup theory; Alderfer, 1983) に依拠し，企業組織内にマイノリティ人材が増えることを社員はどう感じるのかについて調査を行っている。Mor Barak et al. (1998) は，組織内の個人は自らが置かれている状況の認識により，どのグループに属するかを決定し，メンバーとしてのグループ・アイデンティティを行動に反映させると考え

た。そこでこの研究では，企業理念，その企業がダイバーシティに価値を置く
程度，社内手続きなどに対する，グループ・アイデンティティを持つ個人の認
識を調査し，それが個人の態度や行動に与える影響を明らかにしようとした。
調査は当時，企業におけるダイバーシティとして注目されていた，女性と人種
的マイノリティ人材，そしてマジョリティ人材である白人男性の3つのグルー
プを対象に実施された。

　結果は，マジョリティ人材である白人男性は，その多くが組織レベルにおけ
る現状の公正性，昇進・昇格，情報共有などの点について，人種や性別による
差はなく，特に問題はないと感じていた。一方，女性や人種的マイノリティ人
材はそれらの点に差があると感じていた。これに対し，組織ではこれまで以上
にダイバーシティに価値を置き多様な人材の活躍が推進されるべきだという考
えについては，この逆の結果が示された（Mor Barak et al., 1998）。加えて，
女性や人種的マイノリティ人材は，マジョリティ人材と比較して相対的にエク
スクルージョン（排除）を感じやすいという結果が示された。この調査のイン
クルージョン研究に対する貢献は，ダイバーシティという経営課題に対し，組
織をどうマネジメントするかだけでなく，個人がそれをどう捉えるかに着目す
る必要性を示した点である。ここから，インクルージョンを個人の認識と位置
づけ，その認識を生み出すものは何かという研究が発展していった。この研究
以降，多くの研究がインクルージョン概念を個人の認識として定義しているの
は，前掲した表2.2のとおりである。

　しかし，Mor Barak et al.（1998）の研究は，厳密には企業におけるダイバー
シティ・マネジメントに対する理念や施策についての個人の認識を調査して
おり，インクルージョン認識の調査ではない。したがって，この研究ではイン
クルージョン概念に言及するものの，その定義は行われていない。また，それ
らの個人認識と組織成果の関連については，ほとんど言及していない。この研
究は，あくまで企業のダイバーシティ・マネジメントに対し，カテゴリー化さ
れた各グループにおける個人の認識が，企業内ではどのような意識や行動に繋
がるのかを検討したものである。

　このようなダイバーシティ・マネジメントに対する個人の認識について，最
適弁別性理論に基づき，インクルージョン概念として明確な定義を行ったのが
Shore et al.（2011）である。Shore et al.（2011）の研究は，個人がグループの
なかで「帰属感」と「自分らしさの発揮」の両方を認識していることをインク

ルージョンと位置づけた。そして，その個人のインクルージョンの認識は，職務満足や，離職意思の抑制といった効果に繋がると述べる。この研究が，Mor Barak et al. (1998) の研究と大きく違う点は，企業より小さな単位である他の社員と共に働くグループ，すなわち職場に着目していることである。21世紀に入ってからのダイバーシティ・マネジメント研究の多くが，組織レベルにおける多様な人々の属性や認識に注目してきた。一方，最適弁別性理論では，集団内における個人の「帰属感」と「自分らしさの発揮」の両立が焦点であることから，Shore et al. (2011) は職場における社員同士の経験が個人のインクルージョン認識には重要と考え，企業内における個人レベルでの分析に対しより適切な集団規模として，職場を選択している (Shore et al, 2011)。このように，Shore et al. (2011) が，インクルージョンを個人の認識として明確に定義したこともあり，近年，インクルージョンは個人の認識であると位置づける研究が主流になりつつある。

　しかし，たびたび議論となるのが，「帰属感」と「集団のなかで自分を出す」こと，すなわち「自分らしさの発揮」が両立可能であるのか，また両立可能ならば，それはどういった状況で可能なのかである (Brewer, 1991; Buengeler et al., 2018; Jans, Postmes, & Zee, 2012)。社会的アイデンティティ理論をベースとする先行研究の多くで，この2つはトレードオフの関係であると言われてきた (e.g. Brewer, 1991; Cooper & Thatcher, 2010；金・大月，2013; Turner et al., 1987 蘭ら訳 1995)。個人は，自身の社会的アイデンティティによって，他者と類似性を感じることで自らをカテゴリー化する。そして，他のグループと比較して肯定的な要素を探すことにより，自己高揚 (self-enhancement) を獲得し，不確実性の削減 (uncertainty reduction) を目指す (金・大月，2013; Turner et al., 1987 蘭ら訳 1995)。これに対し，Jans et al. (2012) は，類似性が必ずしも社会的アイデンティティを作り上げる唯一のものではないと批判し，自分らしさを発揮することや，他者との違いが，他のメンバーや帰属する集団に貢献し，集団の結束や，社会的アイデンティティの構築へと繋がると主張している。そしてその実現のためには，自らの価値を発揮する機会，例えば発言 (voice) の機会などが重要だ，と述べる。また，Brewer & Gardner (1996) は，個人が集団において，集合的自己概念 (collective self-concept) を持つことができれば，その個人は集団の規範に沿って自分らしさを発揮すると述べる。

　これらの先行研究に鑑みると，「帰属感」と「自分らしさの発揮」はトレードオフではなく，ある一定の状況下では両立可能であると考えられる。ただし，その具体的な状況，すなわち職場や組織における事例を示して分析しているものは，筆者の先行研究レビューの限りでは見当たらなかった。これは，インクルージョン研究において，「帰属感」と「自分らしさの発揮」がどのような状況下で両立するのかという実証があまり進んでいないことを示していると言えよう。

### (1)　個人のインクルージョン認識の促進要因

　そこで次に，個人のインクルージョン認識の促進要因を検討する。先行研究に鑑みると，インクルージョン認識の促進要因として，概して①意思決定への参画，②情報へのアクセス，③公正性の担保，④ダイバーシティを是とする風土や組織文化，⑤上司や周囲との親密さ，⑥スティグマ[3]が影響を及ぼさない，の 6 つが頻繁に言及されている。そこで，ここでは，これら 6 つの促進要因について，詳細に検討を行っていく。

　ただし，以降に示すように，多くの先行研究が上記の 6 つの促進要因のうち，複数に言及している。つまり，これらの促進要因は相互に影響し合っており，その実践には複合的なアプローチが必要だと考えられることを先に示しておく。なお，本書では多くの先行研究で言及されているこれらの促進要因に着目したが，インクルージョン研究は現在，議論が活発に行われている比較的新しい研究分野でもあり，促進要因はこれら 6 つに限らず見出されていることに言及しておく。

### 「①意思決定への参画，及び，②情報へのアクセス」

　まず，意思決定への参画と情報へのアクセスである。意思決定に参画するためには，多くの情報にアクセスできるということが前提となるであろう。そういった点でこれら 2 つの要因は，相互にかかわりが深いため平行して議論を行うこととする。まず，意思決定への参画に着目すると，多様な人材が意思決定に参画することは，多様な意見や情報が提供されることから，創造性を高める可能性が指摘されてきた（Richard, Kirby, & Chadwick, 2013; Williams & O' Reilly, 1998）。しかし，仮に多様な人材が意思決定にかかわる機会があったとしても，その機会においてこれらの人材が発言を躊躇する状況ならば，彼らの

意見は成果にも反映されず，そのプロセスに意味はなくなる。そこで，近年，個人のインクルージョンの認識に影響を及ぼす概念と言われているのが，Edmondson（1999）が提唱した心理的安全性（psychological safety）である（Guillaume, et al., 2017; Shore et al., 2018）。心理的安全性は，チーム内において個人が対人行動を起こすにあたり，その行動が非難されないという共通認識が存在する状態である（Edmondson, 1999）。心理的安全性は，対人関係を円滑にし，ダイバーシティのマイナス作用を封じ，発言，情報の共有，個人のウェルビーイング（well-being）[4]といったプラス作用を促進すると言われる（Guillaume et al., 2017）。したがって，心理的安全性が高く感じられる職場ほど，個人のインクルージョン認識が高まると主張されている（Shore et al., 2018）。また，Mor Barak（1999）は，組織成員がインクルージョンを感じるか否かは，組織の重要なプロセスに関わっているという認識を持てるかによる，と結論づけている。ここでの重要なプロセスとは，情報や社内リソースへのアクセス，上司や同僚との繋がり，そして意思決定への参画や，その意思決定に対する影響力が含まれる（Mor Barak, 1999）。つまり，意思決定への参画や情報へのアクセスという促進要因は，決して独立しているわけではなく，他の要因の影響を大いに受ける。また，Pelled, Ledford, & Mohrman（1999）は，意思決定への参画，機密情報へのアクセス，雇用の担保に対し，性別，人種といった表層的な違いの影響を調査した。結果，性別や人種はこれらに対し負の影響を及ぼすとしており，インクルージョンの認識を高めていくには，組織内での属性に対するバイアスを無くし，公正性を担保することが必要と主張している。さらに，Kanter（1977 高井訳 1995）によると，組織内のマジョリティ人材とマイノリティ人材の数のバランスが不均衡であった場合，マジョリティ人材はその支配的な文化を守るべく，マイノリティ人材との情報共有を行わない傾向にある。また，その傾向はマジョリティ人材とマイノリティ人材の数が均衡していくとともに減少していく。そして，マイノリティ人材の割合が35%程度を超えてくると，マジョリティ人材の支配が弱まる，と主張している。

「③公正性の担保」

　次に，公正性の担保について議論を行っていく。インクルージョンを促進する要素の1つと言われている公正性の担保は，多くの先行研究で触れられている（e.g. Hideg & Ferries, 2017; Mor Barak & Levin, 2002; Roberson, 2006;

Stamper & Masterson, 2002)。インクルージョンを認識していない個人は，会社の方針や手続きが公正でないと感じている場合が多く，それは結果として離職や意欲の低下につながる（Mor Barak & Levin, 2002)。また，Stamper & Masterson（2002）は，組織における公正な手続きが，社員のインクルージョンの認識に大きく影響すると述べる。このように，機会均等や採用の公正性，また入社後の扱いやコンプライアンスなどが，インクルージョン認識の促進にとって重要である（Roberson, 2006)。しかし，ここで議論しなくてはならないことは，ダイバーシティ・マネジメントにおいて何が公正と言えるのか，ということである。

　繰り返しになるが，採用や昇進における歴史的・構造的差別により，マイノリティ人材が被ってきた不利益を是正するための手段の1つとして，米国ではアファーマティブ・アクションが取り入れられてきた。アファーマティブ・アクションは，マイノリティ人材の意欲向上や社会進出を後押しする効果が見られ，評価に値するとされる（Balafoutas, Davis, & Sutter, 2016；松村，2012；谷口，2008)。一方で，その対象とならないグループ，つまりマジョリティを構成する属性にとっては，その措置自体が逆差別と感じられ，公正でないと認識されてしまう状況も多く見られる（Shteynberg, Leslie, Knight, & Mayer, 2011)。

　他方で，I-deals という考え方がある（Rousseau, 2001)。I-deals とはデニス・ルソー（Denise M. Rousseau）が提唱した考え方で服部（2018）によると，「個別的・特異的という意味を持つ idiosyncratic と，理想的という意味を持つ ideal を組み合わせた造語」（20頁）であり，組織が社員の個別事情に配慮し，他の社員と異なる扱いを行うことである。ただし，この概念が有効に働く条件が2点ある。1つめは本人のみならず，組織と他のメンバーにもメリットが感じられることであり，2つめはその点について納得性の高い説明ができるかどうかである（服部，2018；Rousseau, 2001)。Rousseau（2001）は，人的資源管理においては，社員への一律的な扱いが公正性や協調，そして効率を生み出し，そこに大きな労力が払われてきたことにも理解を示した上で，社員の人事管理において柔軟な対応がなされる必要性を主張している。そして，組織に高い貢献を行う社員に対し，その離職を防ぐ意味でも，また事情にかかわらず意欲的に働ける環境にするためにも，個別配慮の権限を職場マネージャーに委譲すべきだと述べている。I-deals の実現は決して容易ではないが，実行できれば，

能力が高く社内に留めたい人材の離職回避や，これまでの一律的な人事管理では対応が難しかった多様な人材の活躍推進に貢献する。ただし，その導入を成功させるには，特別な配慮がなされた社員が，何をもって組織へ貢献したとするのかを明確にしておく必要があり，加えてその社員への個別配慮がともに働くメンバーにも利点をもたらすことが必要である（Rousseau, 2001）。

　この何を公正とするかという点については，特にデモグラフィー型のダイバーシティに着目してマネジメントを行う場合，非常に難しい問題を含む。そのため一部の先行研究が言及しているように，公正性の担保がインクルージョンを促進する，と簡単には明言できない。そこには管理する企業側の人的資源管理が何をもって公正と認識するかと同時に，様々な属性や立場の社員が何を公正と感じ，それがどう各社員のインクルージョン認識に影響するのかという課題が包含される。しかし，筆者が調べた限りでは，アファーマティブ・アクションや I-deals が，組織成員のインクルージョン認識に与える影響を調査した先行研究は見当たらなかった。ダイバーシティ・マネジメントにおける公正性を議論するにあたり，アファーマティブ・アクションや I-deals の実践と，社員のインクルージョン認識の関連にかんする実証研究は，今後よりその重要性が増すであろう。

「④ダイバーシティを是とする風土や組織文化」

　ダイバーシティを是とする風土や組織文化にかんしては，他の5つの促進要因が複合的に作用していること，そして，組織風土の醸成には，職場と組織全体という2つのレベルでの取り組みが必要であることが主張されている（Mor Barak et al., 1998）。ここでは，職場レベルと組織レベルの風土醸成について，それぞれどのような議論がされているかを検討する。

　まずは職場レベルでの風土醸成の要因について議論を行う。職場におけるインクルージョンの風土に着目している Nishii（2013）の研究では，インクルージョンの風土（climate for inclusion）を，公正性，オープンネス，意思決定への参画という3つの尺度で測定している。公正性は，主に手続きや評価が公正に感じるかという観点，またオープンネスは，どれだけ個々の違いが尊重されていると感じるかという観点の尺度である。最後の意思決定への参画にかんしては，組織の重要な意思決定にかかわっているか否かではなく，各個人に与えられた責任の範囲で権限委譲を感じることができているか，もしくはアイデ

アや業務改善にかんし，提案ができるかどうかなどを測定する尺度となっている。Nishii（2013）は，ジェンダー・ダイバーシティにおいて，インクルージョンの風土醸成が進む職場は，インクルージョンの風土醸成が進んでいない職場よりも，人間関係上（relationship）および業務上（task）の両方において，コンフリクトが起こりにくいということを示した。また，同研究では，次に促進要因に挙げる，上司や同僚とのコミュニケーションが，インクルージョンの風土醸成に重要な要素であると指摘しているが，この点にかんしては，のちに詳細な議論を行う。

　一方，風土を醸成するには，組織レベルで何らかの仕掛けが必要とする先行研究も多い。Pless & Maak（2004）は，社員同士の相互理解，多元的な視点，相互依存，信頼，真摯さなどの個人レベルの要素が，インクルージョン文化の醸成につながるとした上で，それに並行した人事施策として（1）インクルージョンについて意識を喚起する，（2）変化へのヴィジョンを示す，（3）インクルージョンにかんするマネジメント概念と原理を再考する，（4）それに基づいて，社員のインクルージョンに関わる行動が測れるような仕組みを作り規則やシステムに落とし込む，という 4 段階のプロセスが必要だ，と述べる。また，Roberson（2006）は，職場で協働が起こる仕掛けや，コンフリクトの解消といった人事的な介入を通じ，全ての社員が意思決定に参画可能とすることが，インクルージョンを促進すると述べる。さらに，Ryan & Kossek（2008）は，社員全員に対し，属性にかかわらず利用可能な仕事とプライベートの両立施策を打ち出し，上役がそれをサポートし，開かれた職場の実践をしっかりと行うことで，インクルージョンが促進され，結果として職務満足度，離職率，組織コミットメント，および成果の向上に繋がる可能性を示唆する。また，Sabharwal（2014）は，経営トップや職場のリーダーがインクルージョンを是とする環境を率先して整え，そのなかで社員に権限委譲を行うことが必要であると主張する。

　このように，職場を超えた組織レベルのインクルージョンの風土醸成アプローチは，多くの先行研究でその必要性が言及されており，職場レベルでの風土醸成と両輪であると考えられる。つまり，経営トップや人事部門が，ダイバーシティ・マネジメントの一環として，組織全体にインクルージョンに関わる方針や施策を周知し，その浸透の仕掛けを作るというトップダウン・アプローチと，権限委譲や信頼の醸成などの職場におけるボトムアップ・アプローチとの

両方が，インクルージョン認識の促進には必要である。この結果，インクルージョンの風土がうまく醸成されれば，職場での人間関係や職務上のコンフリクトは低減すると考えられる（Nishii, 2013）。

「⑤上司や周囲との親密さ」

　上司や周囲との親密さにかんしては，職場における上司や同僚との良好なコミュニケーションの重要性が指摘されている（e.g. Buengler et al., 2018; MorBarak, 2015; Nishii & Mayer, 2009）。内面も含め，様々な点で互いの情報をよく知ることが，互いの表面上の違いによる偏見を和らげ，相手に対するステレオタイプな見解を減少させることは，組織行動論，社会学，社会心理学の分野で共通して主張されてきた（Harrison et al., 1998）。特にこれらの主張のベースとなる理論が，接触仮説（contact hypothesis）である（Allport, 1954 原谷・野村訳 1968）。この仮説は人は異なる集団や人種などに対し接触する頻度が増えると，その人や外集団に対しての偏見や排除意識が減るとする（Allport, 1954 原谷・野村訳 1968）。接触仮説にかんしては，その基本仮説をベースに，半世紀以上の長きにわたって研究が進められ，一般的に多くの研究がその仮説を支持している（Pettigrew, 1997）。しかし，接触仮説における「接触」とは，一定の条件を満たすことで初めてその効果が見られることに留意しなくてはならない（大槻，2006；Pettigrew, 1997）。その主な条件は，4つある。

　1つめは，接触をする状況においては対等な地位関係にあること，2つめは共通の目標を持っていること，3つめはグループ間で競争関係にないこと，4つめは，その接触にかんし組織や権威から肯定や支持があること，である（Allport, 1954 原谷・野村訳 1968; Pettigrew, 1997）。これに加え，大槻（2006）は，関係性の発展には十分な接触期間や濃度が必要であると主張する。

　また，大坊（2005）によると，コミュニケーションによる親密性の構築メカニズムは，他者との触れ合いのなかで，協調的な関係を実現し，その相互作用から対人ネットワークを広げることで生まれる。相手との相互作用は，その個人が社会的な存在となるための自己理解に必要不可欠であり，そのプロセスを経て，相手とのさらなる相互作用を重ね，相手を比較や対比で捉える。その過程から，互いを一体化する過程へ至り，最終的に親密性の構築に繋がる（大坊，2005）。ただし，より親密な対人関係を築くには，互いの自己に関わる情報を，

操作することなく正確に示すこと，すなわち自己開示による相互理解が必要である。そして自己開示による親密性が増すと，相互関係のなかにおける発言量も概ね増えていく（大坊，2005）。Stamper & Masterson（2002）は，組織成員同士のコミュニケーション量の増加が，彼・彼女らの内集団メンバーとしてのインクルージョン認識を促進すると述べる。また，Downey, Werff, Thomas, & Plaut（2015）は，ダイバーシティが存在する職場では，社員同士のコミュニケーション量と，社員のインクルージョン認識の高まりが比例すると述べる。それは大坊（2005）が主張するような他者との親密性を高めるプロセスが，組織成員同士のコミュニケーションに内包されているからであろう。

　上司や周囲との親密さは，基本的に職場において個人がインクルージョン認識を高める要因となるが，インクルージョン認識に重要な要素であるだけでなく，組織成果への影響が見出されている。例えば，Nishii & Mayer（2009）は，リーダーと部下の関係の質がデモグラフィー型ダイバーシティの離職率に与える影響を，LMX（leader-member exchange）理論[5]を用いて調査した。この研究では，リーダーが集団内でそれぞれのメンバーと平均的に質の高い関係性を構築できている場合，基本的にはグループ内のデモグラフィー型ダイバーシティによる離職率を抑制する効果が見られる。一方で，仮にフォロワー全員との関係の質が高くとも，その中でさらにメンバーとの関係性に偏りがある場合は，離職率に少なからず影響を及ぼす可能性を指摘し，リーダーによるフォロワーとの関係性構築が，ダイバーシティ・マネジメントに繊細な影響を及ぼす点を示している。また，ダイバーシティが存在する職場においては，職場リーダーが作り出すインクルージョンの風土が重要であり，その職場成果への影響が指摘されている（Nishii，2013）。

「⑥スティグマが影響を及ぼさない」
　最後に，インクルージョンの促進におけるスティグマの影響である。ここでのスティグマとは，「社会においてアイデンティティの価値を下げるような特徴や経験」（Shore et al., 2011, p. 1268）と定義する。これは，例えばジェンダーであれば男らしさ，女らしさ，人種であれば肌の色によるマイナス影響と言える。Nishii（2013）は，ジェンダー・ダイバーシティにおけるインクルージョンの風土とは，女性と男性は同等の社会的価値をもたらすという考え方と扱いが定着している上で，「女らしさ」というスティグマが取り除かれているこ

とが重要と述べる。Shore et al. (2011) はインクルージョンを，集団内におい
て帰属感と自分らしさが満たされ，メンバーとして尊重されている状態と述べ
たが，自分らしさが発揮できる条件の1つとして「集団内で自らの価値を下げ
るスティグマが表層化されていないこと」(p. 1268) を挙げている。これは，
スティグマが社会的な価値に影響を与えていない，すなわち上司との距離や情
報アクセスに影響を及ぼしていないという意味であり，公正性の担保に繋がる
(Nishii, 2013)。この点から，この促進要因も，他の5つに影響する複合的な
要因であると言える。

(2) 個人のインクルージョン認識の促進における重要ポイント
　ここまで，個人のインクルージョン認識の促進要因について，先行研究をレ
ビューしてきたが，以上を踏まえ，着目すべき点は3つある。
　まず1つめは，先行研究で頻出する6つの促進要因は，相互に影響し合う複
合的な要素を持つことである。個人のインクルージョン認識は，1つの要因で
促進されるものではなく，様々な要因が影響し合って形成されていく。そのた
め，特に実証研究を進めるにあたっては，組織のコンテクスト，及びその時点
の職場や組織の状況や各個人の認識も含めて分析を行う必要がある。
　2つめは，これらの促進要因は，組織全体の包括的なインクルージョンの実
現には，職場レベルと組織レベルの両方で展開されなくてはならないことであ
る。これは，インクルージョン認識の促進が，いかに難しいかということを示
しているとも言える。つまり，職場と組織全体が，同じ目的意識を持ってイン
クルージョン認識の促進をしていかなければ，企業全体の包括的なインクルー
ジョンは成されない。そうでなければ，各個人が自身の職場でインクルージョ
ンを認識したとしても，組織レベルではインクルージョンは認識できないとい
うことが起こり得る。
　そして3つめは，これらの促進要因は，単にそれが存在すれば良いのではな
く，その促進要因に至るまでのプロセスで何が起こっているのかにも着目すべ
きという点である。例えば，全員に会議に参加する権限を与えることが，意思
決定への参画を意味するのではない。その会議で発言することができ，それに
耳を傾けてもらえて初めて，個人は意思決定に参画していると感じるであろう。
また，上司や同僚とのコミュニケーションにおいては，単に一緒に過ごす時間
の長さだけでなく，どれだけ心を開いて話せるかという点が，インクルージョ

ンを認識するには大切であろう。つまり，インクルージョン研究では，個人が
インクルージョンを認識するプロセスを明らかにすることが，非常に重要にな
ると考えられる。加えて，個人のインクルージョン認識は，職場や組織といっ
た，異なる集団レベルにおいても維持されるのか，またそこに属する全員がイ
ンクルージョンを認識する状態は起こり得るのかなども，今後は調査分析が必
要だと考える。

## 2.2　集団の認識

　さて，ここまでの先行研究レビューでは，個人のインクルージョン認識に着
目してきた。そこで次に，集団という視点から，インクルージョン認識の検討
を行っておきたい。

　本書で依拠する Shore et al.（2011）の定義に関しては，批判的意見も出は
じめていることは，これまでにも述べた。Shore et al.（2011）の定義は，個人
の認識のみに焦点を当てているため，ある組織成員がインクルージョンを認識
しても，他の組織成員やその集団全体のインクルージョン認識は向上していな
い可能性も考えられる。また1人の組織成員のインクルージョン認識が必ずし
も，集団の成果には繋がらない可能性がある。このように，「集団側からの視
点」を加えた上で個人のインクルージョン認識は検討されるべきではないか，
という点からの批判がある（e.g. Buengeler, et al., 2018; Jansen et al., 2014）。
例えば，Buengeler, et al.（2018）は，基本的には Shore et al.（2011）のイン
クルージョン概念の定義に依拠しているが，定義の構成要素である「帰属感」
と「自分らしさの発揮」に加え，「集合的自己概念」を盛り込むことが必要だ
と主張している。Buengeler et al.（2018）によると，「自分らしさの発揮」は
あくまで集団において有益でなくてはならず，同じ集団に属するメンバーが，
互いや全体の利益を意識しながら「自分らしさの発揮」を行うには，職場や組
織における共通のアイデンティティを構築し，それを集合的自己概念として個
人に意識させる必要がある。

　このような近年の Shore et al.（2011）への批判における重要な指摘は，整
理すると以下の2点である。1つは，インクルージョンは個人の認識と定義し
ているが，その個人を取り巻く人々のインクルージョン認識についても考察が
必要ではないかという点である。インクルージョン概念の初期の主張は，全員
のアイデンティティが尊重されることであり，誰かが尊重されなくて良いとい

うことではない（Cox, 1993）。その点では，これまで主にダイバーシティ・マネジメントの対象となってきたマイノリティ人材のインクルージョン認識だけでなく，マジョリティ人材のそれにも着目することが重要ではないか，という批判である。

　2つめは，「集団の中の自己」という点を考察に入れるべき，という指摘である。Buengeler et al.（2018）は，個人の「自分らしさの発揮」は，それが所属する集団にとって好ましくなければ，組織としての成果の面ではマイナスの影響を及ぼす点を指摘した。すなわち，職場や組織の成果に繋がるインクルージョン認識という点においては，個人が自由に「自分らしさ」を発揮することが許されるのではなく，「集団の成果に貢献するような自分らしさ」の発揮が求められる。また，それを統制可能なものとして，集合的自己概念に言及しており，個人のインクルージョン認識に集合的自己概念という要素を加えることで，職場や組織の成果に繋がる可能性を示している。

　金・大月（2013）によると，集団の繁栄に対する個人の行動やモチベーションは，個人的アイデンティティと社会的アイデンティティを統合するプロセスであるアイデンティフィケーション（identification）に関係し，それが組織成果にも大きな影響を及ぼす。それは自己と他者の相互作用により決定づけられていくが，これをアイデンティティ志向（identity orientation）と言い，「個人が自己のアイデンティティを確立する際の態度や傾向」（金・大月，2013, 159頁）を示す[6]。

　なお，他者や社会との関係性のなかで自己を解釈しイメージづけることを，自己表象と言い（Brewer & Gardner, 1996; 金・大月, 2013），それは「個人」「対人関係」「集団」という3つの分析レベルの自己概念に分類できる（表2.3）。

　これら3つの自己概念は，誰もがこの全てを持ち合わせており，状況により個人が3つの内，どの自己概念を最も強く志向するかは変化する。つまり，「I（私）」が最も強く表れる場合もあれば，「we（私たち）」が最も強く表れる場合もある。それは，自分自身の概念化している自己が周囲に受け入れられている度合いによる。そして，それにより自己評価や組織への貢献に対するモチベーションが変化する（Brewer & Gardner, 1996）。Brewer & Gardner（1996）によると，個人が集合的自己概念を持つ状態で最も特徴的に表れる自己概念は，内集団メンバーと共有されている自己概念となる。これは，人が集合的自己概念を持った際に，自らの自己概念の境界を定義しなおし，集団や対人関係性に

表 2.3 自己表象のレベル

| 分析レベル | 自己概念 | 自己評価の根拠 | 準拠枠 | 社会的動機の根拠 |
|---|---|---|---|---|
| 個人 | 個人的 | 特徴 | 個人間比較 | 自己の利益 |
| 対人関係 | 関係的 | 役割 | 反映 | 他者の利益 |
| 集団 | 集合的 | 集団プロトタイプ | 集団間比較 | 集団の繁栄 |

出所：金・大月（2013，161頁）
出典：Brewer & Gardner（1996, p. 84）

おいて「良き代表者」となれる自己概念に注力することから起こる。これは拡張自己（extended self）と言われる。これはある意味，同化とも取れるが，個人は常に同化と差別化の均衡を取りながら自己概念を示しており，それが集団と個人の相互作用を生み出している（Brewer & Gardner, 1996）。鈴木（2013）は，個人が自分を活かすにあたっては，自己理解と同時に他者を理解することも必要であると述べている。そこからコミュニケーションが生まれ，それが他者への関心をさらに高める，ということであるが，この論理に鑑みると，集団のなかで自分らしさを発揮することは不可能ではないと考えられる。他者とのコミュニケーションを通して，自身を他者に投影するプロセスが，自分を活かすにあたって必要であるならば，自分は他者があってのものである。つまり，人は1人では「自分らしさ」の発揮ができないと言える。

　なお，Cooper & Thatcher（2010）によると，自己概念の表出は，文化や性別に影響される。アジア圏の国では，関係的自己概念や集合的自己概念の表出が顕著であり，反対に欧米やオーストラリアでは，個人的自己概念の表出が強い。また女性は男性と比較して，関係的自己概念や集合的自己概念が表出する場合が多く，男性は個人的自己概念の表出が強い。つまり，3つのうちどの自己概念を各場面で選択するかは個人によって違うが，その傾向は文化的な差異や性別の影響を受ける（Cooper & Thatcher, 2010）。

　これまで述べたように，「集団のなかの自己」すなわち，個人が集合的自己概念を意識しつつ，「帰属感」と「自分らしさの発揮」を両立し，インクルージョンを認識できれば，個人と組織の両方にメリットがあると考えられる。しかし，この3つの自己概念にかんし，どの自己概念をどのタイミングで，何を対象に志向するかは，その個人に委ねられている（Cooper & Thatcher, 2010）。したがって，組織がそれを直接コントロールすることはできない。

　そこで，集合的自己概念を志向させる方法の1つとして，上位目標（super-ordinate goals）や，上位の価値観の設定が考えられる。1つの集団や個人で成し遂げることができない共通の上位目標は，凝集性の高い集団の形成に貢献する（Turner et al., 1987 蘭ら訳 1995）。これは，集団間葛藤（intergroup conflict）にかんする研究でも実証されている（Sherif et al., 1961）。人は，集団において個人が納得し得る明確な目標があり，その目的達成のために協働が必要であれば，そこで集団として結束し，内集団内で協働を行う。しかし，外集団と利害が絡む競争状態になった場合は，外集団に対してあからさまに否定的な集団間葛藤が起こる（Sherif et al., 1961）。これを解消し，集団間での協働を促すには，帰属集団だけでは成し遂げられない共通の上位目標を設定することが有効だとされており，それにより，否定的であった他集団との協働が促され，相互に協力関係が生まれる（Sherif et al., 1961）。

　加えて，他者に協力するより，非協力を選択したほうがその個人にとっては好ましい結果となる社会的ジレンマの状況において，集合的自己概念が内集団における協力行動を高めることが，これまでの研究により支持されている（神・山岸，1997）。例えば，自らが帰属する集団において，集団の利益と自己利益の葛藤が起きる場合に，集団内において誰一人として協力しないという状況も予測できるであろう。しかし実際にはそのようなことは起こっていないため，自己利益追求以外の説明原理が研究されてきたのである。

　内集団バイアスが生じる状況，すなわち集団内で協力行動が起きる状況については，主に2つの論理で説明がなされている（神・山岸，1997）。1つはBrewer（1979）の心理的距離による説明，もう1つが社会的アイデンティティ理論（Hogg & Abrams, 1988 吉森・野村訳 1995; Tajfel et al., 1971; Turner et al., 1987 蘭ら訳 1995）による説明である。

　心理的距離では，内集団に対しては信頼できる（trustworthiness），正直さがある（honestly），忠誠心（loyalty）というバイアスがかかるとしている。結果として，そこから心理的距離が縮まり，集団の目的に対して協力的となる。また，Krammer & Brewer（1984）[7]はダイバーシティの高いグループにおいて，集合的自己概念は自己利益ではなく集団としての利益を優先させる効果があると述べている。

　社会的アイデンティティ理論（Hogg & Abrams, 1988 吉森・野村訳 1995; Tajfel et al., 1971; Turner et al., 1987 蘭ら訳 1995）では，内集団に属する個人は，

外集団と比較することで，自らの社会的アイデンティティを高めようとする。相互協力ができれば目的が達成できるにもかかわらず，内集団びいきが原因で相互協力がなされないと気づいた個人は，相手の協力が期待できる場合には，相互協力に対し意欲的になる。また，それを見た他の成員は影響を受け，集団内の相互協力が起こりやすくなる。

　さて，ここまで近年議論が進みつつある，個人のインクルージョン認識のみならずその周囲の組織成員にも着目する集団のインクルージョン概念を検討してきた。このように，インクルージョンという概念を個人レベルで検討するか，個人の集合体である集団という視点を含め検討するかは，先行研究も含め議論が続いている。例えば，金井（1997）は，人はよくまとまった集団に帰属するほど，集団での意思決定やその行動に対し，個人の意見が出しにくくなる可能性を示唆している。このように，集団の視点を考察すると，インクルージョンにおける「自分らしさの発揮」が，帰属集団により必要以上に抑え込まれてしまう懸念もある。

　現在，インクルージョン概念は個人の認識であるという前提が主流であり，本書においても個人のインクルージョン認識に着目し，Shore et al.（2011）の定義に沿って調査研究を進めていく点は，既述の通りである。しかし，職場や組織は個人が集まって課題解決を行うものであり，「集合体のなかの個人」という視点からの考察は，非常に重要であると考える。したがって，本書においても，この視点は調査研究のなかに取り入れていくこととする。

## 3　インクルーシブ・リーダーシップ

　さて，本節では近年，組織成員のインクルージョン認識を高める要素として，研究が増加傾向にある，インクルーシブ・リーダーシップ（inclusive leadership），及びリーダーによるインクルージョン（leader inclusion）について取り上げておくこととする。前節でも述べたとおり，インクルージョンは個人の認識とする研究が多いが，これらの先行研究のなかでは，個人のインクルージョン認識を高める要因の1つとして，上司や周囲との親密さが多く言及されている。また，集団視点からの検討においては，目標の共有が集合的自己概念を認識させると言われているが，目標の共有にはリーダー行動が必要不可欠であろう。

　このようなリーダーとフォロワーの関係性への着目とその重要性は，多くの

リーダーシップ研究で言及されており，組織の様々な成果に影響すると言われてきた（Carmeli, Reiter-Palmon, & Ziv, 2010; Shore et al. 2011）。しかし，インクルージョン認識を促進するリーダー行動に着眼するインクルーシブ・リーダーシップの研究はまだ少ない（Choi, Tran, & Park, 2015; Mitchell et al., 2015; Randel et al., 2016）。一方で，組織成員のインクルージョン認識に対するリーダー行動の重要性は，これまでのインクルージョン研究においても指摘されてきた（Randel et al., 2016）。

### 3.1　インクルーシブ・リーダーシップの定義

　Carmeli et al.（2010）は，インクルーシブ・リーダーシップを，リーダーが率いるメンバー，すなわちフォロワーとのやり取りにおいて，開放性（openness），近接性（accessibility），有用性[8]（availability）という 3 つの要素を示すリーダーシップと定義している（p. 4）。このインクルーシブ・リーダーシップの考え方は，Nembhard & Edmondson（2006）が定義した，リーダーによる包摂（leader inclusiveness）の概念から導かれている。リーダーによる包摂とは，リーダーが人々の貢献を奨励し，それに感謝することと定義されている（Nembhard & Edmondson, 2006, p. 948）。この具体的な行動例としては，人々の発言を奨励する，それに対し感謝を示す，そしてその人々が自分たちの意見に価値があると信じられる状況を作り出す，などが挙げられる（Nembhard & Edmondson, 2006, pp. 947-948）。また，このリーダーによる包摂の概念では，①リーダーがフォロワーに対し直接的に態度や行動を示すこと，②それによりフォロワーがリーダーは身近でニーズに応えてくれる有益な存在と認識すること，の 2 つが必要かつ，重要とされるが，このようなフォロワーに対する直接的な働きかけは時間や手間を要する。しかし，リーダーによる包摂という概念をベースに置くインクルーシブ・リーダーシップには，必要不可欠な要素である（Carmeli et al., 2010; Hirak, Peng, Carmeli, & Schaubroeck, 2012; Nembhard & Edmondson, 2006）。なお，リーダーによる包摂の概念には，リーダーが組織の目標達成のために，戦略的なダイバーシティ尊重の行動を取ることも含まれる。例えば，社員の地位や組織への影響力に囚われず個人の意見を促す，といった行動である（Mitchell et al., 2015; Nembhard & Edmondson, 2006）。またリーダーは，フォロワーに対しオープンで，アクセス可能な近い存在である必要がある。このダイバーシティを尊重する姿勢と，

直接的にフォロワーに関わるリーダーシップのスタイルが，例えば参加型リーダーシップ（participative leadership）や，変革型リーダシップ（transformational leadership）など類似のリーダーシップスタイルとの違いであると言われている（Mitchell et al., 2015）。

　一方，その具体的なリーダー行動については，いまだ議論の途上でもあり，「インクルーシブ・リーダーシップ」と「リーダーによる包摂」の2つの言葉は，明確に異なる概念として扱われてはおらず，両方が混在して使用されている。一方で，Cameli et al.（2010）のインクルーシブ・リーダーシップの定義は，Nembhard & Edmondson（2006）のリーダーによる包摂の概念が包含されると明示している。

　以上を踏まえた上で，本書では，Cameli et al.（2010）に依拠し，これらの概念を指す言葉を，「インクルーシブ・リーダーシップ」に統一する。ただし，Nembhard & Edomondson（2006）のリーダーによる包摂の概念，すなわち「他の人々の発言を奨励し，それに感謝すること」（pp. 947-948）が含まれることを示すため，Cameli et al.（2010）の定義にこれを加え明示する。つまり，「フォロワーに開放性，近接性，有用性という3つの要素を示し，発言の奨励やそれに対する感謝などの包摂を促す行動を，目標達成のために戦略的かつ直接的に行うリーダーシップ」を，本書におけるインクルーシブ・リーダーシップの定義とする。

## 3.2　インクルーシブ・リーダーシップの効果

　さて，インクルーシブ・リーダーシップの効果はいくつかあるが，多く言及されているのが，フォロワーの心理的安全性の向上である（Carmeli et al., 2010; Hirak et al., 2012; Nembhard & Edmondson, 2006）。これらの先行研究によると，職場に心理的安全性が存在する，すなわち個人の発言や行動に対し他者の否定がない状況があれば，そのメンバーは自由に発言する。上司のインクルーシブ・リーダーシップは，職場における地位や，業務の違いを超えてメンバーの心理的安全性を高め，それが職場メンバーのアイデア，気づき，質問といった発言をもたらす。また，心理的安全性は，職場の業務とその質に対する思い入れ（エンゲージメント）の媒介変数となり得る（Nembhard & Edmondson, 2006）。また，Hirak et al.（2012）によると，インクルーシブ・リーダーシップによる心理的安全性の高まりは，職場での失敗共有とその学び

を促し，結果として成果につながる。

　職場の心理的安全性以外についても，近年，インクルーシブ・リーダーシップの効果にかんする研究が進んでいる。その1つが，リーダーや組織・職場に対する社員の援助行動（helping behavior）の促進である。Shore et al. (2011) は，援助行動はインクルージョン概念が介在することの重要な成果だと述べ，社会的交換理論（social exchange theory）をその根拠に挙げる。社会的交換理論によると，人は良い施しを受ければ，相手に返礼したいという互恵の意識が生まれる（Blau, 1964 間場ら訳 1974; Cropanzano & Mitchell, 2005）。特に地位が低いと知覚される[9]マイノリティ人材は，リーダーや組織からどのような扱いを受けるかで援助行動を起こすか否かを決定すると述べる（Mamman, Kamoche, & Bakuwa, 2012）。

　また，Randel et al., (2016) によると，人種や性別のダイバーシティがある職場では，社員が感じるダイバーシティを尊重する風土（psychological diversity climate）と，インクルーシブ・リーダシップが，社員行動に影響する。なお，この2つのうち，より影響を及ぼすのは，インクルーシブ・リーダーシップである。一方で，ダイバーシティを尊重する風土は，インクルーシブ・リーダーシップに対するリーダーの積極性に影響する（Randel et al., 2016）。つまり，このような風土とインクルーシブ・リーダーシップの両方が高められれば，対職場と対リーダーに対する社員の互恵的な援助行動は高められる。特に人種的マイノリティと女性においては，対リーダーへの援助行動が高まる傾向にある（Randel et al., 2016）。

　加えて，職場におけるインクルーシブ・リーダーシップにより，社員が「リーダーの存在は自分たちに有益である」と認識し，その恩恵を感じることは，業務や職場への貢献意欲に繋がる（Choi et al., 2015）。これも社会的交換理論から導きだされた考察であるが，「リーダーの存在は自分たちに有益である」という想いは，社員の職場や組織への情緒的組織コミットメント（affective organizational commitment）と創造性（creativity）を高め，結果として社員のワーク・エンゲージメント（work engagement）を高める（Choi et al., 2015）。また，ダイバーシティが存在する職場において，リーダーと社員のコミュニケーション量は，一部条件を満たす必要はあるが，離職を抑制する効果が見られる（Nishii & Mayer, 2009）。これらの研究に鑑みると，インクルーシブ・リーダーシップは，発言や自発的行動という「自分らしさの発揮」に影響するだけ

でなく，メンバーの「帰属感」に繋がる要因とも考えられる。

　ダイバーシティ・マネジメントの先行研究では，カテゴリー化されたグループ・アイデンティティが，職場や組織でのコンフリクトを促すと言われてきたが（e.g. 谷口，2005；Williams & O'Reilly, 1998），インクルーシブ・リーダーシップによるリーダー行動は，ソーシャル・カテゴリーの影響を低下させ，対話や知識，そしてアイデアの共有を促す（Mitchell et al., 2015）。Mitchell et al.（2015）の研究では，病院において専門性が異なるメンバーから成るチームに焦点を当てているが，インクルーシブ・リーダーシップが，カテゴリー（e.g. 地位，影響力，専門性）を超え，チーム・アイデンティティと，公正性の認識を高めていた。他方，チーム・アイデンティティの高まりによる同調圧力は，インクルーシブ・リーダーシップによって最小限に抑えることができる。

　このように，近年，インクルーシブ・リーダーシップの重要性についての議論が活発になりつつある。インクルーシブ・リーダーシップを発揮しようとするリーダーの積極性は，職場でのインクルージョン認識を高める重要な要素の1つであろう。インクルーシブ・リーダーシップは，リーダーがダイバーシティを尊重するだけでなく，自身がインクルージョン認識を高める働きかけを直接的に行うことが重要視されるため，多忙なリーダーにとっては決して簡単なことではない（Mitchell et al., 2015; Nembhard & Edmondson, 2006）。しかし，インクルーシブ・リーダーシップはダイバーシティを尊重する風土にも影響することから（Randel et al., 2016），インクルージョンの促進には必要不可欠であると考えられる。

## 4　インクルージョン認識の高まりがもたらす成果

　これまで，インクルージョンの定義，そして職場や組織におけるインクルージョン認識を促進する要因，またそれら促進要因の実践に大きく影響すると考えられるインクルーシブ・リーダーシップの先行研究について俯瞰してきた。それでは，職場や組織におけるインクルージョン認識の高まりは，どのような効果と成果をもたらすのか。この点にかんする先行研究をレビューしたい。

　これまでもたびたび議論してきたが，1980 年代以降，企業におけるダイバーシティは，多様な視点による創造性や問題解決力の向上，また多様な人材の働きやすさによる採用優位性など多くの点で，競争優位に繋がると主張されてきた（e.g. Cox & Blake, 1991; Van Knippenberg et al., 2004; Williams & O'Reilly,

図2.2 インクルージョン認識に影響しうる社内の要因と期待できる成果

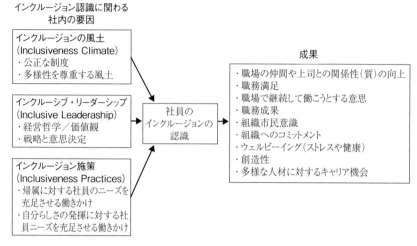

出所：Shore et al.（2011）p. 1276 をもとに加筆修正，邦訳は筆者による

1998)。しかしながら，ダイバーシティ・マネジメントによって期待されるこれらの成果は，研究結果にばらつきがあり，明確な実証には至っていない（Gonzalez & Denisi, 2009; Jackson et al., 2003; Van Knippenberg et al., 2004 )。

　そこで，ダイバーシティを組織成果に繋げる要因として，インクルージョン概念の有効性が近年，活発に議論されているわけだが，この点については Shore et al.（2011）が，インクルージョン認識を促進する可能性がある社内上の要因とその期待できる成果を，図2.2 のように示している。

　実際のところ，図2.2 は彼らが先行研究レビューから導き出したものであり（Shore et al., 2018)，インクルージョン認識の高まりによる効果や成果にかかわる実証研究は多くはない（Shore et al., 2011)。しかしながら，図2.2 で示される各要因に個別に着目し，インクルージョンの職場や組織に与える影響を測ろうとした研究は，いくつか見受けられる。

　例えば，Nishii（2013）の研究では，インクルージョンの風土（climate for inclusion）が，職場のコンフリクトにどう影響するか，またそのコンフリクトが職場における個人の満足度にどう繋がるか，またそれが職場での離職率へどう影響するかについて，職場におけるジェンダー・ダイバーシティの観点から量的分析を行っている。結果は，人間関係上のコンフリクト（relationship conflict）と業務上のコンフリクト（task conflict）の両方において，インクルージョンの風土がある職場ではコンフリクトが軽減され，関係性が良くなれば，職場における満足度も向上するというものであった。また，職場における満足度が上がれば，離職が減るという仮説が支持されており，ここから Nishii（2013）は，職場におけるダイバーシティ・マネジメントにおいて，インクルージョンは好ましい影響を及ぼすであろう，と述べている。

　また Jansen et al.（2014）は，Shore et al.（2011）の定義を参考に，インクルージョンを帰属感とありのままの自分の発揮という 2 点に分解し，それら各々と，その複合的な組織への成果の影響について量的分析を行った。結果は，信頼や職務満足など感情に訴求する成果には帰属感が大きく影響し，生産性にかかわる成果には，ありのままの自分の発揮が大きく影響していた。2 つの複合的な影響にかんしては，相互作用が大きいものの，結果として言及するには確証が足りないとしている。この結果は，Nishii（2013）と同様，インクルージョン認識が職場や組織にプラスの影響を及ぼす可能性を示唆している。

　このように，ダイバーシティ・マネジメントにおけるインクルージョンの職場や組織への効果については，少しずつ研究が進んでおり，知見が蓄積されつつあることから，今後も検討が重ねられていくものと考えられる。

　一方，社員のインクルージョン認識を高める企業側の取り組みについては，研究はほとんど見受けられず，具体的な事例研究が待たれている（Shore et al., 2018）。一般に量的調査は，変数同士の関連性については分析できる。しかし，インクルージョン概念そのものが研究として，まだ十分検討されているとは言えず，職場や組織における機微から何らかの仮説導出をまずは進めていく必要があると考える。また，Shore et al.（2018）が言及するように，個人がインクルージョン認識を高めるプロセスを解明するためにも，質的研究が貢献できることは多いと言える。これらは，インクルージョン研究にかんしては質的研究や，具体的な事例研究の必要性がますます高まることを示している。

## 5　小括

　ここまで，インクルージョン概念について，主に米国での先行研究のレビューから整理と検討を行ってきた。これらの先行研究のレビューから着目すべき点は 3 つある。

　まず 1 つめは，インクルージョンの定義である。インクルージョンはダイバ

ーシティ・マネジメントに有効だと注目されているが，経営学では比較的新し
い考え方であり，定義については一義的なものが存在しているわけではない
（Shore et al., 2018）。かかるなか，Shore et al.（2011）のインクルージョンの
定義と概念フレームワークは，数ある先行研究においても最も整理され，依拠
する理論も明確である。加えて，個人のインクルージョン認識において，イン
クルージョンが認識されている状態と，そうでない状態の弁別が明示されてい
る。また，2011 年以降の論文への引用数も多い[10]。このことから，以下に示す
本書の問題意識から明らかにしたい問いを分析考察するにあたり適切と考え，
本書においては，Shore et al.（2011）に依拠した定義を使用する。

　現在，日本企業において，多様な人材の活用は最重要課題の 1 つである。職
場や組織を構成するのは人材，すなわち社員であり，どのような属性であって
も，その社員 1 人ひとりの能力発揮の促進が，組織マネジメントの要となるで
あろう。これが，本書において，個人のインクルージョン認識に着目する理由
である。

　ここまでの検討から，筆者は，個人のインクルージョン認識が，日本企業で
どのように高められるのかについて，そのメカニズムが明らかにされれば，学
術・実務の両方に大きく貢献すると考えている。本書では，インクルージョン
認識の高まりによって職場や組織に期待される効果についても明らかにするこ
とを試みる。そしてこの考察には，近年議論されている，集団におけるインク
ルージョンの視点も含める。なぜなら，社員が個々の自分らしさを発揮できた
としても，結果として，それが職場や組織の成果に繋がらないのであれば，企
業はインクルージョン概念を取り入れたマネジメントを行う意味がないと考え
るからである。ここから，本書の問題意識，すなわち日本企業の「熱心にダイ
バーシティ・マネジメントに取り組んでも，その効果が感じられない」という
漠然とした思いに対し，何らかの含意を見出すために，本書においては個人の
インクルージョン認識のみならず，それが組織に与える効果についても分析考
察を行うことが必要不可欠であると考える。

　2 つめに着目すべき点は，先行研究で述べられてきたインクルージョンの促
進要因である。ただし，それらは複合的に作用しており，単に 1 つ 1 つの要因
を満たすだけでなく，その複合的作用を考える必要がある。この点は，日本企
業におけるインクルージョンを考察していく上で，非常に重要なポイントにな
ると考える。なぜならば，ダイバーシティやインクルージョンといった概念は，

文化的・社会的背景とも密接に関連すると考えられ（Hays-Thomas & Bendick, 2013），それが促進要因に何らかの影響を及ぼし，その結果として，他の要因にも影響する可能性が否定できないからである。例えば，日本企業において，多様な人材の意思決定への参画とは，どのように行われるのが現実的なのか。またそれは，公正性にどう影響するのか。伝統的に，日本人男性総合職という同質性の高い人材マネジメントに対応してきた日本企業の人事管理において，マイノリティ人材のスティグマを表出させないことは，可能であるのか。先行研究で多く挙げられる6つの促進要因や，近年，注目されるインクルーシブ・リーダーシップにかんし，日本企業という枠組みで検討するにあたっては，日本企業のダイバーシティ・マネジメントと人事管理について，その特徴を見出した上で調査分析に繋げることが必要であるだろう。また，その促進要因を組織レベルで考察する際には，それがどのようなコンテクストを以て成り立っているかの考察も含める必要がある。繰り返しになるが，企業の経営という観点からは，個人のインクルージョン認識は，組織の成果に結びつかなくては意味がない。よって，その検討にあたっては，背景，プロセスといったコンテクストに加え，それが組織の成果に及ぼす効果を深く考察することが必要である。しかし，インクルージョンの効果にかんする研究はまだ多いとは言えず，また成果に繋がるプロセスの実証研究も，筆者が知る限り多くは見られない。この点からも，インクルージョンの促進要因とその影響を分析する質的研究の必要性は高いと考える。

　3つめに着目すべき点は，インクルージョン概念の適用には，職場レベルと組織レベルという2つの視点が必要ではないかということである。個人のインクルージョン認識が，先行研究で多く言及されている6つの促進要因と密接に関係すると考えると，その実践の度合いや，各レベルにおける個人のインクルージョン認識が，職場と組織のレベル毎で差があるということは十分に考えられる。そういった点からも，これら2つの視点を考慮に入れた分析考察が必要であろう。

　これまでもたびたび言及したが，インクルージョンという概念は，米国において，60年以上の歴史があるダイバーシティ研究のなかで，ダイバーシティ・マネジメントにプラスの作用が期待できるという点で注目されはじめた。しかしダイバーシティ・マネジメントが，米国においていまだ大きな経営課題に挙げられることは，その難易度の高さを示していると言えよう。性別，人種とい

った表層的な違いのみならず，思想，宗教など，米国では存在するダイバーシティの種類も多く，マネジメントが一層難しいという仮説も立つ。

　では，一見すると，米国より多様性が少ないと言える日本では，ダイバーシティ・マネジメントは米国ほど難しくないのだろうか。日本は，長らく新卒一括採用に基づく，男性の総合職社員を対象とした一律的な人材マネジメントを行ってきた。そこには，これまでのマネジメントが一様であったがゆえの，日本特有の別の難しさがあると考えられる。

　次章では，インクルージョン概念を介在させて日本企業のダイバーシティ・マネジメントを議論するにあたり，考慮に入れるべき事象や背景を明確にすべく，日本企業の人材マネジメントにかんする先行研究のレビューを行う。

**注**

1　日本を含む 92 の政府と 25 の国際機関の代表が出席した「特別なニーズ教育に関する世界会議」で採択された声明である。

2　なお，Shore et al.（2011）の原著における定義（本章第 1 節 1.3 参照）は，フレームワークを考慮し，「（個人がこの状態を感じる）程度」という単語が含まれている（the degree to which an employee perceives that he or she is an esteemed member of the work group through experiencing treatment that satisfies his or her needs for belongingness and uniqueness）。しかし，文献中には「帰属感」と「集団における自分らしさ（の価値）」という 2 つの軸に対し，それを測る基準は示されていない。この定義は個人の認識とされており，彼らが定義を導き出すために依拠した最適弁別性理論（Brewer, 1991）に鑑みると，「帰属感」と「集団における自分らしさ（の価値）」に対する認識の基準やバランス・ポイントは，それを感じる個人に委ねられるということであろう。本書では，Shore et al.（2011）の定義に依拠し，またインクルージョンを個人の認識として分析考察を進めるが，原著にある「程度（degree）」に関して測定基準はないため，その分析は困難である。そこで本書では，「帰属感」と「集団における自分らしさ（の価値）」の両方を個人が認識している状態をインクルージョンと定義する。

3　本書においてスティグマとは「社会においてアイデンティティの価値を下げるような特徴や経験」（Shore et al., 2011, p. 1268）とする。

4　ウェルビーイングは，古くは 1946 年 7 月に署名された「世界保健機関（WHO）憲章」で言及されており，ポジティブ心理学の分野では，複数の規定要因が示されている（齋藤・杉村，2017）。例えば，Seligman が提唱した，PERMA モデルは「ポジティブ感情」「没頭」「人間関係」「有意義」「達成」の 5 要素がウェルビーイングで重視される（Kern, Waters, Adler, & White, 2015）。なお，WHO 憲章の言及は次のとおりである。"Health is a state of complete physical, mental and social well-being and not merely the absence of disease or infirmity.（健康とは，肉体的，精神的及び社会的に完全に良好な状態であり，単に疾病又は病弱の存在しないことではない）"（厚生労働省，2014）。

5　LMX とは leader-member exchange の略である（Dienesch & Liden, 1986; Nishii & Mayer, 2009）。リーダーはフォロワー全員を均等に扱うことが前提ではなく，リーダーは実際には一部のフォロワーを内輪の人間（in-group），他を外集団（out-group）として扱っているとする理論である（中村，2010）。

6　自己概念は「自己に関連した心理的システムないし過程の認知的構成要素」（Turner et al., 1987 蘭ら訳 1995，57 頁）で自己記述と自己評価から自身の自己像を説明するもので「自己同一化」ともいわれる。但し，時間・場所・環境により顕現する自己像は変化する（Hogg & Abrams, 1988 吉森・野村訳 1995，24 頁）。人は複数の自己概念を持ち，その概念は複合的に作用する（Turner et al., 1987，蘭ら訳 1995）。金・大月（2013）では，自己概念は個人的アイデンティティと社会的アイデンティティから成るとする。また，Turner et al.（1987，蘭ら訳 1995）も，自己概念の 1 つの側面として社会的アイデンティティが存在するとしている。これらの検討から本書においては，自己概念とアイデンティティ（個人的・社会的アイデンティティの上位概念）を同義として扱う。

7　Krammer & Brewer（1984）では，集合的自己概念と同義で，superordinate group identity を使用している。彼ら自身が，superordinate（collective）group identity と要旨で表記していること，論文の文脈などから，superordinate group identity と collective identity は同義と判断し，日本語では両方の単語に対して「集合的自己概念」という訳を当てている。

8　Carmeli et al.（2010, p. 4）のインクルーシブ・リーダーシップの定義（原著）は以下のとおりである。"Inclusive leadership refers here to leaders who exhibit openness, accessibility and availability in their interactions with followers." なお，availability は，可用性とも訳される。しかし近年，可用性（availability）は IT 業界の用語として広く普及しており，その IT 用語の概念との弁別を明確に図ることが必要と考えた。加えて，先行研究における文脈，及び適切と思われる日本語のニュアンスに鑑みると，有用性が最も先行研究の意図に適合すると考え，本書においては有用性という訳語を使用した。

9　Mamman, Koche, & Bakuwa（2012）においては，"perceived low status minority"（PLSM），つまり「知覚された地位の低い少数派」という表現が使われているが，PLSM とは，あらゆるカテゴリーに適用される。また，そのカテゴリーの人々が，実際に地位が低い扱いを受けている場合と，彼ら・彼女らが単にそう感じているという知覚の両方を含む。

10　Google Scholar での被引用数は 2021 年 7 月 24 日現在で 1259 である。


本章は，船越多枝（2016a）．「日本におけるインクルージョン概念の妥当性に関する理論的検討」，神戸大学大学院経営学研究科ワーキングペーパー（201613a）に加筆修正を加えたものである。

第3章

---

# 日本企業の人材マネジメントにかんする
# 先行研究

　本章では伝統的な日本企業の人事管理に着目し，その特徴と，そこでのダイバーシティ・マネジメントの現状を明らかにすべく，先行研究のレビューを行う。そこから，何が日本企業におけるダイバーシティ・マネジメントの困難性を高めているのかについて検討を行う。

## 1　日本企業の人事管理

　まずここでは，伝統的な日本企業における人事管理の特徴についてレビューを行う。その前に，なぜ日本企業の人事管理に着目するのかについて，あらためて確認しておきたい。ダイバーシティ・マネジメントは，組織の人材多様性をいかにマネジメントするかが命題であるが，その成否には戦略，ポリシー，施策，人事制度，リーダーシップといった経営の様々な要素が絡み合う。それでは，経営において日本と欧米の最も大きな違いは何かを考えると，それは人事管理であろう。平野・江夏（2018）によると，人事管理は，法制度はもとより，政治や経済，行政や国の文化及び規範といった社会的ルール，そして，それらに対する組織成員の共通認識に整合性が求められる。つまり，人事管理は国ごとに大きく異なる。また，本書ではインクルージョンを「組織で働く個人の認識」と定義づけており，個々の社員に影響する人事管理は，本書の研究課題と関連が深い。つまり，多くの日本企業が，どのような人事管理を行っており，それは多くの米国企業とどう異なるのか，また日本企業の人事管理が社員に与える影響は何かという点は，本書の重要な論点の1つである。

　企業における人事管理とは，「組織で働く人々に対する管理活動の総称」（平野・江夏，2018，1頁）である。加えて人事管理は，人材を経営資源としての

み捉えるのではなく，様々な側面に着目する。つまり，そこには組織の人材への関わりかたや，組織が人材の意欲や成長を促すという概念が含まれる（平野・江夏，2018）。

　本章では，1960年初頭から1990年代半ばにかけて主に発展・展開がなされてきた，日本の中堅・大手企業で一般的である「日本型人事管理」（平野・江夏，2018，3頁）を中心に，日本の人材マネジメント研究を広く検討する。また，本書では企業内の女性や外国人といった表層的ダイバーシティをテーマとして扱うことから，これまで多くの日本企業が行ってきた男性総合職を中心に据えた人事管理の特徴と，そこでのダイバーシティ・マネジメントの課題について議論を行う。

### 1.1　男性総合職を中心に据えた日本型人事管理の特徴

　まず最初に，日本企業の人事管理を理解する上で重要な概念について言及しておきたい。実は元々，日本企業が目指してきたのは，男性など特定属性を中心に据えた人事管理ではなかった。約50年前にまとめられ，のちに『能力主義管理：その理論と実践』として発行された1969年の日経連能力主義管理研究会の報告書（日経連能力主義管理研究会，1973）では，当時の技術革新などによる急激な環境の変化や労働力不足などに対応すべく，企業は競争力を高める人事管理にシフトすべきと主張し，これを「能力主義管理」（52頁）という概念で示している。本書は，この能力主義管理についての議論が目的ではないため詳細は割愛するが，そこでは，企業の没個人・集団的人事管理に対する批判があり，企業における経済合理性と人間尊重の両立が述べられている。また，「能力主義管理は従業員を学歴・年齢・勤続年数あるいは性などにより，入社年次別に一括管理するのではなく，個別従業員一人ひとりの特性に応じた管理に重点をおく。」（70頁）と明記されており，従業員のキャリアに対する意思尊重や，相互に受容し合う人間関係の重要性を主張している。加えて，終身雇用制や年功制の早急な廃止には疑問を呈しつつも，それらの制度はいずれ再考を要するだろうとも言及している。この報告書は，名だたる日本企業の人事管理職で編成された委員会によって纏められたものである。つまり，当時の日本企業が目指していたのは，決して特定属性に偏った一様な人事管理でなく，経済合理性と働く人々の人間尊重の両立を可能とする人事管理だったのである。

　それでは，なぜ，それがいまだに実現が難しいのか。ここから，現在も多く

の日本企業が取り入れている男性総合職を中心に据えた人事管理の特徴を見出すべく，先行研究レビューを行っていきたい。

　まず，日本企業の雇用制度上の特徴として長年言及されてきたのが，終身雇用制，年功賃金制，企業別組合である（e.g. Abegglen, 1958 山岡訳 2004；大城,2008）。多くの日本企業は，これらの仕組みにより，組織と従業員を強く結びつけ，成功を収めてきた（Abegglen, 1989 井尻訳 1989）。日本企業の多くは，これらの雇用制度下で企業内部のメンバーを中心に，長期視点での経営を行ってきたが，これを日本的経営という（加護野，1997）。しかし，実際には，これらの終身雇用制，年功賃金制，企業別組合といった制度が日本企業の人材マネジメントの本質というわけではない。これらが，職務，勤務地，労働時間が限定されない雇用契約を前提に成り立っていることこそが本質である（濱口,2011；鶴，2016）。鶴（2016）は，日本企業の正社員，すなわち契約期間の定めがなく，フルタイム勤務を行う直接雇用の社員は，職務，勤務地，労働時間にかんし，基本的に会社の命令を拒否できないという無限定性を持つと述べ，このような社員を「無限定正社員」（34 頁）と呼んでいる。またこのような雇用形態で働く人々が，一般的には総合職と呼ばれる[1]（平野・江夏，2018）。

　日本企業の人材マネジメント，特に人事管理の特徴として，この職務，勤務地，労働時間の無限定性という本質こそが重要であり，それが終身雇用制，年功賃金制，企業別組合に帰結する。つまり，企業が社員の職務や勤務地を自由に設定できれば，その社員は別職務への異動が可能となるため，担当していた職務が無くなっても解雇は正当化されず，長期雇用が可能となる。また，賃金は職務と紐づいていないため，勤続年数や年齢を重ねることで得られる能力をベースに決定することとなり，これが年功賃金につながる。また，労働条件は職務に加え，企業内でのすべての労働への従事を受け入れる代わりに，包括的に長期雇用と社内におけるメンバーシップを得る（濱口，2011）。このような雇用契約は，メンバーシップ型雇用契約と言われ，欧米を中心とするジョブ（職務）型による雇用契約との比較で，その違いが説明されてきた。欧米を中心としたジョブ型の人事管理では，企業での職務ごとに雇用契約がなされる。つまり，採用時点で担当職務が明確であり，その職務に対する条件は決定されている。ゆえに，基本的にその職務に紐づいて勤務地が限定される。また，職務に対して賃金が決まるため，職務を遂行できれば時間外に働く必要はない。（濱口，2011, 2015; 鶴，2016）。

　さて，日本企業における職務や勤務地，労働時間の無限定性が，長期雇用担保と結びついていることは前述のとおりであるが，労働時間も含めた無限定性は，その社員の評価にも繋がっている。そもそも，日本企業においては，長期雇用及び年功賃金と整合性が高い職能資格制度[2]を導入している企業が多い。この制度は，その個人が業務の中で得られると予想される潜在的能力や，プロセスも含めた態度で評価をおこなう（濱口，2015）。職能資格制度の特徴は，上位資格への到達速度に個人差があっても，業務を継続すれば，次第に潜在的能力は向上すると考える点である。そのため，能力評価のランク昇格にあたり，その潜在的能力の伸長に必要な期間，すなわち最短必要年数や標準年数が定められている（平野，2006）。つまり，職能資格制度は，長期に雇用されキャリアの中断がない総合職男性を前提に考えられた制度であり，評価軸には長期雇用に値する無限定な働き方をこなせる「能力」と，無限定性を喜んで受け入れるかという「態度」が含まれている（濱口，2015）。しかし，個人が保持する能力やスキルは，一般的に可視化されにくく曖昧性が高い。そこで，日本企業で個人に対する評価の精度向上のため重要視されてきたものが，長期的な企業内部での評判であった（守島，2008）。

　さらに，日本企業と社員の関係は長期にわたるという前提で，内部でのつながりと相互信頼が重んじられてきた（伊丹，1987：加護野，1997）。例えば加護野（1997）は，日本的経営を論じるなかで，日本企業では，社員に仕事の権限を与えるにあたり，その社員がどの程度信頼できるかを測る「信頼チェックシステム」（270頁）が存在すると主張している。この信頼チェックシステムは，独特で厳しく，特に中枢メンバーになるにあたってはチェックがさらに厳しくなる。信頼チェックシステムをクリアするには，「かたくなななまでに原則を守り，そのために労をいとわずまっとうに仕事をする」（加護野，1997，298頁）ことが必要であるが，この表現に鑑みると，社内ルールに則って，どのような状況でも仕事をやり遂げるという無限定性の発揮が，企業内での信頼を得る条件と解釈できる。このような社内での長期的信頼の蓄積は，日本企業内においては個人の地位向上につながる（守島，2006）。

　伊丹（1987）は，日本企業で経営にかかわる重要な役割を持つ社員を「コアメンバー」と表現するが，このようなコアメンバーとは，長期的にその企業に働き，貢献することを前提とした上で，本来業務に加え，他部門のサポートや会社行事への参加等，職務とは関係の無い仕事を担い，それに伴うリスクまで

も負う必要があると述べる。また，長期雇用が前提の日本企業では，個人のキャリアにおける地位向上は，原則として社内の昇進による。しかも既述のとおり，評価は長期の積み重ねが重要視されるため，他の社員と異なる行動や態度をとることはできない（フィールズ，1987）。「こういう条件のもとでは，同僚がとっていない休みを自分が取れるはずもなく，必然的に休みを返上して働く」（フィールズ，1987，127頁）という状況であり，これらが職務や労働時間の無限定性という点で，日本企業の特徴であった。そして，このような人材マネジメントは，総合職の日本人男性中心という社員の同質性が前提であり，その意味で，ダイバーシティ・マネジメントとは対極のものと言えよう。

　では，これらの日本企業の特徴は，今も存在しているのか。日本的経営が健在かについては，外部環境適応の必要性から漸進的な変化は見られるものの，終身雇用制，年功賃金制，企業別組合の相互補完的な作用から，「共同体としての企業」の基本原則が引き続き労使双方に評価されており，2005年までの30年間はその要素が維持されてきたと言われている（守島，2006；酒向，2006）。また，平野・江夏（2018）によると，日本型人事管理にはジョブ・ローテーションによる企業特殊的な幅広い専門性の開発，職能資格制度による昇進・昇格管理，終身雇用，人事権を持つ人事部といった特徴があるが，日本企業は今後も，これらの企業内部における人材育成と長期雇用を重要視する傾向にある。これらの議論に鑑みると，ここまで検討した日本企業の人材マネジメントにおける特徴は，現在においても社内に影響を及ぼしていると考えられる。

　次に，日本企業の無限定正社員，すなわち総合職の働き方は，ダイバーシティ・マネジメントにどのように影響しているのかについて検討したい。ここでは2つの点について言及する。

　まず，1つめは，この無限定な働き方の対象は，男性総合職であり，家庭は専業主婦の女性が支えるという前提で成り立っている点である（平野・江夏，2018；鶴，2016）。前述した能力主義管理の理想形である，「従業員側の職業，人生計画を考慮に入れた配置」（日経連能力主義管理研究会，1969，71頁）が，いまだにあまり実現できていない理由は，この職務，勤務地，及び労働時間の無限定性にあると考えられる[3]。これまでにも言及したように，日本企業におけるダイバーシティ・マネジメントは，最も活躍が期待できるマイノリティ人材として，女性の活躍推進を中心に進んできた。しかし，この前提においては，女性総合職は活躍の条件として，「専業主婦に支えられて職務，勤務場所，労

働時間に制約なく無限定に働くことが可能な男性正社員」と同等の働き方が可能であることを示す必要がある。

　なお，平野・江夏（2018）は，このような職務，勤務地，そして労働時間に制約なく，無限定に働くことが可能な男性総合職を主体とした人員構成の日本企業は数多くあり，これを「男性総合職モデル」（219頁）と表現している。これに倣い，本書においても，このような人員構成の企業を「男性総合職モデルの日本企業」と呼ぶこととする。

　さて，日本企業のダイバーシティ・マネジメントを人事管理の側面から議論する1つめのポイントとして，日本人男性総合職を中心とした「同質性」の前提が見出されたが，2つめのポイントは，このような企業では，長期雇用を前提に，基本的には社内の長期的評判の積み上げによる昇進・昇格というシステムが継続されている点である。つまり，職種・勤務地・労働時間の無限定性に加え，その無限定性に対する態度が，評価に多大に影響する。そして，この曖昧性の高い，長期間の評価による社員間の競争は，社内の規程や制度における運用の柔軟性を阻害すると考えられる。このような長期間に渡る評価システムの下では，職務の遂行スキルが高くとも，そのシステムからの逸脱は「戦線離脱」と同義となる。そして，これに対応しやすい人材，すなわち無限定性が発揮しやすい男性総合職社員は，当然ながらこの競争に有利となると考えられる。

　加えて，この評価システムの変更は簡単ではない。なぜなら，このシステムを変えるには，日本型人事管理全体の見直しが必要であり，企業や社員にとってスイッチング・コストが莫大だからである。しかし，この評価システムが続く限り，両立支援をはじめとする社内の規程や制度の柔軟な運用と，社員の個別事情への対応は難しく，出産・育児において男性より仕事上の制約がかかる可能性がある女性社員や，母国が遠方の外国人社員，または病気療養などで中長期離脱の可能性がある人材は，相対的な評価が低くなる可能性が高まる。結果として，重要な業務や，昇進昇格から外れやすくなり，社内の中心メンバーとしては活躍し難くなると考えられる。

## 1.2　「場」としての日本企業と男性総合職モデル

　さて，ここまで，いまだ日本に数多く存在する男性総合職モデルの日本企業の特徴と，そこでのダイバーシティ・マネジメントの困難性を見出そうとしてきた。日本企業における正社員の雇用は，無限定性が前提であることに言及し

たが，雇用契約自体もジョブ（職務）に紐づくものではないため，社員個人にとっては，「得る職」でなく，「属する企業」がより重要となる（鶴，2016）。

中根（1967）によると，社会集団の構成要因として，「資格」と「場」の2つの原理がある。ここでの「資格」とは，「社会的個人の一定の属性を表すもの」（26頁）であり，「場」は，「資格の相違にかかわらず一定の枠によって，一定の個人が集団を構成するもの」（27頁）である。そして，日本人は集団を意識する際，「場」に非常に重きを置く（中根，1967）。この「場」と「資格」の概念は，日本企業におけるダイバーシティ・マネジメントの困難性を考察する重要なポイントの1つと考えられる。

「場」の代表的なものは，日本に根づく「家」の概念であろう。家の概念で日本の社会集団や，企業における論理を説明しようとした先行研究は複数存在する（e.g. 間，1964；三戸，1987）。一定の枠によって，一定の個人が集団を構成しているという「場」の定義（中根，1967，27頁）に鑑みると，企業組織も1つの「場」を構成する枠となる。三戸（1991）は，日本の「家」の伝統的仕組みをもって日本企業のマネジメントについて説明を試みているが，その論理においては同じ「場」に所属する人々であっても，偏見と差別が存在すると指摘する。伝統的な日本企業では，昇進や昇格は欧米のように実際の職務遂行能力ではなく，その職務遂行能力の潜在的可能性に大きく左右されることは既述のとおりである。三戸（1991）によると，その潜在的可能性の判断基準は，学歴や性別，そして正当な血統と位置づけられている新卒採用者か否かである。同じ家，すなわち同じ企業に属するものは家族として等しく施しを受けるが，同時に無制限に働くことが前提であり，男性の新卒採用者かつ無制限に働ける人材を中心とした階統性が既定されているのである。

このように，「場」をつくる枠についての主張は，論理展開は異なるものの，日本企業における集団主義として多くの研究者が言及してきた（e.g. Abegglen, 1958 山岡訳 2004；間，1964；岩田，1977；三戸，1987）。これらの先行研究では，日本企業の特徴として，所属集団があって初めて個人の存在があることを挙げている。つまり，日本企業では，そこに属する個人は集団の一員として「全人格的に所属し，帰属し，無制限的に働く」（三戸，1987，68頁）ことを求められ，それによりメンバーとしての施しを受けるのである。中根（1967）も「場」における前提として，人間の能力は各個人に平等に備わっており，プロセスや努力により，遅かれ早かれ同じ水準に達するという能力平等感を挙げ

ている。これら三戸（1987）や中根（1967）の主張からも，「場」という考え方が，男性総合職モデルの日本企業における特徴の，無限定性や職能資格制度とも整合性が高いことが見て取れる。

　ただし，「場」による社会集団，本書では職場や組織であるが，そこにおいては，「資格」の共通性のような同質性が担保されないため，その集団凝集性を保つための手段が必要である。そこで，その手段として中根（1967）は2つの方法を挙げている。1つは枠内の人々，つまり組織成員に一体感をもたせる働きかけであり，もう1つはそこにおける各組織成員同士のネットワーク強化である。中根（1967）によると，同じ組織を構成する成員という認識を持たせるには，「資格」という理性的な分類を超えた「われわれ」という情緒的な結びつきが有効であり，その結びつきを作るにあたり必要なものは，「絶えざる人間接触」（37頁），すなわち，人間関係の濃さである。また，枠内における各組織成員同士のネットワークの強化は，共通項による結び付けを行うこと，すなわち枠内で「資格」やルールに基づくカテゴリーを形成し，そのカテゴリーごとにネットワークを構築させることが有効だと言う（中根，1967）。

　ここで，この論理をこれまで議論してきた男性総合職モデルの日本企業に当てはめて考えてみたい。枠は，元来，異なる資格を持つメンバーを内包するものとして語られてきたが，男性総合職モデルの日本企業では，男性総合職という同質的な組織成員を，その企業に必要性が高い人材として中心に据える人事管理を行ってきた。つまり，このような企業では，枠内の同質性は高く，前述のような「場」の集団凝集性を保つための努力は，あまり企業として行う必要がなかった。しかし，今後企業における人材多様性，すなわちダイバーシティが高まるとすれば，社員の集団凝集性を高める施策もより重要になっていくと考えられる。

　さて，枠としての企業という観点からは，能力平等主義による働き方の無限定性なども課題として考えられるが，この点は既述のため割愛する。ここでは，枠内の序列という課題に言及しておきたい。中根（1967）によると，基本的に組織が機能するには一定の序列が必要となる。男性総合職モデルの日本企業の多くは長期雇用が前提であるが，職能資格制度を採用している場合，全ての社員に能力は平等に備わっているという考えから，能力での序列が非常につけにくい。そこで，入社年度や，年齢，学歴といった個人の業務遂行能力とは無関係な部分が，序列にあたり重視される。加えて，長期雇用の前提から途中の離

脱は想定されていないため，年齢や入社年度など，変化に法則性がある序列が好都合となる。これが，長期雇用と年功賃金が強く結びつく理由である（中根，1967）。

　また，このような序列のつけ方は，意思決定方法にも影響する。年功序列は，言う間でもなく，上長と部下というタテの関係，つまりヒエラルキーを強化する。基本的に年を経ると能力は向上すると考えることから，年令が上の者の意見が強くなり，下の者は意見が言いづらくなる。加えて，このタテの関係は，ヨコの連絡調整が非常に難しい。タテ関係の利益最大化を目指すにあたり，ヨコ関係の別集団と利益の調整をするのは大変骨が折れるからである（中根，1967）。タテ型の組織では，上位の者には異を唱えにくいため，ある意味で迅速な意思決定がなされる。中根（1967）は，このタテ関係における迅速な意思決定と伝達スピードの速さが，日本の近代化の原動力となったと述べる。しかしながら，実は，これは男性総合職がコアメンバーと既定され，同質性が高かったことが，異なる意見が出にくくさせ，意思決定のスピードを速めたとも考えられる。

　なお，上記のような主張がある一方，日本企業における意思決定はボトムアップ型の集団による合議制であり，そこにおける部署や職務階層間の事前の「根回し」調整から，意思決定に時間がかかるという主張もある（浅井，2019）。浅井（2019）によると，日本企業内の集団における意思決定では，下位の社員が職務権限を越えた提案を行い，階層を超えた「すり合わせ」をすることが日常的であり，そこでは現場と上層部というタテの関係による情報共有で問題解決が行われている。佐藤（1993）によると，上位―下位の日常的なコミュニケーションには，互酬的なサービス交換（佐藤，1993，208 頁）が埋め込まれている。つまり，下位の者は上位の命令に従う代わりに，コンフリクト解決や自身の持ち上げを施してもらう。そこでは，下位の者が上位の意向を忖度し，自発的に上位の決定方向にすり寄る自己変更的態度も作り出される（佐藤，1993）。

　これら日本の組織における意思決定の議論にかんして共通する主張は，やはりタテの関係であろう。日本企業においてタテ関係にある部門では，上位―下位の情報交換が密であり，合議に近い形で意思決定は進むが，そのなかでは，下位の者は決して自由には発言できない。そこでは，下位の者による上位の者への忖度により，意思決定が進んでいると考えられる。この構造は一元的なツリーのなかで行われる必要があり（佐藤，1993），ネットワークによる情報交

換が行われやすい同質性の高さは，利便性が高いと考えられる。つまり，日本の組織における意思決定は，状況によりボトムアップ・調整型と，パワー型が使い分けられているものの，タテ関係かつ同質性が好都合であることに変わりはないと言える。ダイバーシティ・マネジメントのメリットの1つに，多様な視点による多様な意見の創出が言及されるが，企業内に人材多様性が増加しても，マジョリティ人材による強固なタテ関係がある場合，マイノリティ人材は意見が言いにくく，このようなタテの強固なつながりは，多様な意見の創出という点では，プラスに作用しないと考えられる。そのことが，その企業内におけるダイバーシティ・マネジメントの困難性を高めることは十分に考えられる。

　ここまでの議論から，人材の多様化が進む日本企業においては，中根（1967）が主張するように，組織成員に一体感をもたせる働きかけにより，集団凝集性を高めるとともに，組織内における個人のネットワーク強化を積極的に行い，タテ関係の影響を弱める方策を意図的に講じることが必要であると考えられる。

## 2　日本企業におけるダイバーシティ・マネジメント

　さて，ここまで，多くの伝統的日本企業では，その働き方の無限定性を前提とした人事管理から，男性総合職が活躍の中心となり，それ以外の人材，すなわちマイノリティである女性や外国人の活躍が阻害されやすいことが示された。それでは，現在，多くの日本企業では，どのようなダイバーシティ・マネジメントが行われているのか。また，そこで何を課題と感じているのか。これらを明らかにすべく，以降は日本企業におけるダイバーシティ・マネジメントについての先行研究をレビューする。

### 2.1　日本企業におけるダイバーシティ・マネジメントの取り組み

　序章でも述べたとおり，ダイバーシティ・マネジメントは 2000 年ごろから日本企業でも経営課題として認識されはじめ，2010 年ごろから具体的な取り組みをはじめる企業が増加した（一小路，2016）。しかし，それらの取り組みは，いわゆるポジティブ・アクション，すなわち女性に対する制度拡充や，マイノリティ人材に対する採用や管理職割合における数値目標といった取り組みが多い。また，日本においては，表層的ダイバーシティを対象とした取り組みが多く，その対象となる属性として，特に女性に注力する傾向がある（e.g. 河口，2013；経済同友会，2016；矢島ら，2017）。

　表 3.1 及び表 3.2 は，平成 27 年度（2015 年度）から令和 2 年度（2020 年度）に経済産業省が主催する「新・ダイバーシティ経営企業 100 選」を受賞した企業の表彰対象及び，取り組み内容の一覧である。これらを見ると，前述の傾向が実態として良くわかるであろう。

　ダイバーシティ・マネジメントの対象となる属性として，特に女性が着目される点については，以下の 2 つの理由によると考える。

　まず 1 つめは，政府や社会からの要請である。政府が成長戦略として掲げるダイバーシティ推進は，女性の活躍が柱として位置づけられており，企業としてはその要請に対応する必要がある。実際，女性活躍に関する法整備は進んでおり，企業はそれに対応が必要な状況にある（経済産業省，2017）。この点から，企業はまず，女性という属性に向けたダイバーシティ施策に注力している。

　2 つめは，序章でも言及したように，今後の日本における労働力の担い手として，女性が日本の最大の潜在力と言われており（首相官邸・すべての女性が輝く社会づくり本部，2018），それを企業も理解しているからである。前述の法整備による効果もあり，女性の企業定着率や基幹的な仕事での活躍は増加しており，それとともに，女性が意欲的に働ける環境整備が経営にも貢献するという認識が定着しつつある（武石，2014）。

　しかし，日本企業における性別役割分業の意識が，担当職務や出産育児期の就業継続に影響し，女性の活躍は依然として，限定的な範囲に留まっているのが現状である（武石，2014）。女性管理職の比率は政府目標にはほど遠く，男女の賃金格差の是正も進んでいない（内閣府男女共同参画局，2020）。この原因について武石（2014）は，法整備などで女性の就業継続施策は拡大されたものの，女性が組織のなかで一定の責任を担うことを促す施策，つまり男女の機会均等にかんする施策が不十分であることを指摘する。これについては，女性は男性と比較して，採用時から配置・異動・研修等の機会が限定されていることが理由の 1 つであり，すでに管理職候補である女性で，管理職に就くための経験や育成機会が足りていない場合，短期集中的に登用に向けた育成を行うなどのポジティブ・アクションを行うことが女性本人の働きがいや，昇格に対する自信と意欲に繋がると言われている（矢島，2017）。

　このように，多くの日本企業におけるダイバーシティ・マネジメントの取り組みは，主に女性という属性に対しての施策，特に実質的に女性を対象とした両立支援制度の拡充や，ポジティブ・アクションを中心に，これまで進められ

表 3.1　経済産業省「新・ダイバーシティ経営企業 100 選」表彰企業におけるダイバーシティ

| 表彰対象 | 平成 27 年度 (2015 年度) | | 平成 28 年度 (2016 年度) | | 平成 29 年度 (2017 年度) | | 平成 30 年度 (2018 年度) | |
|---|---|---|---|---|---|---|---|---|
| | 件数 | 割合(%) | 件数 | 割合(%) | 件数 | 割合(%) | 件数 | 割合(%) |
| 女性 | 27 | 44.3 | 23 | 41.8 | 13 | 32.5 | 16 | 39.0 |
| 外国人 | 9 | 14.8 | 7 | 12.7 | 7 | 17.5 | 7 | 17.1 |
| チャレンジド（障がい者） | 5 | 8.2 | 12 | 21.8 | 4 | 10.0 | 4 | 9.8 |
| 高齢者 | 2 | 3.3 | 4 | 7.3 | 2 | 5.0 | 7 | 17.1 |
| キャリア・スキル・経験 | 7 | 11.5 | 3 | 5.5 | 6 | 15.0 | 2 | 4.9 |
| 限定無し | | 0.0 | 5 | 9.1 | 6 | 15.0 | 5 | 12.2 |
| その他 | 11 | 18.0 | 1 | 1.8 | 2 | 5.0 | 0 | 0 |
| 合計 | 61 | 100 | 55 | 100 | 40 | 100 | 41 | 100 |

出所：経済産業省（2016, 2017, 2018a, 2021）を参照し，筆者作成
注1：1社につき，複数が表彰対象となっている場合もある
注2：表彰対象「キャリア・スキル・経験」とは，「キャリア・スキル・経験の多様な人材」の略。中途採用，
　　　子育て後の復職などにより，多様なルートで採用・登用されている人材にかんする取り組みを指す
注3：表彰対象「限定なし」とは，会社が教育・職業訓練等の機会を積極的に提供するなど，既存の人材に
　　　多様な能力や知見を身につけさせるような取り組みを行っている場合などを指す

表 3.2　経済産業省「新・ダイバーシティ経営企業 100 選」表彰企業におけるダイバーシティ

| 取り組み内容 | 「ダイバーシティ 2.0 行動ガイドライン」 との対応 | 平成 27 年度 (2015 年度) | | 平成 28 年度 (2016 年度) | | 平成 29 年度 (2017 年度) | |
|---|---|---|---|---|---|---|---|
| | | 件数 | 割合(%) | 件数 | 割合(%) | 件数 | 割合(%) |
| 役員層の多様化 | ガバナンスの改革 | 1 | 1.7 | 1 | 2.7 | 3 | 6.1 |
| 経営会議等への社員参画 | | | | | | | |
| 柔軟な働き方の整備 | 全社的な環境・ルールの整備 | 33 | 55.0 | 20 | 54.1 | 21 | 42.9 |
| 評価・報酬・登用基準の明確化 | | | | | | | |
| 管理職の行動・意識改革 | 管理職の行動・意識改革 | 9 | 15.0 | 7 | 18.9 | 3 | 6.1 |
| 研修やスキル取得環境の整備 | 従業員の行動・意識改革 | 15 | 25.0 | 7 | 18.9 | 19 | 38.8 |
| キャリア形成意識の醸成 | | | | | | | |
| 資金調達や人材確保のための情報発信 | 労働市場・資本市場への情報開示と対話 | 2 | 3.3 | 2 | 5.4 | 3 | 6.1 |
| 合　　計 | | 60 | 100 | 37 | 100 | 49 | 100 |

出所：経済産業省（2016, 2017, 2018a, 2021）を参照し，筆者作成

・マネジメントの表彰対象

| 令和元年度<br>(2019年度) | | 令和2年度<br>(2020年度) | |
|---|---|---|---|
| 件数 | 割合(%) | 件数 | 割合(%) |
| 10 | 21.7 | 12 | 35.3 |
| 6 | 13.0 | 7 | 20.6 |
| 9 | 19.6 | 2 | 5.9 |
| 7 | 15.2 | 3 | 8.8 |
| 12 | 26.1 | 9 | 26.5 |
| 2 | 4.4 | 1 | 2.9 |
| 0 | 0 | 0 | 0 |
| 46 | 100 | 34 | 100 |

・マネジメントの取り組み内容

| 平成30年度<br>(2018年度) | | 令和元年度<br>(2019年度) | | 令和2年度<br>(2020年度) | |
|---|---|---|---|---|---|
| 件数 | 割合(%) | 件数 | 割合(%) | 件数 | 割合(%) |
| 3 | 5.4 | 6 | 10.2 | 3 | 6.1 |
| 25 | 44.6 | 23 | 39.0 | 18 | 36.7 |
| 4 | 7.1 | 3 | 5.1 | 8 | 16.3 |
| 22 | 39.3 | 21 | 35.6 | 19 | 38.8 |
| 2 | 3.6 | 6 | 10.2 | 1 | 2.0 |
| 56 | 100 | 59 | 100 | 49 | 100 |

てきた。かかる施策において例えば，両立支援制度の拡充は，結果として一定の労働力確保に繋がっていると考えられ（国立社会保障・人口問題研究所，2017），社会的な側面からも評価されるべきと言える。しかし，ダイバーシティ・マネジメントの本来の目的，すなわち多様な人材の能力発揮で企業競争力を増すという点には，あまり繋がっていないと考えられる。なぜならば，人材が企業に単に「居続ける」ことと，その人材が「活躍する」ことは別だからである。例えば，平成29年（2017年）10月より施行された改正育児・介護休業法（厚生労働省，2017）では，子供が保育所などに1歳6か月の時点で入所できなかった場合，育児休業期間が2歳まで延長可能になり，育児休業給付金も休業期間中は支給されることとなった。この拡充により，保育園にわざと落ち，育児休業の長期取得を目指す女性社員のことが話題となった（e.g. 中日新聞，2018；日本経済新聞電子版，2018）。

　加えて，女性という特定属性に対する支援施策としてダイバーシティ・マネジメントが行われるのであれば，その施策の恩恵を受けることのできない組織成員にとって公正性は担保されにくい。もちろん，性別に関しては，子供を産む性，産まない性という本質的な違いがあり，出産によりある一定期間，業務を中断せざるをえない期間ができることは，組織に多様な人材を取り込むにあたり，考慮されるべきものである（佐

藤・武石，2014）。では，性別の違いをダイバーシティの1要素として戦略的にマネジメント対象の属性とするなら，どうすれば本人にも職場にも最適な状態で「活躍」をしてもらうことができるのか。ポジティブ・アクションは，女性本人の就労意欲の向上には繋がるかもしれないが，職場でともに働く人々，すなわち上司や同僚の意欲には直接影響しない。特定属性のみに焦点を当て，ダイバーシティを考えるのではなく，その人材も含め，どのように職場や組織全体の力に繋げるマネジメントができるか，という視点が今後のダイバーシティ・マネジメントを発展させていくにあたり必要不可欠だと考える。

## 2.2　日本企業における人事管理とダイバーシティ施策の関連性

　さて，いまだ多くの日本企業が，職務，勤務地及び労働時間の無限定性を前提とする，男性総合職モデルの組織であり，そこでは，同質的な人材，すなわち男性総合職が，「入社から定年までキャリアの中断がなくフルタイム勤務すること」（佐藤，2011，20頁）を前提に，人事管理が行われてきたのは，既述のとおりである。

　そのため，法整備による政府からの要請で企業がダイバーシティ・マネジメントにかかわる新たな制度を導入せざるを得ない場合，多くの企業では既存の人事管理との整合性が十分考慮されない。佐藤（2011）は，そのような制度，例えば育児や介護の両立支援制度と人事管理の不整合性が大きく表面化しなかった理由として，その利用者が限定的であったことを指摘している。つまり，これらは一般的に「女性のための」両立支援制度という認識であり，人事管理の主たる対象とされてきた男性総合職が，その利用者として考慮されていないケースが多い。加えて，日本では人事部の人事権が強く（平野，2006），休業期間における賞与や退職金，評価や昇給昇格などの取り扱いをどうするかは，人事部が決める会社が少なくない。一方で，目標管理の運用や業務に対する評価は各職場が裁量を持つ場合も多い。つまり，社員にとっては，職場で育児や介護といった両立支援制度の利用が認められても，そのことが人事部にどう捉えられ，今後の自分自身の処遇にどう影響するかが見えにくい（佐藤，2011）。多くの日本企業では，男性総合職モデルを前提に，人事管理が行われていると述べてきたが，その特徴は職務，勤務地，及び労働時間の無限定性である。このうち特に労働時間の限定をはじめ，個別事情による限定性が生まれる育児や介護にかんする両立支援制度は，男性総合職モデルの人事管理下で活躍を目指

す社員にとっては，利用しにくいものであると考えられる。

　1960 年以降，多くの日本企業が，人事管理に職能資格制度を導入してきた。職能資格制度の特徴は，結果だけでなくプロセスも含め能力評価を行うことと，その能力は業務を継続する限り向上し，速度の違いはあれどいつか上位に到達すると考えること，そして潜在能力の開発にも一定年数がかかるため昇格の最短必要年数が決まっていること，である（平野，2006）。つまり，長期雇用と，キャリアの中断がない男性総合職中心の人事管理との整合性は高いと言える[4]。

　ここまでの議論から，男性総合職モデル下の人事管理のなかでの競争においては，コアメンバーを目指す社員が，いわゆるマイノリティ人材向けの新たな仕組みや制度を利用するなど論外であったことが理解できる。つまり，主に2000 年以降に官民一体となって日本企業で取り組まれてきた，実質的に女性社員のみが対象となる両立支援制度や社員育成制度が，男女の間に新たな区別を生み，その区別をいっそう際立たせるという皮肉な結果を招いているのではないか。したがって，これらの仕組みや制度は，利用により不利益を被らないよう，既存の人事管理との接合を意識して設計され，男性総合職を含めた社員全員に対するものとならない限り，ダイバーシティ・マネジメントとして期待される成果は生み出されにくいと考えられる。

　しかし，法整備による特定属性に対する雇用上の差別や格差是正の取り組みは，米国ではアファーマティブ・アクションとして，1960 年代から行われてきた施策である。1980 年代には政府の推進が弱まったものの，各企業は独自に取り組みを続け，ある一定の成果を出してきたと言われる（Kelly & Dobbin, 1998; 野畑，2012；谷口，2008）。それでは，日本企業と米国企業で，特定属性に対する取り組みにおいて何が違うのか。この点については先行研究でもあまり議論されてこなかったが，1 つは米国における人事管理と，取り組みの整合性であろう。米国の人事管理は，多くの企業で職務等級制度が採用されており，いわゆるジョブ型で職務範囲が厳密に決められているのに加え，評価はその職務に対する個人のアウトプットによって決まる（平野，2006）。このように，職務と，その職務に対するアウトプット及びその評価基準が明確であれば，採用時や昇進昇格，また育児や介護にかかわる点で，仮に特定属性の人材に優遇があったとしても，それが日本企業ほど大きな区別を生まないことが理解できる。なぜなら，優遇があったとしても，その後，その個人が職務に対するアウトプットさえ担保できれば，組織も周囲も納得ができるからである。逆に言う

と，その後のアウトプットが不十分であれば，その人材は職場や組織，またそのポジションに居続けることは困難であろう。

## 3　小括

　本章では，男性総合職モデルの日本企業における人事管理と，そのダイバーシティ・マネジメントへの影響を中心に，先行研究の検討を行ってきた。そのなかで，これまでの日本企業のダイバーシティ・マネジメント施策の傾向と，なぜこれらの企業でダイバーシティ・マネジメント実践の困難性が高くなるのかについて議論してきたが，多様な属性の人材が社内に存在する前提でダイバーシティ・マネジメントの議論がなされてきた米国企業と，男性総合職を前提にした人事管理を行ってきた日本企業では，また別の困難や課題が存在する。整理すると，ここで明らかになった重要な点は主に2つある。

　まず1つめの点は，多くの日本企業で，人事管理に対する変革が漸進的な点である。多くの日本企業は，これまで職務・勤務地・労働時間の無限定性を持つ人材，すなわち男性総合職を企業内のコアメンバーと位置づけ，かつそれらの人材は在職中にキャリアの中断がないという前提で，人事管理を行ってきた。そこでは，職務，勤務地及び勤務時間の無限定性が期待されていることから，それに対し制約を持つ属性カテゴリーの人材，例えば女性や外国人の活躍が阻害されている可能性がある。もちろん，近年はダイバーシティ・マネジメントの重要性が認識されており，その推進を後押しする制度や仕組みを導入しようとする日本企業も多くある。一方で，根本的な人事管理の再構築やその柔軟な運用には，多くの企業がいまだ積極的とは言えず，結果として，出産や育児にかかわる両立支援を既存の人事管理に付加することで，ダイバーシティ・マネジメントの実践とする企業も多い。ただ，これらの両立支援の制度が，男性総合職を利用者として想定していることは少ない。つまり，このようなダイバーシティ・マネジメントは，実質的には限定された人材を対象としており，加えてこれまでの人事管理と整合しないことから，対症療法的な策となっている。そればかりか，その制度利用が想定されていない男性総合職と，それ以外の属性，すなわち女性や働き方の制約が大きい社員などとの間に，さらなるカテゴリー分類を発生させている。それが，女性や外国人といったマイノリティ人材を，企業内のコアメンバーとは認識されにくくしており，能力を発揮しづらい状況を生み出していると言えよう。一方で，これまで多くの日本企業が人事管

理の対象としてきた人材，つまり多くの男性総合職にとっては，ライフスタイルと求められる働き方との整合性が比較的高いため，その範疇では個人が尊重されやすく，能力発揮が促進されやすいと考えられる。結果として，男性総合職とそれ以外の人材という区別がますます大きくなる。これが現在，多くの男性総合職モデルの日本企業が，ポジティブ・アクションなどを中心に据えたダイバーシティ・マネジメントに取り組んでも，その効果を感じにくい理由の1つであると考える。

　2つめの重要な点は，日本企業の人事管理における「場づくり」である。多くの日本企業が行ってきた長期雇用前提の雇用契約は，働く個人に企業を帰属の「場」として重要な意味を与えている。一方で，その「場」では，様々な意味でいまだ同質性が前提であると考えられる。基本的にその企業に帰属する個人は，そこから等しく施しを受けるが，長期雇用の代償として，無限定的に働くことを求められる。これまで地位的・数的に優位であった男性総合職中心の組織であれば，男性総合職モデルの一様なマネジメントで「場づくり」ができた。また，そこでは，その同質性によるタテの序列から，意思決定とその伝達スピードは速かったものの，公けに異なる意見が出にくかった。これらが，今までの日本企業における「場」の状況であったが，近年は，企業内の多様性が増すと同時に，多様な社員の活躍が期待されており，その「場づくり」の方法を変えていく必要がある。元来，「場」とは，異なる「資格」を持つ人々が集う枠である（中根，1967）。日本企業は，異なる資格を持つ人材の増加に伴い，これまでとは異なる「場づくり」により，集団凝集性の向上を目指さなくてはならないだろう。先行研究ではダイバーシティ・マネジメントの成果として，多様な意見によるイノベーションの創出が言及されているが，そのためには，日本では重要な帰属の「場」である企業において，今後は，「同じ資格」（＝男性総合職）を前提としたタテの序列や繋がりではなく，「異なる資格」やヨコの繋がりを強化し，様々な意見を出やすくする施策が重要になると考えられる。

注

1　なお，近年，日本企業において，「無限定正社員（すなわち総合職）」の「無限定」部分を一部限定した「限定正社員」の導入が増えている。限定正社員の定義は，①職種無限定 ②勤務地無限定 ③残業がある ④フルタイム勤務の4つが挙げられ，これらいずれか1つまたは複数を満たさない社員を指す（平野，2013；平野・江夏，2018）。よって，一部企業では限定正社員の総合職（限定総合職）も存在する。

2 伝統的な日本型人事システムにおける社員格付け制度は，職能資格制度が一般的である（平野，
 2019）。ただ，近年，職能資格制度に代わり，経営戦略において期待される役割と，その役割を遂
 行する行動で評価する「役割等級制度」を導入する男性総合職モデルの日本企業も増えてきている。
 役割等級制度は，社員の技能に加え，態度や人格も含む職務遂行能力（何ができるか）で包括的に
 評価を行う「職能資格制度」と，企業内における業務の価値，すなわち職務価値（何をしている
 か）に応じて雇用契約を結び社員を評価する「職務等級制度」のハイブリッド型と言われている
 （平野・江夏，2018）。本書で触れている職能資格制度の議論では，職務遂行部分が議論のポイント
 であるが，「役割等級制度」は複数職務に共通する職務価値への役割における職務遂行能力を評価
 するものである（平野・江夏，2018）。したがって，本書では男性総合職モデルの日本企業におい
 て最も一般的であろう職能資格制度を前提に議論を進めているが，テーマ上の基本的な議論のポイ
 ントにおいては，役割等級制度を取り入れる日本企業であっても，議論の内容に矛盾は生じないと
 考える。よって，本章においては，職能資格制度を中心に据えながら，職務遂行能力とその評価と
 いう観点で進めていく。

3 なお，本書においては，男性総合職と同じように基幹的な業務・責務を期待されているにもかかわ
 らず，属性が異なるとその活躍が阻害されているのではないか，という問題意識があり，総合職，
 及び総合職と同様の基幹的な業務や責務を任う人材に焦点を当て調査研究を進めている。本書の調
 査が始まった 2016 年の段階では，多くの日本企業においてコース別雇用管理からの転換を図って
 いる実態があり，この点からも総合職，及び業務や責務で総合職に準ずる人材を中心に議論を進め
 ることとした。よって，日本企業において別職種として採用されてきた補助的業務のみを任う一般
 職社員については，本研究では調査・考察の対象としていない。なお，コース別の雇用管理とは，
 1985 年の男女雇用機会均等法の施行に伴い，法律上に男女平等が明記されたことで，その法律と
 当時の女性労働への社会通念，いわゆる結婚退職を前提とした短期的な正社員という働き方への対
 応から，大企業を中心に導入されたものである（濱口，2011）。基幹的な業務に従事する「総合職」
 と補助的な業務を行う「一般職」を「職種」として区分し，それぞれ別の人事制度で対応するもの
 だが，この「職種」は「ジョブ」とは全く関連しておらず，単に男性正社員の働き方と，前述の結
 婚退職前提の短期的な女性正社員の働き方をコースとして明確化したものである（濱口，2011）。

4 なお，平野（2006）によると，1990 年代以降は，職能資格制度が招いた高資格化と賃金インフレ
 の抑制という観点から，より職務や成果を重視する人事管理への再設計を行う日本企業も増えてき
 た。しかし，それでもなお多くの日本企業は，厳密に職務に対する成果を求めるのではなく，自社
 内で人材を育成し，その能力を伸ばそうとする人事管理を前提に職能資格制度の再設計を考えてき
 た経緯がある（平野，2006；平野・江夏，2018）。

# 第4章

# 研究課題

　さて，ここまでダイバーシティ，インクルージョン，及び日本企業の人事管理という３分野の先行研究を概観してきた。本章ではあらためて，なぜ日本企業のダイバーシティ・マネジメントにおいて，インクルージョン概念の検討を行う必要があるのかを述べ，本書の研究課題を示す。

　まず，本書の問題意識は，日本企業においてもダイバーシティ・マネジメントが重要な経営課題として認識され，各企業も様々な取り組みを試みているものの，その効果をあまり実感できていないのはなぜか，という点であった。

　そこで，関連する３つの分野について先行研究を整理検討し，日本企業のダイバーシティ・マネジメントの現状と，その人材マネジメントの特徴から，何が日本企業のダイバーシティ・マネジメントを難しくしているのかを見出そうとしてきた。

　米国では，ダイバーシティ・マネジメントの研究が60年近く蓄積されているにもかかわらず，企業の成果に明確に繋がる要因が導き出されていない点は，すでに論じたとおりである。ダイバーシティ・マネジメントが職場や組織に与える影響については，これまで意思決定理論，ソーシャル・カテゴリー理論，類似性・アトラクション理論の３つの理論で説明されることが多かった。しかし，もはやそれらの理論では，ダイバーシティ・マネジメントと企業における成果の関係性を十分には説明できず，米国ではこれら以外で，理論の機軸となり得る新たな概念についての研究に対する期待が高まっていた。

　先行研究からの大きな示唆は，米国では日本と比較して，そもそも社会における多様性が高いということである。また，企業における人事管理は概してジョブ型の職務等級制度が多く，職務遂行能力で雇用や処遇が決まる。それにも

かかわらず，社会カテゴリー上の様々なマイノリティ人材が，能力ではなく属性で雇用上の差別や偏見を受けてきたという歴史があり，そこが米国におけるダイバーシティ・マネジメントの1つの大きな難しさだと考えられる。この点が，米国においてダイバーシティは企業競争力を高めるためと宣言しつつも，同時にアファーマティブ・アクションも強固に進める理由であろう（野畑，2013；Thomas, 1990）。

　一方，多くの日本企業では，男性総合職中心かつ，働き方の無限定性という特徴があり，その同質性の高さに対し一様な人材マネジメントを行ってきた。また，その評価方法は，プロセス重視のことも多く，評判や信頼という曖昧な基準も重視される傾向にある。ここで，マイノリティ人材の能力発揮を困難にするのは，差別や偏見というよりは，男性総合職を中心に据えた日本型人事管理にも一部起因する同調圧力であると考えられる。

　つまり，米国と日本では，ダイバーシティ・マネジメントの取り組みについて，想定効果を実感できていないことは共通しているが，その前提が異なる。米国では，そもそも社会における人材多様性が高いなかで差別や格差の解決を目的としたダイバーシティ・マネジメントを目指している。他方，現在の多くの日本企業では，同質性が高いメンバーとその一様な人事管理のなかで，マイノリティ人材に活躍を促し，競争力の向上を目指すダイバーシティ・マネジメントが必要とされている。しかし，米国と日本の共通点は，その人材多様性のマネジメントが，社員の活躍だけでなく，企業の成果に繋がらなくては意味がないことである。そして，その共通点に対し，既存研究で十分に応えられていない状況ならば，ダイバーシティ・マネジメントの研究と実務・実践の両方において，やはり新しい機軸による知見が求められており，その必要性がますます高まっていると言えるであろう。

　以上を踏まえて，本書では，近年，欧米でダイバーシティ・マネジメントにおける効果が議論されているインクルージョン概念に着目し，日本企業におけるその有用性を検討することで，新たな知見を見出すことを試みる。本書におけるインクルージョン概念は，Shore et al.（2011）を参照し，個人が認識するものと定義づけている。個人の認識であれば，仮に同質性が高い組織であっても，属性にかかわらず，各々がその認識を得ることも可能である。また，自らが活かされているという認識を得ることは，個人の能力発揮に繋がるだろう。加えて，この概念は，帰属感という構成概念を含むため，職場や組織と個人が

繋がっていることが前提である。つまり，個人のインクルージョン認識の高まりは，特定企業に対する個人の能力発揮への意欲に繋がると考えられる。

　一方，男性総合職が中心の同質性の高い職場で，それ以外の属性が，インクルージョン認識，すなわち帰属感と自分らしさの発揮の両方が実現していると実感することの困難性は容易に推測できる。そこで，その実現可能性を実証的に示すことができれば，学術的にも実践的にも貢献が大きいと考えた。これが，本書で日本企業のダイバーシティ・マネジメントにおけるインクルージョン概念の，有用性を見出そうとする理由である。

　日本におけるダイバーシティ・マネジメントは，米国と比較して歴史が浅く，その先行研究も少ない状況にある。そこで当初は，長年の蓄積がある米国のダイバーシティ・マネジメント研究から，米国企業が日本企業と類似の施策を実施していたころの研究に依拠した調査設計を行い，日米で比較分析を行うことも考えた。しかし，これには国家間の時代背景を考慮しなくてはならず，その間の経済成長や，グローバルに加速しボーダレス化が進む昨今のビジネス潮流において適切な比較ができるかが疑問であり，現実的ではないと考えた。一方で，両国において問題の背景は異なっても，ダイバーシティ・マネジメントの成果を明確に見出せていない点は共通している。ここから，米国の研究でも比較的新しい概念として注目されているインクルージョン概念の枠組みを用いて，日本企業を対象に調査分析を行うことには大きな意義があると考えた。幸い，欧米のインクルージョンにかんする先行研究は，ある程度整理されつつある。また，その先行要因や，期待される成果についても研究が徐々に進んでおり，量的調査においては，ダイバーシティ・マネジメントに対するプラスの影響が複数の研究で実証されている。加えて，インクルージョン概念にかんしては，萌芽的ではあるものの，理論に依拠した定義とフレームワークが提示されており，日本企業のダイバーシティ・マネジメントにおけるその概念の有用性を仮定して調査研究を行うことに，理論上及び調査設計上の問題はないと考えた。

　もちろん，調査分析を行うにあたり，日本型人事管理の特殊性は考慮に入れなくてはならない。また本書の依拠するインクルージョン概念は，主に米国の組織を前提にして，個人の認識と定義されているが，その認識に影響するであろう職場や組織における他者との関わり合いも含め考察を行う必要がある。加えて，インクルージョンの促進要因は，先行研究から主要な6つを取り上げたが，さらに近年は，インクルーシブ・リーダーシップの重要性も議論されてい

る点は既に述べたとおりである。そこで，これら要因の複合的作用の検討も必要であると考え，本書では，企業コンテクストも含め，包括的かつ多面的な分析を行うにあたり，質的調査を選択することとした。

　繰り返しとなるが，現在，多くの日本企業はダイバーシティ・マネジメントに取り組みつつも，その効果をそれほど実感できていないと言われている。では，インクルージョン概念をダイバーシティ・マネジメントに取り入れた場合，これまでの日本企業における取り組みと何が異なり，どのような効果が期待できるのか。また，そこでは，何が社員のインクルージョン認識を促進するのか。これらを明らかにすることは，今後の日本企業のダイバーシティ・マネジメントに対し，理論的かつ実践的な貢献が大きいはずである。

　以上を踏まえ，これまでの検討から導き出された，本書で取り組む研究課題を以下のとおり示す。

「研究課題1」
日本企業において，職場や組織のどのような働きかけが
社員のインクルージョン認識を高めるのか

「研究課題2」
日本企業において，社員のインクルージョン認識の高まりは
どのような効果をもたらすのか

　これらの研究課題を明らかにするため，本書では2つの調査を実施した。調査の詳細は，第Ⅱ部で示していく。

# 第 II 部

# 事例研究

　第 II 部では，第 I 部の先行研究の検討で導き出した本書の研究課題について，2 つのインタビュー調査*の分析から考察を行う。

　本書は，多くの日本企業が職場や組織における多様な人材の活躍推進，いわゆるダイバーシティ・マネジメントの重要性を感じているにもかかわらず，現在の取り組みに対し，その効果を実感できていないという点に問題意識を持つ。そこから，先行研究のレビューを経て，ダイバーシティ・マネジメントにおける社員のインクルージョン認識に着目し，日本企業においてはそれがどのように高められるのか，またそのことが職場や組織にどのような効果をもたらすのかについて明らかにしようとしている。

　なお，本書でのインクルージョンの定義は，社員が「職場や組織への帰属感」と「そこでの自分らしさの発揮」の両方を認識している状態である（第 2 章第 1 節参照）。また，第 I 部でも述べたとおり，組織におけるダイバーシティ・マネジメントを考えるには，マネジメントの対象を明確にする必要がある（谷口，2005）。つまり，組織を構成する 1 人ひとりに必ず違いが存在するため，「そのなかのどの違いをマネジメントの対象とするのか」を決める必要がある。

　そこで，本書における 2 つの調査では，現在，多くの日本企業がそのダイバーシティ・マネジメントの対象としている「女性」と「外国人」，そして男性総合職モデルの日本企業で中心属性とされてきた「男性総合職」という 3 つの属性カテゴリーを分析・考察の対象とする。なお，本書における分析対象となる属性カテゴリーは，総合職又はそれに準じた働き方で基幹的業務を担うオフィスワーカーの「男性」「女性」「外国人」である。

　まず，第 5 章では，典型的な男性総合職モデルの日本企業の社員に対するインタビュー調査について，その詳細と結果，及び考察について述べる。調査協力者が属する A 社は伝統的な日本企業であり，社員の 8 割以上が男性である。

総合職に対し，同社では長期雇用が前提で，職務，勤務地，勤務時間が基本的に無限定の人事管理を行ってきた。なお，Ａ社ではダイバーシティ・マネジメントの重要性は認識しているものの，その取り組みは法対応や女性・マイノリティ人材の活躍推進が中心の一般的なものであり，決して先進的というわけではない。本調査では，インクルージョン認識，すなわち「職場や組織への帰属感」と「自分らしさの発揮」の２つの認識について，Ａ社においてマジョリティ人材である日本人男性総合職と，ダイバーシティを構成するマイノリティ人材の日本人女性及び外国人の総合職に対し，インタビュー調査と属性カテゴリー別の分析を行った。分析は Shore et al. (2011) のインクルージョンの定義と概念フレームワークを援用し，インクルージョン認識の促進要因を見出そうとした。なお，企業にはそれぞれのコンテクストがあり，またダイバーシティ・マネジメント推進の状況は各社で異なる。しかし，典型的な男性総合職モデル企業であるＡ社社員のインタビューから得られる示唆は，多くの類似的企業の参考になると考える。

第６章では，ダイバーシティ・マネジメントとして社員のインクルージョン認識を高めることに注力している企業の事例として，株式会社プロアシストを取り上げる。同社は，1994 年創業の新しい企業であるが，男性総合職が７割以上を占めており，また人事管理も長期雇用を前提としたもので，ジョブ型ではない。ダイバーシティにかんしては重要性をいち早く認識し，そのマネジメントを行ってきているが，その内容は女性・外国人といった特定属性に対する両立支援制度の拡充などではなく，社員全体のインクルージョン認識を高めることへの注力である。社員が属性にかかわらず活躍している点から，2015 年の経済産業省「ダイバーシティ経営企業 100 選」への選出を含め，これまで複数の表彰を受けている。そこで本書では，インクルージョン認識のマネジメントという点から，株式会社プロアシストの包括的な事例分析を行った。

第Ⅱ部ではこれら２つの調査分析に基づき，本書の研究課題である「日本企業において，職場や組織のどのような働きかけが社員のインクルージョン認識を高めるのか」，また「日本企業において，社員のインクルージョン認識の高まりはどのような効果をもたらすのか」という２つの問いについて考察していくこととする。

＊これら２つの調査に係る会社情報などのデータは，全て調査当時のものである。
＊これら２つの調査においてはインタビューガイドラインを用意したが，それらは本書のベースとなった筆者の博士論文（船越，2019）に付表として添付されており，必要に応じ参照されたい。

# 第 5 章

# 事例：男性総合職モデル企業
## ──インクルージョン認識のプロセスとその要因──

　本章では，法対応と，女性などのマイノリティ人材の活躍推進を中心にダイバーシティ・マネジメントを行う男性総合職モデル企業 A 社に属する社員 15 名への探索的インタビュー調査について，分析と考察を行う。本調査では，社員個人のインクルージョン認識に焦点を当て，職場や組織のどのような働きかけがその認識を高めるのかという研究課題に対する考察を行った。

　まず本調査の概要と調査方法，そして分析方法について詳細を示した後，分析結果と考察について言及する。

## 1　調査概要

　最初に，本調査の概要として，調査対象及び調査方法の詳細について，順に提示する。

### 1.1　調査対象

　本調査の対象は，日本企業 A 社に勤務する社員 15 名である。調査は，2015 年 6 月から 2016 年 6 月の間にインタビュー形式で実施した。A 社は，国内外に展開を図る製造業である[1]。ダイバーシティ推進については緩やかに進められており，その企業としての推進は決して急進的・先進的なものではない。長きに渡り，新卒採用入社かつ終身雇用形態の人事管理を行い，職務，勤務場所[2]，及び労働時間が基本的に無限定の男性総合職社員が多くを占める，典型的な男性総合職モデルの日本企業である。

　本調査において，A 社社員にインタビューを依頼したのは，以下の 2 点からである。まず，1 つめは，調査時点で A 社の組織成員においては男性が 8 割を

超えており[3]，ダイバーシティ・マネジメントを経営課題として認識し，法対応を中心に両立支援や女性などマイノリティ人材の活躍推進等に取り組みつつも，その推進は緩やかかつ先進的ではないという点である。多くの日本企業と同様にダイバーシティ・マネジメントについて試行錯誤していると考えられるからこそ，課題が見えやすく，本書の研究課題における考察ポイントが明確になると考えた。また，女性や外国人といったマイノリティ人材が3割を超えておらず，第2章で触れたマイノリティの人数による意思決定への影響（Kanter，1977）を考慮する必要がない。この点からも，調査対象として適切と判断した。

　2つめは，長く続く男性総合職モデルの大企業，という点である。髙松（2015）によると，日本企業は男性中心に社員が構成されており，ダイバーシティという考え方がなかなか根づかない。この点は，前述の内容もふまえるとA社も同様と推察でき，多くの日本企業に準ずる調査対象として適切と考えた。

　今回の調査では，かかるA社の環境下において，多様性を構成するマイノリティ人材，具体的には，日本人女性総合職社員（以下，日本人女性総合職）[4]5名，外国人総合職社員（以下，外国人社員）[5]5名，また，これらの調査協力者の比較対象として，マジョリティ人材である新卒で採用された日本人男性総合職社員（以下，日本人男性総合職）5名に，インクルージョン認識についてインタビュー調査を行った。

　本調査における調査協力者は，以下の3つの基準で選定を行った。
　　a）A社に勤務する正社員であること
　　b）調査時点で総合職社員であること
　　c）A社において，属性上，3つの調査対象カテゴリーのいずれかに分類
　　　　される人材であること

　本調査ではA社の多様性を構成するマイノリティ人材として，上記基準を満たす日本人女性総合職5名と外国人社員5名，またA社の同質性を構成するマジョリティ人材として上記基準を満たす新卒採用で入社した日本人男性総合職5名，計15名に調査協力を得た。

　本調査における実際の調査協力者は，表5.1[6]のとおりである。

表 5.1　A 社の調査協力者

| 属性 | 仮名 | 性別 | 年齢 | 勤続 |
|---|---|---|---|---|
| 日本人女性総合職 | A氏 | 女性 | 30代 | 9 年め |
| | B氏 | 女性 | 30代 | 10 年め |
| | C氏 | 女性 | 30代 | 11 年め |
| | D氏 | 女性 | 30代 | 18 年め |
| | E氏 | 女性 | 30代 | 20 年め |
| 外国人社員 | J氏 | 女性 | 20代 | 5 年め |
| | K氏 | 男性 | 20代 | 6 年め |
| | L氏 | 男性 | 40代 | 6 年め |
| | M氏 | 女性 | 30代 | 12 年め |
| | N氏 | 男性 | 40代 | 15 年め |
| 日本人男性総合職 | O氏 | 男性 | 20代 | 4 年め |
| | P氏 | 男性 | 30代 | 16 年め |
| | Q氏 | 男性 | 40代 | 17 年め |
| | R氏 | 男性 | 40代 | 19 年め |
| | S氏 | 男性 | 40代 | 21 年め |

出所：筆者作成

## 1.2　調査方法

　本項では，調査方法について述べる。なお，これまでも述べたとおり，日本におけるインクルージョン研究はまだ手探りの状態であり，本調査においてもそれは同様である。インクルージョンにかんする先行研究，特に実証研究が少ないこと，また同じ日本企業という括りにおいての機微を導出する作業が見込まれることから，本調査においては探索的なインタビュー調査が適していると判断した。つまり，本調査は仮説導出型で探索的なものである。

　具体的な調査方法は，以下のとおりである。全ての調査は，筆者と 1 対 1 での対面インタビューにより実施した。なお，執筆時点で退職している調査協力者に関しては，在職中にインタビューを実施している。インタビューは，長いもので 1 時間，短いもので 30 分程度であった。事前にインタビュー・ガイドラインを用意したが，インタビュー形式は調査協力者の語りに合わせて自由に聞き取りを行う半構造化インタビューである。記録されたデータは研究目的以外には使用しないこと，個人名や企業名は明らかにしないことを調査協力者に伝

え，了承を得た上で，インタビューの録音を行った。全ての表現，言葉使い，言い回しのニュアンスを逃さないために，実施されたインタビューの録音全てを，録音データから文字に起こし，原資料としている。これらが本調査でのデータであり，分析及び考察の基礎となっている。つまり，本調査の引用はメモ等からの再構成ではなく，全て調査協力者の実際の語り[7]である。

## 2　分析方法

　本調査では，男性総合職モデルの日本企業A社において，何が社員のインクルージョンの認識を高めているのか，もしくは阻害しているのかを分析する。分析に用いる調査データは，前節で述べたとおり日本企業A社でダイバーシティを構成する，マイノリティ属性の日本人女性総合職と外国人社員，そしてマジョリティ属性，すなわち新卒採用で入社し就業を継続している日本人男性総合職という3つの母集団から抽出された調査協力者の録音データを文字化したものである。

　まず，A社のダイバーシティ・マネジメントの特徴を，ホームページなどの公開情報データから記述する。これらを見る限り，A社はダイバーシティ・マネジメントを法対応や，女性などのマイノリティ人材に対する活躍推進を中心に進めており，目立った特徴は見受けられない。しかし，一般的であるからこそA社のダイバーシティ・マネジメントは多くの男性総合職モデル企業と共通点が多く，また，別ケースとの比較をする場合の必要性を考え，可能な限り記述しておくこととした。ただし，本調査にかんしては企業が特定されないことを前提として調査協力者を得ているため，これらの記述はその前提における範囲内であることを断っておく。

　つぎに，Shore et al.（2011）のインクルージョンの定義を用い，調査協力者はインクルージョンをどのようなときに認識するのかを分析した。具体的には，調査協力者の認識が，Shore et al.（2011）の分析フレームワークにおけるインクルージョン象限にあてはまるか，またあてはまらない場合はどの象限の認識かを分析した。

　なお，調査協力者のインクルージョン認識は，本人や上司及び同僚の異動など，その時々の状況により，同じ組織や部門内においても変化する場合があった。そこで，調査協力者1名の語りに対し，語られた状況ごとに，インクルージョン概念のフレームワーク（Shore et al., 2011；本書第2章図2.1）の4象限

にプロットし，分析を行った。また，同じ環境下でも，時間経過に伴って調査
協力者のインクルージョンの認識が変化していった語りも見られたため，その
認識変化を，そのプロットの分析から可能な限り見出そうとした。

　なお，本書ではインクルージョンを「社員が仕事を共にする集団において，
その個人が求める帰属感と自分らしさの発揮が，集団内の扱いによって満たさ
れ，メンバーとして尊重されている状態」(Shore et al., 2011, p. 1265) と定義
している。そして本調査では，その分析に必要な「帰属感」は，受け入れられ
る，内集団メンバー，といった帰属の認識を示す言葉や語りの表現，また，も
う1つの分析軸である「自分らしさ」は，仕事を供にする全ての同僚から自身
の貢献が価値あるものと思われる，職場や組織に十分貢献できている認識，自
身の能力発揮の実感，意見が仕事をする場で尊重され感謝される，などの言葉
や語りの表現とした（表 5.2）。加えて，Shore et al. (2011) は，自分らしさと
は仕事をする場で①自分らしくいたいという欲求が満たされていること，②自
分独自の視点が，価値があると認識されていること，③自身の属性が自分の価
値を下げていないこと，の3点を付け加えている。本調査では，調査協力者の

表 5.2　本調査における分析上の「インクルージョン」「帰属感」「自分らしさの発揮」の定義

| インクルージョン | 社員が仕事を共にする集団において，その個人が求める帰属感と自分らしさの発揮が，集団内の扱いによって満たされ，メンバーとして尊重されている状態 (Shore et al., 2011, p. 1265) |
| --- | --- |
| 帰属感 | 帰属感は，以下の様な帰属の認識を表す言葉や語りで表現される (Shore et al., 2011, p. 1268)。<br>・受け入れられる<br>・内集団に所属している<br>・帰属感を感じる |
| 自分らしさの発揮 | 自分らしさの発揮は，以下の様な自分らしさの発揮の認識を表す言葉や語りで表現される (Shore et al., 2011, p. 1268)。<br>・自身の貢献価値を他の社員全員から認められる<br>・十分に貢献できている認識<br>・自身の能力発揮の実感<br>・意見を聞いてもらえ，感謝される<br>これに加え，以下の条件を満たしていること。<br>・自分らしくいたいという欲求が満たされていること<br>・自身の独自の視点が，価値あるものと認識されていること<br>・仕事を共に行う集団内で，属性が自分の価値を下げていないこと |

出所：Shore et al. (2011) をもとに筆者作成

インタビューにおける，帰属感と自分らしさに関連する語句，経験や行動の語りに着目し，検討を行うこととした。

　次に，インクルージョン認識の促進要因及び阻害要因について，調査協力者の語りから共通項を抜き出し分析を行なった。この分析では，極力，文章の切片化をすることなく，全体の文脈も含めて共通項や差異を見つけ出すことを心がけた。分析は調査協力者の属性グループごとに行ったが，その理由は，マジョリティ人材の日本人男性総合職と，マイノリティ人材の日本人女性総合職と外国人社員では，インクルージョン認識の要因や経緯が異なる可能性があると考えたからである。ダイバーシティ・マネジメントの考察には，どの違いをマネジメントの対象とするのかを決めねばならず（谷口，2005），そこから対象カテゴリーにとって何が現状の課題なのかを考える必要がある。そこで，本分析においては，日本人男性総合職，日本人女性総合職，外国人社員の属性カテゴリーごとに，インクルージョンの概念フレームワーク（Shore et al., 2011）を用いつつ比較分析を行うこととした。

## 3　分析結果

　ここからは，A社社員のインクルージョン認識と，その認識を高める，あるいは阻害する要因について分析を行い，具体的なデータを示しつつその結果を説明する。

### 3.1　男性総合職モデル企業A社におけるダイバーシティ・マネジメントの特徴[8]

　調査協力者が所属するA社は日本企業であり，そのダイバーシティ・マネジメント施策は法対応を中心に，女性などのマイノリティ人材の活躍推進などごく一般的な取り組みである。同社ホームページの情報によると，その取り組みとして，管理職と新入社員に対しダイバーシティにかんする研修を実施していること，女性活躍を見据えた採用を行っていることなどに触れている。しかし，具体的な研修の回数などには言及していない。なお，A社は近年，ダイバーシティ・マネジメントにかんしプロジェクトや専任部署の設置などによる推進も試みており，人事管理は長期雇用を前提に，職能資格制度である[9]。ここから，A社では約8割を占める日本人男性総合職を前提に長年適用されてきた人事管理は極力維持しつつ，日本企業として形式的なダイバーシティ・マネジメントを行っていると推察される。ちなみに，A社の理念に「ダイバーシティ」や

「インクルージョン」にかんする直接的な言及は見られないが，行動指針には，意見の違いを尊重することが触れられている。

### 3.2　社員がインクルージョン認識に至る経験

　ここでは，本調査において，調査協力者であるA社社員が，インクルージョン認識に至る経験について属性別に分析を行う。本調査では，まずShore et al.（2011）によるインクルージョンの定義を調査協力者に説明し，その上で現時点において，その定義にあてはまるインクルージョン認識を持てているかを質問した。結果は，属性にかかわらず全員が，現在インクルージョンを認識，もしくは異動前など別部門で認識した経験があった。なお，A社における社員のインクルージョン認識は，主に職場や組織での経験を通して高められていた。

　以下，それぞれの属性カテゴリーごとのインクルージョン認識の高まりにかんする分析を示す。

### (1)　日本人男性総合職

　インタビューによると，日本人男性総合職がインクルージョンを感じるまでのプロセスは，入社時や異動後すぐはエクスクルージョン（排除）を感じることが多いものの，上司や職場の影響を受け，アシミレーション（同化）の象限に移り帰属感を確立した後，能力発揮の機会を得て，インクルージョンを認識し，さらなる能力発揮に繋げるというものであった。

　例えば，日本人男性総合職の調査協力者Q氏は以下のように語っている。

> 入社のときは，厳しかったですね。上司がね。でもね，最初は「若造が！」みたいな感じだったんですけれども，まぁ厳しさなりに色々と教えてくれることもあって。初めて一緒にこう，私も営業をやってたんですけれど，物が売れたときなんかは褒めてもらったりとか。そういうことになると，受け入れられてきたのかな，という感覚はありましたね[10]。

　入社のときに配属された営業の部門では，右も左もわからず，上司の厳しい言葉から，受け入れられていないと感じたという。しかし，一緒に営業に出るという協働作業を積み重ね，上司に褒められ承認がなされていくなかで，インクルージョン認識を持つようになったと語っている。

　同様の内容は，部門を異動した際のインクルージョン認識のプロセスとして，複数の調査協力者から語られた。例えば，日本人男性総合職O氏は異動後に「自分らしさ」を発揮していったプロセスとして，以下のように語っている。

　　痛い思いしながらも，色々仕事回していって，自分で覚えていくことが増えていくんで，「前これで失敗したから今回はこれ外そう」とかっていう。自分のやってることが正しい方向に向かってるっていう認識を，ちょっとずつ持っていくことによって，会議とかで発表しても，自分に自信があるんで意見を通しやすい。前まで思ったことを言っても，聞き返されると言葉に詰まってたんですけど，それが自分の中でしっかり「正しいことだ」というのがあるんで，つき返せるじゃないですけど，言い返せるようにはなってきた。

　O氏は，前職務と全く関連のない部門に異動してきたと言う。本人は語りのなかで，最初は「一挙手一投足，全部見られてて」，ことあるごとに，その部門での物事の進め方を指導され，自分の言動が監視されているような気がしてやりづらかった，と述べている。また，異動した当初は，エクスクルージョン（排除）を感じていたが，部門のやり方を学び，帰属感を高め，その後発言力が高まったことでインクルージョンを認識するようになった，と語っている。

## (2) 日本人女性総合職

　分析では，日本人女性総合職がインクルージョンを認識するまでのプロセスは，日本人男性総合職のそれとほぼ同じであった。具体的には，入社時や異動後すぐはエクスクルージョン（排除）を感じることが多く，その際に一旦，上司や組織に合わせてアシミレーション（同化）の象限に移り帰属感を確立する。その後，新しい職場での経験やそれまでのキャリアで培った力を発揮しはじめ，インクルージョン認識を得た後に，さらなる能力発揮を行なっていくというプロセスである。

　例えば，日本人女性総合職E氏の語りは以下のとおりであった。

　　なかなか（インクルージョンの認識に影響する）[11] 具体的な出来事っていうのが難しいなって思っているんですけど，受け入れられているとは思っています。別に，そんな疎外感を感じたこともないですし，それはやっぱり，今の部門で2か月とは

いえ，それまでに，6 ～ 7 年くらいかな，所属していた部門なので，<u>長く居て人間関係も出来ているなかで，戻ったっていうのが大きいですかね……</u>。具体的なトピックスというよりかは，<u>長年の積み重ねかな</u>，と思っています

　E氏は，<u>一旦</u>他部門への異動があり，再び現在の部門に戻ってきたが，そのときはすんなりとインクルージョンが認識できたと述べる。以前に所属していた部門で培った経験や人脈も含め，長年の積み重ねがインクルージョン認識に大きく影響しているのではないかという語りである。
　同様に，日本人女性総合職A氏も，受け入れられていると認識するには，ある程度の時間経過が重要ではないかと語っている。

　　今の部門に来て，まだ 1 年たってはないんですね。で，結論から言うと，<u>意見は言えるけど，受け入れられているかって言われると，まだそこまでじゃないのかなって</u>，思っていて。ただ，<u>前の部でも，新入社員で入ったから特にかもしれませんが，最初の数年は，全然そういう感じがしなくて，年数とともに受け入れられているというか頼りにされているというの</u>は，感じたので。

　前出の日本人女性総合職E氏からも，複数の部門を異動してきたなかで，インクルージョンを認識するには 2-3 年かかったという語りがあった。しかし，インタビューを分析すると，これは単に時間の問題でなく，仕事で信頼を得る，任されるといったことが，その時間のなかで培われていくという文脈であった。
　実際，日本人女性総合職のC氏は，異動後にインクルージョンの認識を得た要因は，時間の長さではなかったと語っている。上司がC氏を承認し，経験が少なくても仕事を任されたこと，また異動先のメンバーが自分に対してオープンに振る舞ってくれたことで，その認識を得たと述べている。

　　その（異動後）最初の 2 年間って<u>上司がガンガン色々やらせてくれた</u>っていうか。で，すごいこう，<u>中心的な役割になってほしい</u>，みたいなことを言われたりもしてたので。自分の中での意識も，ちゃんとしないと，と思いつつも，なんて言うんですかね。周りの人のやりとりも，受け入れられているかわからないですけど，<u>すごく居心地がいいっていう……</u>そう言うと，ぬるい感じがしますけど，うまくいってるのかな，とは思います。[中略] 私は（以前の部門でも）割と皆に対して親しみは感じてたんですけど，むこうが私に対してあんまり近くないというか，距離を感

じていましたね。それに対して，ここにきたら，いつからか，誰からか，「Cちゃ
ん」と呼び始め，皆がそうやって呼んでくれてっていう。単純な，呼び方だけの話
ですけどね。

　C氏は語りのなかで，新しい部門には未経験で来たものの，上司や周囲がC
氏を信頼し仕事を任せたこと，また良好な人間関係から帰属感を早々に感じる
ことができたことで，インクルージョンを認識することができたと語っている。

## (3) 外国人社員

　次に，外国人社員の語りを見ると，日本人の男女総合職の語りとは違い，自
分自身の能力を発揮し，独自性を主張することで，インクルージョンを感じて
いったという語りが多かった。
　例えば，A社に15年勤めてきた外国人社員のN氏はこう語る。

I feel I have strength in business area, I guess. First, I am not conscious I am a
foreigner. Of course people see me a foreigner, but to me I am just an employee
of A Company Ltd. What makes me different is my experiences and my
backgrounds. Because I was educated overseas - my education, my university, and
my Master's Degree, then I am working in Japan. So my education is international
one. And my experience has been overseas as well as in Japan. That makes me
unique, I feel. Not because I am a foreigner. My background and experience make
me unique. I think it's my responsibility to make myself be included, because I
have experience.

〈邦訳〉[12]
自分の強みはビジネスの知識にあると思っています。自分が外国人だからだとは思
っていません。もちろん，周りの人々は私を外国人と識別するでしょうけれど，私
はA社で働く一社員に過ぎません。自分を自分たらしめているものは，これまで培
ってきた私自身のバックグラウンドや経験です。海外で大学院まで教育を受け，日
本で働いてきたので，私の受けた教育自体がインターナショナルなものなんです。
そして，私には日本での経験もある。それが自分を自分らしく（unique）にさせてい
るものなんです。私が外国人だからではありません。インクルージョンを感じるか
どうかというのは，私の経験から来るもので，全て自分自身によるものです。

　N氏は，インクルージョンを認識するのは自分自身の責任であり，それについては自らの経験やバックグラウンドが最も大切であると述べている。他の外国人の調査協力者からも，インクルージョンを感じるにあたって最も重要であるのは自分自身であるという語りが多く聞かれた。

　新卒採用でA社に採用された外国人社員のJ氏は，インクルージョンを感じている理由を以下のように語っている。

> 私が思うのは，自分が頑張って仕事をしたから。外国人じゃなくても日本人だって，仕事しなかったら結局インクルードっていう……だれも認めてくれないじゃないですか。ちゃんと自分の役割ができているか，だと思うんですよ。仕事ができなければ誰も何も任せてくれないじゃないですか。結局自分が頑張って，仕事を任されることによって，ちゃんとそれ頑張って，認められたと思います。[13]

　J氏は，仕事上では2-3か月で問題なくインクルージョンを感じることができたが，人間関係や日本企業に独特の習慣に慣れるのには苦労したと述べている。

> 逆に私が慣れなかったと思うのは人間関係だなって思いますよ。［中略］半年ぐらいかかりました。理解できなかったこともいっぱいあって。

　また，同じく新卒採用で入社した外国人のK氏は，インクルージョンを感じている理由を以下のように語っている。

> 細かいところを言うとやっぱり，（上司が）若い人たちに任して，できる人にとりあえずやらせるっていうか。そこを僕すごく感じて。（海外出張で）丁度うちのチームの1人が少しの期間しかいれないということで，2週間の出張で，僕も正直言うと初めての出張で，現地調査の旅に出るっていうのに，全部僕に任せたっていう。1人で。［中略］その後もう1つ入ってきたっていうのは，おそらく日本の企業では中々こう，この仕事良かったっていうのは，多分皆の前で言ってくれないと思うんですよね。で，1回，ある国のプロジェクトで，丁度，僕もその国の言語知っている，っていうのもあるんですけど，たまたま事業部も知らないような情報が見つかったっていうのが，すごく大きなインパクトがあって。それで（上司が）褒めてくれたっていうか。それでこう，1人として入れてくれてるっていうのが。

　K氏の，仕事を任せてもらえた，周りから認められた，という語りは，日本人の男女総合職の調査協力者と共通である。しかし，特殊な言語を駆使できるという自分自身の特性を生かし認められたというところに，差異が見受けられる。

　加えて，外国人社員には，アシミレーション（同化）に繋がる，日本独特の習慣の部分で違和感を覚えているメンバーが多かった。日本の習慣に対する違和感が具体的な語りで見られたのは，N氏以外の4名であった。

　その一例として，K氏はこう語る。

　　例えば，（新しい部門に）入ったら幹事にされるとか。新しい人として入ったら，なんで幹事する必要あるの？っていうところは。それって日本の文化なんですけど，ただ，そこはどこの文化でもあると思うんですけど……いや，日本の文化だからこそ，この人もやらないといけないっていうのが。そういうところぐらいですかね。[中略] あと外国人として，ぼくら，ぼくらっておかしいんですけど，プロセスはそんなに……結果が出れば，解決じゃないのって。そこが，ちょっとこう……あと，何か1つ仕事をやるときに，僕の言葉で言うと，それを承認してもらうときに，7つのドアをノックしなければならないところで。

　このように，外国人社員の日本企業の習慣に対する違和感については，日本人の男女総合職と比較してかなり明確に語られていた。

### 3.3　インクルージョン認識の促進要因（属性共通）

　次に，A社におけるインクルージョンの促進要因について分析を行う。分析は，語りにおいて，インクルージョンの促進要因と思われる共通項を見つけ出すという形で行った。

　インクルージョンの促進要因として，日本人男性総合職，日本人女性総合職，外国人社員からの語りで発見された属性共通の要素は，（1）周囲からの信頼，（2）自らの専門性や社内ネットワークの構築，（3）上司の承認や期待，（4）職場でのオープンかつ良好な関係，の4点であった。

（1）周囲からの信頼

　周囲からの信頼にかんし，日本人女性総合職のD氏は次のように語っている。

　　　例えば，何か企画って形で提案したときに，進めてヨシ，みたいな形になったら受
　　け入れられているなぁって感じるし，例えばすごく重要なプロジェクトについて意
　　見を求められたりだとか，その会議の席と言わずに，ちょっと意見欲しいんだけど
　　みたいな感じで意見を求められたりすると，「あ，受け入れられているな」という
　　風には感じますね。

　自らの提案が採用されたり，重要な場面で意見を求められたりすることが信
頼されているという意識につながり，それが，インクルージョンの認識に繋が
るという語りは，調査対象者全員に見られた。

## (2) 自らの専門性や社内ネットワークの構築
　自らの専門性や社内ネットワークの構築にかんしては，日本人男性総合職の
R氏が以下のように語っている。

　　　同僚のなかでいうと，受け入れる，イコール結局はチームワークなんで。チームワ
　　ークっていうのは日本式のチームワークの意味ではなくて，特にこの（経営の中枢
　　に近い）部門の場合は，自分の守備範囲の仕事はきちんとやれる，しかも高いレベ
　　ルで求められるってことが大切ですよ，と。それを，きちっとやってるということ
　　を，お互いに認めてるっていう状態が，受け入れられていると思いますね。逆に，
　　僕がこの人は認めるけど，この人は認めないとか，受け入れる，受け入れないでい
　　くと，やっぱりその人に求められる仕事の責任範囲をきちっとできているかどうか
　　なんですよね。

　R氏はチームワークという言葉を使っているが，ここでの語りは，部門や職
務を超えて業務を行っていくという文脈であった。R氏は，専門性を持って会
社に貢献していること，そしてそれが周りの人々に認められていることが，イ
ンクルージョンの認識には大切だと述べている。同様の語りは，調査協力者の
職位にかかわらず見受けられた。
　また，自身の専門性が上がっていくことで社内ネットワークが広がることに
ついては，日本人女性総合職のA氏からは以下のような語りが聞かれた。

　　　私しかわらないことだとか，私しかやりとりできない人だとか，もうそういうのが
　　かなり増えてきて，で，頼らざるを得なくなるなかで，そういう属性の垣根を超え

　　るような，結びつきができたんじゃないかと思って。

　自らの専門性が高まっていくことで，部門外の人からの問い合わせが増え，結果として属性の垣根を超えた幅広いネットワークに繋がっていることが理解できる語りである。

（3）上司の承認や期待
　上司の承認や期待にかんしては，Ｃ氏がその大切さを，異動前の部門と比較して語っている。

> 　上司が「Ｃちゃん優秀だから」とか，「できるから」みたいな感じでいつも言ってくださるんですよね。それが，私のなかではすごく過大に評価されているような気がして……どこまで本気で言ってるかがわからないにしても，そんなに「優秀，優秀」とか言われるのに，最初すごく戸惑っていたんですけど，やっぱりそう言われ続けると，「あ，そうなのかな」みたいな気がしてくるんですよね。いや，単純だけど，それってすごく大事なことなんだな，って部門移ってから思って。なんとなく，全然できない自分，自信無くしている自分って，ずっと前の部門のときはいて，どれもこれもできないし，迷惑ばっかりかけて上司に頼ってばっかりで申し訳ないなって。ほんとそう思ってたんですよ。それが，こっちに移ってきてから，「優秀，優秀」みたいに言ってもらえて，現実がどうかは別にして，やっぱり期待されているって感じられているのって幸せだなって思うし，やっぱりそれに応えて，ちょっとずつ意識も変わるし，がんばらないとなって思うので，やっぱり上司の働きかけというか。そういう風に評価してもらえることって，影響力も大きいし，大事だと思いますね。

　Ｃ氏は上司から承認され，期待されることで意識も変わり，前向きになれたと述べ，その影響力の大きさを語っている。（1）で周囲からの信頼が促進要因として挙げられたが，属性にかかわらず，直接指示を受ける「上司」にかんする語りは，インクルージョン認識についてのインタビューのなかで，調査協力者から非常に多く聞かれた。同僚からの信頼以上に，「上司」から自分自身の存在が認められ，期待を表されることは，インクルージョン認識の高まりに特に影響すると考えられる。

## (4) 職場でのオープンかつ良好な関係

　職場でのオープンかつ良好な関係に関しては，管理職にあるＳ氏が以下のように語っている。

> まず若手から……年上も含めてだけど，話をしてもらえることかな？……相手が，「Ｓさん（ファーストネーム）いいですか？」って話を聞きに来てくれるし，僕自身が話をしたいときは，きちんと話を聞いてくれる。まぁ，個々の日々の仕事の内容について，それはみんな不平も不満もあるだろうけど，そういったことも含めて，僕に話をしてきてくれるし。
>
> *筆者：Ｓさん（ファーストネーム）っていうのは，皆さんに呼ばれているんですか？*
> ほぼ，全員Ｓさん（ファーストネーム）です。部内に限らず，社内全体，社外含めてだけど，僕の人間関係の中で，Ｓさん（ファーストネーム）で呼ばれるのは，受け入れられている感をおぼえることの１つだなとは思います。[中略]それと飲みに行こうって言ったら，全員来てくれる。後ね，仕事お願いしたときに，基本的に嫌がられることはない。「Ｓさんがこれしてほしいのならやります」って感じで。

　Ｓ氏は，上司の立場であっても親しい関係を職場で築くことが，自身のインクルージョン認識に繋がると語っている。日本人の男性総合職や女性総合職からは，定時後やオフのコミュニケーション，またはプライベートにかんする他愛もない会話が，インクルージョン認識に繋がっているという語りが多く見ら

表 5.3　インクルージョン認識の促進要因（A 社・属性共通）

| 抽出された要素 | 語りの内容 |
|---|---|
| 周囲からの信頼 | ・意見が受け入れられる<br>・意見を尊重してもらえる<br>・責任のある仕事を任せてもらえる |
| 自らの専門性や社内ネットワークの構築 | ・自社での専門性に自信がある<br>・ネットワークが構築されている |
| 上司の承認や期待 | ・上司に意見を聞いてもらえる<br>・期待が感じられる |
| 職場でのオープンかつ良好な人間関係 | ・親しみを込めて呼ばれる<br>・雑談・職務以外のコミュニケーション<br>・思ったことを言い合える |

出所：筆者作成

れた。一方，外国人社員は，職場のコミュニケーションの良さを重視している語りはあるものの，定時後のコミュニケーションやプライベートの話題が，インクルージョン認識に繋がっているという語りは少なかった。

　以上を総括すると，インタビューで語られた内容から，インクルージョン認識の促進要因として見出された要素は，表5.3のとおりである。ここまでの分析から，インクルージョンの促進要因に属性による差異はほとんどないことがわかる。

### 3.4　インクルージョン認識の阻害要因（属性別）

　A社のインタビューでは，インクルージョンの認識が阻害される経験についても語りが多くあった。当初，本調査で見出したかったのは，インクルージョン認識の促進要因であった。しかし，その阻害要因についても議論を行うことで，より深い考察や，理論的・実践的貢献を導き出せる可能性があると考え，以降は調査協力者から語られた，インクルージョン認識を阻害した経験についても分析を行う。分析は，促進要因と同様に属性ごとの語りにおいて，インクルージョンの阻害要因と思われる共通項を見つけ出す形で行った。

　以降では，実際の語りを示しながら，その分析結果を述べる。

### （1）　日本人男性総合職

　まず，A社の日本人男性総合職から語られた，インクルージョン認識が阻害された経験を分析していく。最初に挙げられたインクルージョンの阻害要因は，「担当業務に精通していない」ことである。

　全く違う部門から希望していた部門に異動してきて，まだ1年も経っていない調査協力者のO氏は，次のように語っている。

> 最初，今の部署に来たときは，経験も全然浅いし，最初，結構こっぴどく叱られてたことが多くて。今もですけど。ぼくが言っても，「あんまりO氏が言ったことは意味が無い」じゃないですけど，そんな風な捉えられ方をしているんじゃないかなっていう場面が多くて。会議とかでも，みんな意見ないかな？みたいなときに，自分が発言しても，皆「うーん……」みたいな，「それどうなんかな……」って。で，5分ぐらいして別の人がぼくと同じことを言ったら，「それいいね！」ってなった

ときに，何なんだろうなって思って。そのときは受け入れられている感は無かった
ですね。発言の内容や本質ではなくて，人っていうところで信頼がまだでき上がっ
てないところが最初は嫌でしたね。最近は少しずつ，ぼくがやっていることとかも，
レベルアップしていってるんで，認められるようにはなってきてるかな。発言して
も考えてもらえたりとかするんで，そういう風にどんどん自分が言ったことがストレ
ートに，一旦相手の気に留まるっていう瞬間を感じたときに，受け入れられてるん
だな，と。

　O氏は，担当業務に慣れていないことが，人としての信頼に影響してくると
述べており，担当業務のレベル感と，インクルージョン認識を高めるであろう
周囲からの信頼が比例関係にあるのでは，と述べている。
　また，日本人男性総合職の属性グループで，インクルージョン認識の阻害要
因の2つめに挙がったのは「自分がいる意味が見出せない」ことである。
　例として，P氏は新入社員時代の経験について，以下のように語った。

　一番最初に入ったときなんですけど。ほんと短期間ですけど，初めて配属されて，
先輩の所にいったら，何を言われたのか忘れたけれど，すごくつまらない仕事させ
られたときがあったんですよ。ファイル穴あけて綴じろみたいなね。まぁ，仕事だ
ろうけど，指導も何も無くっていうのがあったんで，そのときは，何かフィット悪
いな，ってところはありましたね。［中略］居なくていい，ぐらいの感じだったな
っていう……仕方ないからこれやらしてる，みたいなね。完全に邪魔者的な扱いっ
ていう感じですかね。（部門は）全然，忙しくないのに。

　P氏は，新入社員であったことを差し引いても，理由も説明もなく，周りが

表5.4　インクルージョンの阻害要因（A社・日本人男性総合職）

| 抽出された要素 | 語りの内容 |
| --- | --- |
| 担当業務に精通していない | ・周りから業務への信頼がない |
| 自分がいる意味が見出せない | ・重要でない仕事を割り振られる<br>・自分がその仕事に携わるのがなぜかわからない<br>（納得できない） |

出所：筆者作成

忙しくもないなかで，誰でもできる庶務的な仕事を振られ，邪魔者扱いをされていると感じたときに，インクルージョン認識が阻害されたと述べた。

　これらA社の日本人男性総合職の語りで挙げられた，インクルージョン認識の阻害要因をまとめたものが，表5.4である。

### (2) 日本人女性総合職

　次に，日本人女性総合職から示された，インクルージョン認識が阻害される要因となり得る語りを分析する。日本人女性総合職からは，インクルージョンの阻害要因として，3つの要素が見出されたが，これら3つは調査協力者の5名全員から，何らかの形で聞かれた共通の要素である。

　まず，女性総合職の語りから見られた阻害要因の1つめ，「絶対数が少ないこと」に対しては，D氏の語りを例として示す。

　　大きな会議になると，そうですね。それこそ，女性1人とかなるとどうしても……言い出せないみたいな。ありますね，それはあります。うん。[中略] 私，基本的に思うのは，マイノリティ感っていうのが大きいなって。やっぱり人数が増えていくと，ちょっと男性……男性というか，職場も変わっていくし，うん。やっぱり数って重要だなって正直思います。[中略] ま，基本的な数っていうのも，もちろんあると思いますし，それによって，何て言うんだろ，職場でも，マイノリティの人達の意見がマイノリティじゃなくなるような。そういう風に，雰囲気が変わっていくっていう感じですかね……たぶん，意識が変わらないと，マイノリティの人達の気持ちも中々変わらないし，大多数の人達の気持ちも中々変わらない……。

　同じ属性の数については，A氏も以下のように語っている。

　　前の部門の話になるんですけど，私，新入社員で入った（女性）総合職で第1号だったんですよ。大人数の部門だったんですけど。そのときは，やっぱりちょっと，上司もどう扱っていいのかわからないし，私自身も動きにくいし，っていうのは結構あったんですが。それが，私の次の年代の子とかも同じような愚痴を漏らしてたんですけど，もうちょっと下になってくると，総合職の女性が増えてきて，そういうの，あんまり感じてない風な働き方してましたから。愚痴も聞いたことないですし。やっぱり量（人数）は必要だと思います。

　上記の語りから，数が少ないことがインクルージョン認識の間接的な阻害要因となっていることがわかる。数が少ないことが，なかなか意見を言いにくい，部内でどう行動すればいいかわからない，という悩みの原因となることがうかがえる。

　次に，「女性という属性に紐づく特別扱い」が，日本人女性総合職全員からインクルージョン認識の阻害要因の2つめとして聞かれた。例としてE氏の語りを示す。

　　周りが，女性だから頼みやすいことも，頼まれてるな，って思ったことはあります。具体的には，何かの資料の下書きとか，これは，ほんとは男性だったら頼まれるのかなぁ，って，ちょっとね，思ったりね。これって，多分女性だから，頼みやすいから頼まれてるんだろうな，って。うん。女性らしさっていうか……こう，会議終わって，部門外から来た人とかで，資料を持って帰るのが重いから，社内便で送って，と頼まれるのとか……別にいいですよって。別に嫌でも何でもないですけど，これはほんとは相手が男性だったら頼まないよね，っていうのはあって。まぁ，別にいいんですけど……っていうのはあったし。

　E氏は，女性という属性ゆえに，社内便で資料を送るという仕事を頼まれたと感じている。しかし，これに違和感を覚えると同時に，自分自身でそれを納得させるような思考をしているのが特徴的である。

　また，E氏は別の視点からも，属性に紐づく特別扱いが違和感に繋がったことを次のように語っている。

　　自分自身も腰が引けてたとこがあるっていうのは事実としてあると思いますね……もっとさせてください，って言ったらさせてもらえたのかもしれないですけど，それこそ残業時間がエンドレスになったりとか，ちょっとそれはキツイな，って思ったので。ちょっとその立場を利用して引けてたところはあると思いますね。
　　筆者：例えば，もっとやりたいんですが，生産性を高くするから残業はしたくないんです，とは言わなかった？言う雰囲気じゃなかった感じですか？
　　うん，気遣ってもらっていたな，っていうのはあります。ミーティングとかでも，やりだしたら結構夜遅くなったりとかして。「あ，もう帰っていいよ」って，帰らせてもらったりとかして。ありがたいけど……ちょっと自分のなかで，自分自身にモヤモヤするところがあって。多分，独身だったら残ってたなぁ，とか……うん。

すごい，そこは悩ましいところ，ちょっとありましたね。

　E氏は既婚であり，可能な限り生産性高く業務を行うように心がけていたが，
ミーティングなどは終わりが見えないことも多く，周囲からの配慮もあり，先
に帰宅していたという。E氏本人も，もっと仕事をしたいという部分と，でも
踏み込めないという葛藤があり，悩んでいると述べている。「独身だったら残
っていた」という点が，他の社員と同様に残業できないことに対する疎外感を
表している。

　つづいて，女性という属性に紐づく違和感を，D氏は以下のような語りで表
現した。

> *筆者：女性らしさを生かして仕事をして欲しい，と言われたらどう？*
> 私はちょっと反発を感じるかもしれないですね。悪く言うと，都合よく使われてい
> るっていう一面も見え隠れするだろうし。でも，しちゃうんですよ。そうなんです。
> 結果，そういう役回りになってしまうっていうのもあると思うんですけど。それに
> よって，例えば，機嫌よく話聞いてくれるだとか。単純に，そういうのでオフセッ
> トされるかもしれないので。男性がお茶出すよりも，女性がお茶出した方が，世間
> 一般的にはすごく自然な姿だから，それくらいは私やろう，って思いますし。で，
> 「ありがとう」って言ってくれたら，「ちょっと相談あるんですけど」とか，そうい
> うお互い機嫌よくというか。それですごく業務上，オフセットできるのはないと思
> うんですけど……。やっぱり1人ひとり，プロフェッショナルっていう自分達の気
> 持ちもあるし，上司も男女の前に1人のプロフェッショナルっていう扱いがあると
> いいのかな……と思います。

　D氏もE氏と同様，女性がお茶くみや雑用を頼まれる頻度が高いと感じる点
についてはプロフェッショナルとして強い違和感を覚えているものの，円滑な
人間関係や自らの仕事のしやすさ等を勘案し，納得感を見出そうとしているこ
とがよくわかる語りである。

　3つめの「属性で一括りにされる違和感」に関しても，日本人女性総合職の
調査対象者全員から，何らかの語りが見られた。ここでは，例として，C氏が
プロジェクトに参加した経験の語りを示す。

> 何が言いたいかというと，このプロジェクトのチームメンバーを決めるときに，多

分，「女性の視点がいるから」ということで，単純に決められたのではないかな，って感じがしましたね。役割というよりも，このプロジェクトには女性の視点がいる，女子チームで作り上げました，みたいな。お飾り的な要素も含めつつ，っていうのは感じたことがありますね。[中略] そういう風な，「女子だから」みたいな単純な振られかたをすると，メンバーとしてもよくわからなくなるので，明確な説明が欲しいですよね。たとえ，そういうチーム構成であったとしても。

また，商品の企画にも携わるB氏はこのように語っている。

お客さんのところに営業さんと一緒にいったときに，「ちょっと女性目線で，この製品を評価してみて」とか，そういうことを言われることは増えたように思います。[中略] うん。もっと女性目線で企画とか考えてみて，とかは言われています。そういう意見の求められ方しています。
*筆者：違和感がある？*
すごくありますね。私，普通に女性っぽい感性を持っていたら，色々あるんでしょうけど，今までの経歴もそうですし，大学から含めて，男性の多い社会で生きているので，多分，気持ちとか考え方が，若干，男性寄りだと思うんです。一般的な女性論を，過度に期待を持って求められると，非常に委縮してしまうというか。

　B氏の語りからは，「女性といえども色々いる」という思いが感じられる。商品に関わる重要なコメントを，女性という属性の括りだけで，自分に対し意見が求められることに，違和感を覚えている。
　これらの語りで挙げられた，日本人女性総合職におけるインクルージョンの

表5.5　インクルージョンの阻害要因（A社・日本人女性総合職）

| 抽出された要素 | 語りの内容 |
|---|---|
| 絶対数が少ない | ・人数が少なく意見が言いにくい<br>・遠慮する（家庭事情で残業し難い等） |
| 女性という属性に紐づく特別扱い | ・事務的な仕事・雑用を振られる<br>・女性らしさを求められる<br>・遠慮される |
| 属性で一括りにされる違和感 | ・属性の代表として意見を求められる<br>・同じ属性を集めてチームを作られる |

出所：筆者作成

阻害要因をまとめたものが，表5.5である。

## (3) 外国人社員

　次に，外国人社員の語りのなかで，インクルージョン認識を阻害するとして挙げられた共通要因を見ていこう。

　まず，「文化の違いや語学ハンディに対する無配慮」についてである。この項目は，5名中3名から語られた。この部分について語りのなかった2名は，M氏とN氏であったが，両名とも日本人と結婚生活を送っている，もしくはその経験があり，かつ調査時より10年以上前の外国人採用をはじめたころから在籍する社員であった。

　入社6年目の外国人L氏は，日本人と同じペースで業務を行なわなければならないことは，日本語が話せたとしても業務上は大きなハンディだと感じており，アシミレーション（同化）を意識せざるを得ないと述べている。

> From the start, without even considering what kind of work, handling the work anything like that, it just becomes automatically more difficult. You know, it's a Japanese company so I guess you have to expect that. But that's sort of... it automatically becomes an extra level of stress in that way, so, that sort of background is always there. As I mentioned before, it's probably a good thing that I am not put off in the corner or something and treated especially differently, but at the same there is little or no consideration made for the difficulties or some of the issues that might be encountered by foreigners in a Japanese company.
>
> I think, from the other team member's side, there is no... not so much consideration or thinking about it. I mean, perhaps they just act as if you are the same as any other person, which is good, you know, I appreciate that. But therefore, all the effort to make the assimilation has to come from me – [中略] so there is no effort to meet half way in a kind of international company – it's purely assimilating into the Japanese company side of things.

〈邦訳〉
どんな仕事をしようとも，仕事をする上では，最初から皆より難しいことが自動的について回る——それは日本企業で働く限り，仕方無いことだと思っています。で

も，それって，職場で常に，プラスのストレスが加わる形になるんですよね。言ったように，それは，自分自身が仕事仲間から，はみ出ているわけでもなく，仕事上，特別扱いをされていないということで，感謝しています。だけど，同時にその困難に対して一切，いや，ほとんど配慮は無いということで。日本企業で働く外国人が直面する問題を，考慮にいれてくれないということなんだと感じています。

職場の他のメンバーは，これに対して，ほとんど何も考えてないと思います。良いことなんですけど，単に他の職場の同僚と同じように考えていると思うんです。それはそれで感謝していますけど，それは同時に，相手に合わせる，同化する努力を，全て私サイドでやらなくちゃならない。[中略] 例えば，インターナショナルな企業のように，互いの歩み寄りっていうのは無くて。これは，日本企業独特のものだと感じます。

　L氏は日本人と結婚しており，日本語の能力もかなり高い。しかし，言語の壁について何も考慮されないこと自体が，同化が当たり前という前提であり，国際的でなく日本企業独特のものだと主張している。
　また，K氏も，日本語という言語のハンディについて，仕事の本筋に関係のない助詞や句読点を指摘されることが，日本独特と述べている。

細かい所まで，まとまってない段階で，シェアして欲しいっていうのも，よくあるんですね。定期的に発表するんですよね。プロジェクトって。で，まとまってないよ，って先に言うんですけど，そこでも細かいところまで指摘されるのも多くて。それも個人による違いかな，とも思うんですけど，何人もいるんですよ。そもそも日本語で作るっていうのは，間違って当たり前。それが違和感のある日本語に，「何でこう書いてるの？」とか指摘するので。そういうところ，僕ちょっと。こう，ストレスじゃないですけど，いや，ちょっと待ってって。そもそも最初に言ったでしょ，って。これは完璧じゃない。でも今，進捗報告してって言うから，進捗を報告しているのに，「なんでここ，「，」じゃなくて「。」なの？」とかね。そういうところ指摘する人，何人かいるんですよ。

　日本語のネイティブスピーカーで無い限り，日本語のミスというのは避けられない。そのようななか，外国人社員は，日本語能力や文化的違いに配慮がなく同化が強要になりかねない状況に，違和感を覚えている。

次に,「自身の強みを発揮できない（自己へのこだわり）」については,M氏からは以下のような語りが見られた。

すごい努力して,グループの1人になりたいっていう気持ちは,多分一度もなかったと思いますね。無理やりとか,自分の性格,妥協するまでするタイプではないんですね。だからといって,周りを丁寧に扱わないとか,気にしないとか,それ一切ないんですね。ただ,なじみたいとか,それは一切ないんですね。たまに日本人らしい行動は,さりげなく求められますけど,でもそこはよくても悪くても,日本人のスタッフを希望してるようであれば,じゃあ日本人のスタッフを雇えばどうですかね,と。せっかく日本人ではないスタッフを雇いましたので,そこを提供できればと思います。逆に聞くだけ聞きますけど,応じないですね,ほとんどの場合。なぜかというと,自分らしくない行動,自分らしくない発言をしたくないんですね。

M氏は,上記のように考えるのは外国人という属性とは関係なく,自身の個性や性格かもしれないと言及しつつも,日本の職場では,自己主張のぶつかり合いがなく,自分の発言や行動に責任を持てない人が多いと述べている。

また,自身の専門性がほとんど生かせない部門で働くL氏は,自分の専門性へのこだわりを次のように語っている。

It is always not easy for Jinji to ascertain what my or what someone's skills are, or what is their abilities are, or maybe that's the reason why sometimes... maybe my case is... Ok, for example, I come from a little bit of ○○ and △△ background, but I am pretty sure that Jinji is not aware of that. So therefore, maybe that's one reason why I am not able to feel a sense of fulfillment. That could be one reason.

〈邦訳〉
人事が私も含め,皆のスキルや能力を把握するのは多分,難しいのだと思っています。自分の場合は……○○と△△の知識・経験があるんだけど,人事がそれを把握していないことを,ほぼ確信しています。それが多分,自分が何となく満たされていないと感じる1つの理由なんだろうな,と。

L氏は,自身の専門性を発揮できる部門で働けていない現状について,それが理由で「何となく満たされていない」という感覚があるのでは,と自己分析

表5.6　インクルージョン認識の阻害要因（A社・外国人社員）

| 抽出された要素 | 語りの内容 |
|---|---|
| 文化の違いや語学ハンディに対する無配慮 | ・語学への無配慮<br>・文化・宗教への無配慮 |
| 自身の強みを発揮できない（自己へのこだわり） | ・自分らしさを発揮したい<br>・自らの専門性を活かしたい |

出所：筆者作成

をしている。

　以上，外国人社員5名について，A社においてインクルージョン認識の高まりが阻害される要因の分析を行った。ここから示された，外国人社員のインクルージョンの阻害要因は，表5.6のとおりである。

　ここまで，A社の調査協力者について，それぞれの属性グループごとにインクルージョン認識の阻害要因について分析してきた。次節では，これらの分析について総括を行い，考察に繋げていく。

## 4　発見事実

　ここまで，法対応や女性活躍を中心とした形式的なダイバーシティ・マネジメントを行う男性総合職モデルの日本企業A社に所属する社員の語りから，インクルージョン認識の促進要因と阻害要因を分析してきた。ここで，本調査での発見事実を以下のとおり総括する。

　本調査における発見事実の1つめは，A社において社員のインクルージョン認識は，各個人の職務経験や職場でのコミュニケーションを通じて上下していることである。インクルージョン認識を高める要因として挙げられたのは，「周囲からの信頼」「自らの専門性や社内ネットワーク」「上司からの承認や期待」「職場でのオープンかつ良好な人間関係」である。これらは，日本人男性総合職，日本人女性総合職，外国人社員という3つの属性カテゴリーに共通していた。つまり，インクルージョン認識の促進には，職場における人と人との良質な関わり合いが重要であると言えよう。

　一方で，インクルージョン認識が阻害される要因は，3つの属性で差異があった。特に，マイノリティであり，男性総合職モデル企業ではコアメンバーと認識されにくい日本人女性総合職と外国人社員の語りに，属性起因の阻害要因

が見受けられた。この点においては，日本人女性総合職からは属性に紐づく特別扱いや属性で一括りにされることへの違和感が挙げられる一方で，外国人社員からは，文化や言語など属性が影響する違いに配慮がないことが，阻害要因として挙げられた。

　この点については，マイノリティ人材に特別な配慮をすべきか否か，語りの分析のみを参照すると混乱する。しかしこれは，属性による人材カテゴリー化の弊害と考えると説明がつく。つまり，日本人女性総合職は性別でカテゴリー化されることで，コアメンバーの日本人男性総合職と業務上において区別されることが多くなり，それが女性総合職のインクルージョン認識の高まりを阻害している。反対に，外国人社員は，国籍（文化や言語の違い）でカテゴリー化されるが，日本文化や日本語を日本人と同じように受け入れるべし，と同化を強制されることで，インクルージョン認識の高まりが阻害されている。

　なお，日本人男性総合職から語られたインクルージョン認識の阻害要因は，業務上での要因のみであり，そこに性別やその他の属性に関連する語りは見られなかった。

　この1つめの発見事実を要約すると，以下のとおりである。

**発見事実1：男性総合職モデルの日本企業A社において，社員のインクルージョン認識は，属性にかかわらず，「周囲からの信頼」「自らの専門性や社内ネットワークの構築」「上司の承認や期待」「職場でのオープンかつ良好な人間関係」により高まる。一方で，日本人女性総合職や外国人社員は，性別や国籍といった属性を，カテゴリーとして意識させられた時に，インクルージョン認識が阻害される可能性が高い。**

　発見事実の2つめは，インクルージョン認識は1つの会社・1つの職場のなかで経験を通じて，高めていくプロセスが存在することである。インタビューでは，日本人の男性総合職と女性総合職は，まず職場への帰属感を優先し，その後，自分らしさを発揮することで，インクルージョン認識を高めるという語りが多く聞かれた。一方，外国人社員は，自分の主張や考え，また能力を周囲から認知されることでインクルージョン認識を得るという語りが多く見られた。ただし，異動などの経験においては，属性にかかわらず，インクルージョン認識が初期化され，それを高めるプロセスが再び必要になる場合があった。また，

日本人女性総合職においては，インクルージョン認識が高まっていたとしても，属性カテゴリーを意識させられると，その認識が揺り戻され低下するという語りが見られた。

この2つめの発見事実の要約は，以下のとおりである。

**発見事実2：男性総合職モデルの日本企業A社において，社員のインクルージョン認識は，属性にかかわらず，職場での経験を通じて徐々に高められていく。日本人は男女とも，帰属感を高めたのちに自分らしさの発揮を行っていくが，外国人社員は自分らしさの発揮を優先した上で，帰属の場を獲得し，インクルージョン認識に至る場合が多い。なお，日本人女性総合職は，性別という属性カテゴリーを意識させられると，インクルージョン認識が薄れ，他の象限に戻る「揺り戻し」が起こる可能性がある。**

以降は，これらの発見事実をもとに，日本企業A社において，社員のインクルージョン認識がどのように高められているのか，詳細な考察を行っていく。

## 5　考察

ここからは，これまでの調査分析の結果に基づき，考察を行う。

まず，A社のような男性総合職モデルの日本企業では，社員のインクルージョン認識はどのように高められるのか，または阻害されるのか，ということについて属性別に考察を行う。次に，それらの考察を踏まえ，男性総合職モデルの日本企業における社員のインクルージョン認識プロセスについて考察する。

### 5.1　インクルージョン認識に影響する要因とプロセス

本調査の分析では，日本企業A社における社員のインクルージョン認識は，職場での経験を通じて高まっていた。また，属性にかかわらず，インクルージョン認識を高めている大きな要因の1つが，職場でのオープンかつ良好な関係にあることが示された。

一方で，その高まりを阻害する要因は，属性カテゴリーにより異なる。加えて，日本人と外国人ではインクルージョン認識の高まるプロセスに差異があった。

これらの発見事実に基づき，ここでは属性カテゴリーごとにインクルージョン認識が高まる，または阻害されるプロセスの考察を行う。

(1) 日本人男性総合職

　まず，日本人男性総合職のインクルージョン認識がどのように高まるのかについて考察する。日本人の男性総合職は，入社や異動など，新しい環境におかれると，最初はエクスクルージョン（排除）を感じる。その後，まずは職場のルール，雰囲気，状況に合わせて自分らしさの発揮を抑え，一旦，アシミレーション（同化）の象限に自分自身を置き，先に帰属感を確立しようとする。その後，周囲の信頼を得ながら，自らの知識や経験を徐々に発揮し，インクルージョンを認識するようになる。そのプロセスを Shore et al.（2011）のインクルージョン・フレームワークを用いて考察すると，図 5.1 のようになる。

　Shore et al.（2011）のインクルージョンのフレームワークが依拠している最適弁別性理論（Brewer, 1991）によると，人は基本的にはどこかに帰属したいと考えるが，そこになじみすぎると唯一無二の自分でありたいとも感じ，自分らしさを出しはじめ，帰属感と最適に折り合うポイントを見出すと言われている。また，アジア圏の国では，対人同士の関係的な自己概念や，集団に対する自己概念を志向する傾向が強いと言われていることから（Cooper & Thatcher, 2010），多くの日本人が最初に帰属感を満たし，その後，自分らしさの発揮を目指すことは，十分に考えられる。

　しかし，それ以上に，日本人の男性総合職が帰属感の獲得を重視する理由は，日本企業で働く個人には帰属先としての「場」が非常に大切だからと考えられる（中根，1967）。三戸（1991）は，この「場」への帰属を「家」になぞらえたが，個人は集団への帰属を確立し，貢献を示すことで，その職場や組織で業務を行うにあたってのリソースを全面的に得る。

　なお，「場」においては，個人に備わる能力は同等と考えられるため，序列には年功が，評価にはプロセスが重要視される（濱口，2015；中根，1967）。この貢献を示すプロセスとは，男性総合職モデル企業では，職務，勤務地，労働時間の無限定性を発揮し働くことである（濱口，2011；平野・江夏，2018；鶴，2016）。例えば，A 社日本人男性総合職の P 氏は，高学歴で技術職として採用されたが，初めての配属で先輩から，ファイルを綴じるといったような「すごくつまらない仕事」を与えられたと述べている。一方で，管理職の立場にある男性総合職の R 氏は，「その人に求められる仕事の責任範囲をきちっとできているかどうか」がインクルージョンの認識に最も重要だと述べている。つまり，高学歴な技術職であったとしても，そのときに与えられた仕事がファ

図 5.1　日本人男性総合職がインクルージョンを感じるプロセス

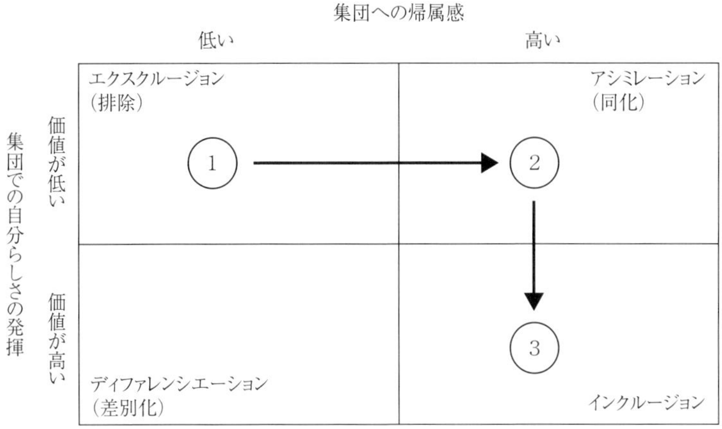

集団への帰属感

<table>
<tr><td></td><td>低い</td><td>高い</td></tr>
<tr><td rowspan="2">価値が低い</td><td>エクスクルージョン<br>（排除）</td><td>アシミレーション<br>（同化）</td></tr>
<tr><td>① ⟶</td><td>②</td></tr>
<tr><td rowspan="2">価値が高い</td><td></td><td>↓</td></tr>
<tr><td>ディファレンシエーション<br>（差別化）</td><td>③<br>インクルージョン</td></tr>
</table>

（集団での自分らしさの発揮）

出所：Shore et al.(2011), p. 1266 をもとに筆者作成

イリングであれば，それをまずこなすことが，評価される要素となる。なお，P氏はファイリングの指示に対し，「フィットが悪い」と感じ，当時はインクルージョン認識を得られなかったと述べているが，インタビュー時点では社内の要職に就いていた。これは，男性総合職モデル企業A社という帰属する「場」における無限定性を受け入れることが，のちの自分らしさの発揮と評価に繋がるということを示していると考えられる。

　中根（1967）は，「場」に紐づく「枠」内に，「資格」の異なる人材が含まれる場合は，枠内の同資格者によるカテゴリー形成とヨコのネットワーク構築により，集団凝集性を高めることが重要であると述べる。

　A社では，日本人男性総合職が組織を成す主体であることから，日本人男性総合職という「資格」がそもそも「枠」内にカテゴリー形成されており，そこでの同質性は担保される。また，伝統的な日本企業では，つながりや信頼構築の前提として，新卒採用かつ長期雇用前提の男性社員という条件が存在してきた（伊丹，1987；加護野，1997；三戸，1991）。このような点から，日本人男性総合職同士の職場を超えたヨコの繋がりは強くなり，カテゴリーの集団凝集性も高まると考えられる。なお，類似性が高ければ，それは相互の好意を高め，その好意は信頼に繋がりやすい（Byrne, 1971; Mayer & Gavin, 2005）。また，通常，組織における同質な人材の数が多ければ，その属性ネットワークを強め，

そこにおけるコミュニケーション量は増えることから，情報獲得も行いやすい（Kanter, 1977 高井訳 1995）。これらの点から日本人の男性総合職社員は，組織レベルの信頼やネットワークも得やすいと考えられる。したがって，序列への対応と無限定性の発揮によるプロセス評価を得ることができれば，日本人男性総合職にとってA社における自分らしさの発揮は，比較的容易と推察される。

　総括すると，日本人男性総合職は，「周囲からの信頼」「自らの専門性や社内ネットワークの構築」「上司の承認や期待」「職場でのオープンかつ良好な関係」といった，インクルージョン認識が高まる要因が得られやすいと考えられ，職場と組織の両レベルにおいても，属性で違和感を持つことは少ない。これが，インクルージョン認識において日本人男性総合職の阻害要因が，基本的に属性ではなく，業務に紐づく理由だと考える。

（2）日本人女性総合職

　それでは，日本人女性総合職はどうか。まず，本調査の分析から彼女らのインクルージョン認識がどのように高まるのかについて考察する。日本人女性総合職も，日本人男性総合職と同様に，入社や異動など，新しい環境におかれたときにはエクスクルージョン（排除）を感じる。また，彼女らは男性総合職モデルを，無意識ながらもある程度理解していると考えられ，日本人男性総合職と同様，帰属する「場」として職場の重要性を意識している。そのため，まずは職場のルール，雰囲気，状況に合わせて自分らしさの発揮を抑え，一旦，アシミレーション（同化）の象限に自分自身を置き，帰属感を確立しようとする。つまり，そのプロセスは日本人男性総合職とほぼ同じである（図5.2）。

　しかし，分析結果によると，日本人女性総合職は，インクルージョン認識の阻害要因が女性という属性に紐づいており，単に促進要因の裏返しであった男性総合職とは差異がある。このことから，女性という属性カテゴリーによる扱いの差異があると，それが阻害要因になり，日本人女性総合職のインクルージョン認識に「揺り戻し」（図5.2）がおこり，エクスクルージョン（排除）やディファレンシエーション（差別化）の象限に引き戻される可能性があると考えられる。つまり，女性という属性カテゴリーを強く意識させられることで，職場や組織で仕事を行う上でのスティグマ[14]となる場合である。

　それでは，「揺り戻し」が起こる理由は何か。A社では，デモグラフィー上，日本人女性総合職にとっての組織の同質性は日本人男性総合職のそれと比較し

## 図 5.2　日本人女性総合職がインクルージョンを感じるプロセス

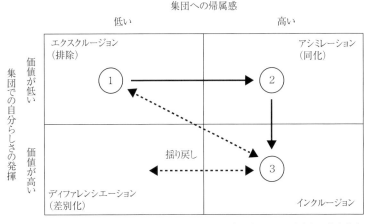

出所：Shore et al.（2011）, p. 1266 をもとに筆者作成

て相対的に低いと考えられる。よって，日本人女性総合職は，日本人男性総合職のように，組織の同質性を前提とした信頼やネットワークの構築は期待できない。それでは，彼女らはどのように職場での信頼やネットワークを得るのかというと，職場の集団内における交流によって獲得していくと考えられる。グループ内に競争関係が無く，同じ目標を持つ個人同士の交流は，互いの理解を深める（Allport, 1954 原谷・野村訳 1968；Pettigrew, 1997；大槻，2006）。コミュニケーションが増えれば，親密性も増し，発言や自己主張がしやすくなる（大坊，2005）。

　このような点から，日々多くの時間を過ごし，密なコミュニケーションが可能な「職場」においては，日本人女性総合職であっても，仲間の信頼を得て，良好な人間関係を築くことができる。そのため，職場では，十分な帰属感と自分らしさの発揮を感じることができ，インクルージョン認識を得やすくなる。そして，職場ではそれが恒常的であるため，揺り戻しは少ないと考えられる。また，職場は会社組織と比較し小集団であり，より明確な目標共有がなされると考えられる。もちろん，どの程度目標共有がなされるかは，職場リーダーにもよるだろう。しかし，明確な目標共有は，集団における凝集性と協働性を高めると言われている（Sherif et al., 1961; Turner et al., 1987 蘭ら訳 1995）。この点から，目標の可視化と共有化がなされやすい職場レベルでは，インクルー

ジョン象限から別象限への揺り戻しが，会社組織のレベルと比較して起こりにくいと考えられる。

　一方で，プロジェクトなど，組織レベルで職場を超えて業務を行なう場合，インクルージョン認識には，新たな帰属感と自分らしさの発揮に繋がる信頼の獲得が必要となる。特にA社の場合は，日本人男性総合職が圧倒的なマジョリティ人材である。既述のとおり，組織における同質な人材の数は，属性のネットワークを強め，コミュニケーション量を増やすことから，情報獲得に有利となる（Kanter, 1977 高井訳 1995）。組織レベルにおいて，同質性によるネットワークが期待できない日本人女性総合職は，女性という属性カテゴリーを意識する場面が増える。これは，属性に紐づくスティグマとなり，インクルージョン認識の阻害要因になると考えられる（Shore et al., 2011）。例えば，日本人女性総合職のD氏は，職場横断的な会議の場では，日本人女性総合職の人数が少なく，発言しにくいと述べる。「大きな会議になると，そうですね。それこそ，女性1人とかなるとどうしても……言い出せないみたいな。」というD氏の語りにも示されるように，職場を超えてネットワーク構築に苦労する状況下では，女性というスティグマが自分らしさの発揮に影響し，インクルージョン認識が阻害されると考えられる。

　加えて，男性総合職モデルの日本企業では，女性は無限定性による信頼が担保されにくいため，コアメンバーの候補から外れている場合が多い（加護野，1997）。そのため，無限定性が発揮できる男性と比較して情報が得られにくいなど，社内の伝統的な規範から，インクルージョン認識が阻害される可能性がある。例えば，A社日本人女性総合職で既婚者のE氏は，会議が終業時間後も続くなかで，会議終了前でも帰宅を認めてもらえるという周囲の配慮に対し，「独身だったら残ってたなぁ，とか……うん。すごい，そこは悩ましいとこ」と語っている。また，それに甘んじることへの自身の葛藤もありつつ，家庭との両立を考えると一歩踏み出せない，とも述べている。この事例では，労働時間の無限定性が，活躍や情報の獲得量に影響している。本人も「もっと会議にいたい」という葛藤があることから，日本人男性総合職の無限定な働き方が，日本人女性総合職にとってインクルージョン認識の阻害要因となる可能性を示唆している。

　このE氏の事例は，職場レベルと組織レベルの両方で起こり得る。しかし，十分な相互交流が難しく，意思決定プロセスに迅速さが求められるプロジェク

トなどの組織レベルの場では，これまでの日本人男性総合職を中心とした無限定性を含む規範に沿うことで，無意識にインクルージョン認識の阻害が起こりやすくなると考えられる。

　このようなことから，組織レベルでは職場レベルと比較して，日本人女性総合職に「揺り戻し」の起こる確率が高くなり，結果として日本人女性総合職はインクルージョンを認識しにくくなると考えられる。

### (3) 外国人社員

　それでは，外国人社員の場合はどうか。本調査の分析では，外国人社員は自分らしさに強いこだわりがある傾向が見られ，日本人の男女総合職とは違ったプロセスでインクルージョンを認識するという分析であった。このようなプロセスを辿る理由として，自国と日本の文化の違いがあるであろう。また，日本人は集団において，欧米人や他のアジア圏の人々より集合的自己概念を志向する場合が多いことも理由の1つと考えられる（Cooper & Thatcher, 2010）。例えば，欧米系の人々はむしろ個人的自己概念を志向し（Cooper & Thatcher, 2010），仕事への考え方は，専門性の高さに対価が支払われるジョブ型が一般的なため，職務のエキスパートを目指そうとする（平野，2006；平野・江夏，2018）。そのため，日本人のようにアシミレーション（同化）の象限からインクルージョンを目指すのではなく，自分らしさを優先し，ディファレンシエーション（差別化）の象限からインクルージョンを目指そうとする，と考察できる（図5.3）。

　なお，本分析に使ったShore et al.（2011）のフレームワークが依拠する最適弁別性理論を提唱したBrewer（1991）によると，国や組織の文化は，同化と差別化の最適弁別点に影響すると述べている。つまり，A社は日本企業であるため，日本人の傾向として個人の「資格」以上に，帰属の「場」に重要性が置かれている。この「場」に非常に重きを置く傾向は，日本以外ではあまり見られない（中根，1967）。したがって，外国人社員が「場」より個人の「資格」に重きを置く態度や行動を取ると，違和感が生じる可能性は否定できない。つまり，外国人社員にかんしては，表層面だけでなく，これまで育ってきた文化的背景の違いから，その行動においてもカテゴリー化が際立つ状況になりやすいとも考えられる。

　また，男性総合職モデルの特徴に外国人社員が気づいていないことが，彼ら

**図5.3　外国人社員がインクルージョンを感じるプロセス**

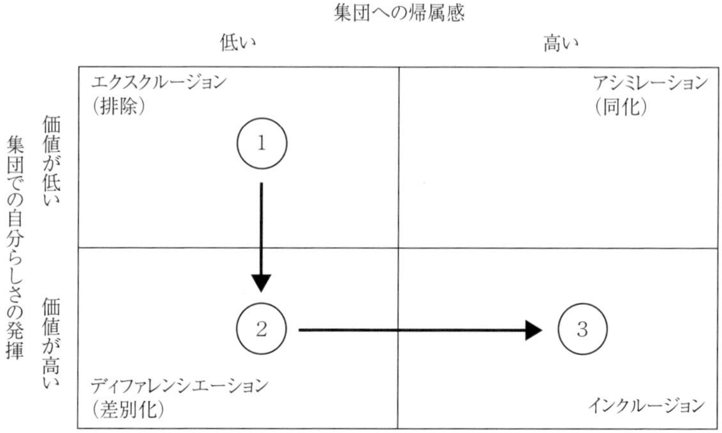

集団への帰属感

出所：Shore et al.（2011），p. 1266 をもとに筆者作成

のインクルージョン認識に影響を及ぼすと推察できる。これまでにも述べたとおり，日本社会では個人が帰属する「場」が重視されており，組織に全人格的に帰属した上で「個」があることは，日本企業の研究で数多く主張されている（e.g. Abegglen, 1958 山岡訳 2004；間，1964；岩田，1977；三戸，1987）。また，男性総合職モデルでは，職務，勤務地，労働時間の無限定性が前提であることは，これまでに言及してきたとおりである（平野・江夏，2018；濱口，2011；鶴，2016）。外国人社員は自分らしさの発揮を優先し，インクルージョン象限を目指そうとするが，歴史ある日本企業の「場」における年功序列，また態度やプロセスの評価を理解できず，そこに紐づく無限定性に対する疑問を持つこととなる。例えば，A社の外国人社員のK氏は，新人が飲み会の幹事を担うことに対し，「新しい人として入ったら，なんで幹事する必要あるの？」という疑問を呈している。その上で，「あと外国人として，ぼくら，ぼくらっておかしいんですけど，プロセスはそんなに……結果が出れば，解決じゃないのって。」と述べているが，これは，「場」における序列と，そこにおける職務の無限定性，及びプロセスに対する評価について，理解が及んでいないからだと考えられる。日本企業においては，歓迎会など，「場」のメンバーで集まる会合が多いが，これは新人が加入した際などには，「場」の凝集性を高めるために必要不可欠と考えられているからであろう。そういった意味では，職場全体の会合

は，職場行事，つまり業務の一環で無限定に拡張する職務の1つとみなされているのであろう。

　これを前提に，外国人社員についても，職場と組織の2つのレベルでインクルージョン認識について考察してみたい。まず，集団が小さくコミュニケーションが密である職場という単位においては，日本人の女性総合職と同様に，外国人社員の価値観を理解しようとする上司や同僚との密な交流から，外国人社員のインクルージョン認識は，比較的容易に高まると考えられる。例えば，A社の外国人社員のK氏は，外国人や若手であっても積極的に仕事を任せる上司に対し，「（上司が）若い人たちに任して，できる人にとりあえずやらせるっていうか。そこを僕すごく感じて。」と語り，意欲の向上を示していた。

　しかし，組織レベルとなると，職場レベルと比較して他の社員との交流も限定される。すなわち，女性総合職と同様，マイノリティ人材という特性から，組織レベルでの社内ネットワーク構築の困難性が高まる。そのため，日本人男性総合職と比較すると，インクルージョン認識に繋がる，「帰属感」と「自分らしさの発揮」が感じられにくいと考えられる。例えば，A社の外国人社員のL氏は，「同化する努力を，全て私サイドでやらなくちゃならない。［中略］互いの歩み寄りっていうのは無くて。これは，日本企業独特のものだと感じます。」とその苦労を述べている。

　加えて，外国人社員は，調査の語りから考察すると，合理的に仕事を進めようとするため，男性総合職モデルの日本企業における働き方の無限定性や，プロセスによる評価という前提が理解できない。そのため，組織内のコアメンバーに入ることの困難性が一層高まる。しかし，外国人社員の調査協力者の語りからは，自らの能力が活かされないことや，仕事の進め方が合理的でないことに対する不満は聞かれたが，例えば，「すごい努力して，グループの1人になりたいっていう気持ちは，多分一度もなかったと思いますね」と語るL氏のように，「自分あっての帰属」という文脈での語りが多く，日本人女性総合職のように象限の揺り戻しを感じる，といった内容の語りは聞かれなかった。

## （4）まとめ：属性別のインクルージョン認識プロセス

　さて，これまでA社社員のインタビュー分析をもとに，属性別にインクルージョン認識について考察してきた。ここでインクルージョン認識プロセスについて属性別に総括しておきたい。

　まず，日本人社員は性別にかかわらず，職場において帰属感を得ることを優先し，そこで周囲と良好な関係を築き，自分らしさを発揮しやすい環境を整え，インクルージョン認識を高めていた。なお，日本人男性総合職については，一度インクルージョンを認識すると，他の象限に戻ること，すなわち揺り戻しが殆ど無かった。これは，企業のコアメンバーを構成するマジョリティ人材である日本人男性総合職は，職場・組織のレベルに関係なく，組織内における同質性から享受可能な情報やネットワークにより，インクルージョン認識の必要条件が安定的に満たされやすいからだ，と推察する。

　しかし，日本人女性総合職は，一旦インクルージョンを認識したとしても，自らの性別カテゴリーを自覚させられる扱いを受けると，その認識が低下，もしくは他象限に揺り戻される傾向が見られた。A社は，男性総合職モデルの日本企業であり，日本人男性総合職が容易に獲得できるネットワークや信頼が，日本人女性総合職には構築しづらい。かかるなか，日本人女性総合職は，集団内において他の人材と充分に交流を図ることで相互理解を深め（Allport, 1954 原谷・野村訳 1968；Pettigrew, 1997；大槻，2006），その過程で親密性が構築されることにより（大坊，2005），自分らしさの発揮の実現が可能になると考えられる。つまり日本人男性総合職に比べ，日本人女性総合職には，上司や周囲との交流が，インクルージョン認識により大きな影響を及ぼす重要な要素であると考えられる。

　一方，外国人社員は，日本人と違い，自分らしさの発揮を優先した上で，インクルージョン認識を得ようとする。外国人社員は，日本人総合職と比較して，個人的自己概念志向が強く，自分らしさの発揮にこだわる傾向があることに加え，働き方の無限定性と，「場」における序列への理解が少ないことが要因と考えられる。そのため，インクルージョン認識からの揺り戻しは見られなかった。これは，外国人社員に「自分あっての帰属」という考え方があるからであ

表5.7　本調査における属性別のインクルージョン認識プロセスの比較

| 属性 | 個人がインクルージョン認識に至るプロセス |
|---|---|
| 日本人男性総合職 | アシミレーション（同化）→インクルージョン |
| 日本人女性総合職 | |
| 外国人社員 | ディファレンシエーション（差別化）→インクルージョン |

出所：筆者作成

ろう。

　表5.7 が，本調査における属性別のインクルージョン認識プロセスの差異を
総括したものである。

## 5.2　インクルージョン認識のプロセスで見出された課題

　本項では，A社における属性別のインクルージョン認識プロセスについての
考察から，新たに見出されたダイバーシティ・マネジメント上の課題を整理し，
考察を行う。

### (1) 属性によるジレンマの違い

　前項の考察から，新たな2つの気づきを見出すことができた。まず1つめは，
インクルージョン認識のプロセスは，日本人と外国人で異なっており，特に日
本人の女性総合職は，自らの性別カテゴリーを自覚させられるような扱いを受
けると，インクルージョン認識が揺らぐ点である。そして2つめは，A社にお
いては，社員は自身の業務を通じてインクルージョン認識を高めており，法対
応や女性活躍，マイノリティ人材への施策などが，社員におけるインクルージ
ョン認識であまり意識されていない点である。

　つまり，インクルージョン認識を得るには，制度や支援の充実より，上司や
周囲とのコミュニケーションが重要な役割を持つ可能性が高い。しかし，この
コミュニケーションのなかで，それぞれの属性がインクルージョン認識を高め
るにあたって，ジレンマが生じる場合がある。ただし，そのジレンマは属性ご
とに微妙に異なり，これが3属性一括でのインクルージョン認識の底上げを難
しくしていると考えられる。もちろん，インクルージョンは個人の認識であり，
各個人によっても，ジレンマの度合いや，ジレンマそのものがここに挙げたも
のと異なる場合があるだろう。しかし，長期にわたり，日本人男性総合職を中
心に据えた人材マネジメントが行われてきたA社において，これまでの伝統的
な慣習や規範によるコミュニケーションが，日本人女性総合職や外国人社員に
とって想像以上のジレンマとなっている可能性も考えられる。

　なお，ここまでの考察で強調したいことは，男性総合職モデル企業における，
各属性ごとのインクルージョン認識プロセスではない。重要な点は，属性にか
かわらずインクルージョン認識の促進要因において，上司や同僚との良好な関
係に起因する要素が大きいということである。A社の職場レベルにおいては，

属性にかかわらずインクルージョン認識が高められやすかった。一方で，組織レベルでは，特に日本人女性総合職のインクルージョン認識の高まりが，属性に紐づく要因で阻害されていた。これは，日本企業Ａ社においては，属性カテゴリーを際立たせる状況が，職場レベルと比較して，組織レベルで起こりやすいことを示している。この点にかんしては，次でさらなる考察を行いたい。

## (2)　インクルージョン認識における組織レベルでの課題

　それでは，Ａ社において，インクルージョン認識はなぜ職場では高まりやすく，組織レベルでは阻害されやすいのか。再度，ここでＡ社における職場レベルと組織レベルでのインクルージョン認識の差異を，属性カテゴリーも考察に含みつつ振り返ってみたい。

　Ａ社では，各職場レベルで特に積極的にダイバーシティを啓蒙しているわけではないが，調査協力者からは職場に居心地の良さを感じ，インクルージョン認識が高まるという語りが多かった。つまり，Ａ社の職場レベルでは，違いが尊重され，周囲と良好な関係が構築できる環境があり，女性や外国人であっても，インクルージョン認識が促進されていると考えられる。Mor Barak et al. (1998) によると，組織におけるダイバーシティ・マネジメントの実態を，その組織に所属する個人がどう認識しているかが，ソーシャル・アイデンティティを形成するグループ，すなわち属性グループの行動に影響を与えるが，女性や人種的マイノリティにとっては，その個々人が，ダイバーシティを是とする風土と居心地の良さを感じられることが大切である。すなわちＡ社においては，属性にかかわらず，多くの社員が，職場内では個人の強みや専門性を活かし，自分らしさが発揮できていると推察できる。

　一方で本調査では，職場横断型のプロジェクトや大人数の会議など，職場を超えた組織レベルの場で，日本人女性総合職と外国人社員に，その属性に紐づくインクルージョン認識の阻害要因が見出されやすかった。特に日本人女性総合職においては，一度インクルージョンの認識を獲得したにもかかわらず，他象限に戻ってしまう「揺り戻し」が，自らの属性カテゴリーを意識する状況で多く発生する傾向にあった。そこで，ここからは，Ａ社の組織レベルのインクルージョン認識が，職場レベルと比較してなぜ阻害されやすいのかを考えてみたい。

　まず，1つめの課題は，全社を貫く理念に，ダイバーシティの重要性が明確に

盛り込まれていない点だと考える。A社では，社内の人材多様性，すなわちダイバーシティについて理念が全社に明示されているとは言えず，ダイバーシティ・マネジメントは，実質的に職場やプロジェクト単位任せになっている可能性が否めない。つまり，ダイバーシティに対する考え方や，それに対する行動が，各職場や個人の基準に一任されている状況と推察できる。それにより，当然ながら，近年まで「普通」であった日本人男性総合職内の慣習・規範に沿って行動する社員も少なからず存在すると考えられる。

　組織レベルのダイバーシティ・マネジメントでは，公正性と組織全体でのインクルージョン促進が重要と言われている（Mor Barak et al., 1998）。また，本調査では，属性カテゴリーの自覚が，マイノリティ属性のインクルージョン認識を阻害する可能性が見出されているが，日本人女性総合職や外国人社員は，その表層的な特徴から，属性カテゴリーの自覚もなされやすい。例えばインタビューでは，日本人女性総合職からは，説明なき女性プロジェクトへの参集や，お茶出し，会議後の社内便の送付など暗黙的な従来役割への周囲の期待について言及があった。また外国人社員からは，完璧な日本語への期待や，その間違いへの指摘などが語られていた。

　加えて，職場を超えたプロジェクトなどでは，これまでの組織の規範，すなわち日本人男性総合職の無限定な働き方が否応なく適用されることが多くなると推察される。このような状況は，日本人女性総合職や外国人社員にいっそう自身の属性カテゴリーを自覚させると考えられる。

　多様性の尊重が，組織全体に理念として明確に示されていない場合，このように属性で一括りにされて扱われる状況が，特にコミュニケーションが希薄になりがちな組織レベルで起こりやすいことが想定される。このような十把一絡げに他者とカテゴリー化された扱いは，インクルージョンの定義における「自分らしさの発揮」に繋がらず（Brewer, 1991; Shore et al. 2011），それが意欲の低下や居心地の悪さを生じさせると考えられる。

　2つめの課題は，A社の組織レベルにおいては，前述の4つのインクルージョンの促進要因（周囲からの信頼，自らの専門性や社内ネットワークの構築，上司の承認や期待，職場でのオープンかつ良好な人間関係）が職場レベルと比較して恒常的に実現されにくい点である。インクルージョン認識は移ろいやすく，それを維持するためには，この4つの促進要因が常に存在し続けることが重要と考えられる。A社は大企業であり，職場を超えた組織レベルの場では，

　良好なコミュニケーション量を確保することや，信頼に足る関係性を構築することが職場と比べて，難しいであろうという点は，前述のとおりである。それに加え，組織レベル，例えば部門を横断したプロジェクトや会議は，通常時間的な制約がある。この時間的な制約は，インクルージョン認識で重要と考えられる接触や交流の時間も制約する。すなわち，職場レベルでなら十分確保できるであろう，会話や相互理解に費やされる時間が，組織レベルの活動においては，少ないと考えられる。さらに組織横断的なプロジェクトや会議は，そもそも業務上の目的が明確に設定されており，最短でその目標を達成しようとする。この点に鑑みると，A社のような男性総合職モデルの企業においては，マジョリティ人材の日本人男性総合職の同質性を前提とした，従来の規範で業務を進めるのが最も効率的である。また，同質性の高さと能力平等主義に鑑みると，プロジェクトといった組織内の新たな「場」においては，ヒエラルキーが明確で，意思決定と伝達のスピードが加速されるタテ関係の強化が有効（中根，1967）と考えられる。つまり，組織レベルにおいては，日本人女性総合職や外国人といったマイノリティ人材に，日本人男性総合職への同化を求められる場面が増えると推察できる。

　そしてそれは，男性総合職のように無限定性を発揮しなくてはならないことを意味するが，この無限定な働き方の実現には，家庭やプライベートを一手に引き受ける配偶者（もしくはパートナー）がいなくては難しい（平野・江夏，2018；鶴，2016）。日本人女性総合職や外国人社員は，何らかの制約を持つ場合が多い上に，日本人男性総合職と比較して，そのような配偶者やパートナーの存在を前提にはし難いと考えられる。結果として，男性総合職モデルに則したルールに準拠できず，それが貢献意欲の低下に繋がる可能性も考えられる。そして，このように，日本人男性総合職に同化を強いられる状況になれば，インクルージョン認識が高まりにくく揺らぎやすくなるのは当然であろう。

　このように，職場レベルではあまり意識することのなかった属性カテゴリーの自覚という極めて個人的な認識が，日本人女性総合職や外国人社員において組織レベルのインクルージョン認識に大きく影響する可能性が考えられる。もちろん，上司を含む多くの日本人男性総合職は，男性総合職モデルの規範を意識して行動しているわけではなく，意図して同化を求めているわけでもない。しかし，女性や外国人は，マイノリティ人材であることを自ら認識してしまうことで，インクルージョン認識を低下させる。つまり，インクルージョンとい

う概念は，個人の認識であるからこそ，非常にコントロールが難しく繊細だと
言える。組織全体のダイバーシティ・マネジメントにおいては，職場を超えた
組織レベルでのインクルージョン認識を高める施策や風土醸成が非常に重要で
あると言われる（Mor Barak et al., 1998）。男性総合職モデルの企業の前提に
ある男性総合職を中心に据えた伝統的規範は不可視だからこそ，そこに全社を
貫く形で，可視化されたダイバーシティ尊重にかんする理念が示されることが
インクルージョン認識を高めるにあたって重要だと考える。

## 6　小括

　本章では，A社社員への調査から，男性総合職モデルの日本企業における社
員個人のインクルージョン認識について，その促進要因と阻害要因について分
析と考察を行った。

　A社におけるダイバーシティ・マネジメントは，基本的に法対応と女性やマ
イノリティ人材の活躍推進を中心とした形式的なもので，決して先進的ではな
い。そこでは，組織全体を貫くダイバーシティの理念を軸にした，社員のイン
クルージョン認識を高める施策の展開は見られない。かかる中，A社社員は，
それぞれの経験を通じ，主に職場レベルでインクルージョン認識を高めている
ことが示された。そして社員のインクルージョン認識は，「周囲からの信頼」
「自らの専門性や社内ネットワークの構築」「上司の承認や期待」「職場でのオ
ープンかつ良好な人間関係」という主に4つの要因で高められており，これら
の促進要因に属性による違いは見られなかった。

　一方で，社員のインクルージョン認識を阻害する要因は，日本人男性総合職，
日本人女性総合職，外国人社員の属性ごとに差異があった。日本人男性総合職
は，業務に紐づいた要因，すなわち担当業務に精通していないことや，業務上
の存在価値が見出せないといった要因でインクルージョン認識が阻害されてい
たが，日本人女性総合職や外国人社員は，性別や国籍・人種に紐づく属性起因
の要因で，インクルージョン認識の高まりが阻害されやすいことが明らかにな
った。

　このことは，先行研究で語られてきたソーシャル・カテゴリーによる区別や
扱いの違い，またそのコンフリクトの影響が，A社に存在することを示してい
ると言えよう。つまり，A社では性別や人種・国籍を意識せざるを得ない状況
があり，日本人女性総合職や外国人社員にとって，インクルージョン認識が阻

害される状況が多かれ少なかれ存在すると考えられる。しかしながら，A社の職場においては，属性にかかわらずインクルージョン認識が高まりやすい状況にあった。つまり，A社の多くの職場では，インクルージョンの促進要因となり得る適切な質と量のコミュニケーションが恒常的にとられており，そこではダイバーシティの尊重も意識されていると推察できる。このことが，A社の職場において多くの社員のインクルージョン認識が高められている要因と考える。

　一方で，組織レベルの場では，人材同士の交流が短時間であることや，職場を超えた協業から求められる業務効率，また従来の無限定な働き方などから，日本人女性総合職や外国人社員に同調圧力がかかり，これらマイノリティ人材のインクルージョン認識が阻害される傾向にあると考えられる。つまり，男性総合職モデルを前提に，マジョリティ人材への同化（＝日本人男性総合職への同化）を求められる状況では，日本人女性総合職や外国人社員のインクルージョン認識は高まりにくいと考えられる。

　本調査では，A社においては，理念にダイバーシティやインクルージョンについて直接的な明示がなく，その推進も先進的とは決して言えない状況である。結果として，職場やプロジェクトのリーダーに，社内のダイバーシティ・マネジメントが委ねられていると推察できる。そのため，それらリーダーのダイバーシティに対する意識が低い場合，マイノリティ人材である日本人女性総合職や，外国人社員のインクルージョン認識は高まりにくいと考えられる。調査協力者の語りから分析すると，A社の職場における社員のインクルージョン認識は総対的に高いことから，組織を貫くダイバーシティ尊重の理念の不在は，社員のインクルージョン認識にバラつきをもたらしていると考えられる。このことは，A社の組織レベルにおいては，マイノリティ人材のインクルージョン認識が高まりにくく揺らぎやすい，という分析結果とも無関係ではないだろう。

注
1　A社の売上高における海外比率は約5割であり，多数の現地法人を有する（2016年9月現在）。出典はA社ホームページによる。
2　男女ともに勤務地は一定の範囲で限定可能になる制度がある。ただし転勤がなくなるわけではなく，また，それにより職場・勤務時間が限定されることはない。このことから，ここでの表記は「基本的に」とした。
3　A社の女性比率は約14%，女性管理職比率は約1.6%である（2017年3月現在，出典はA社ホームページ，2018年5月20日参照）。なお，製造業全体の平均女性比率（2016年度）は22.4%，従業員規模1000人以上の場合は16.8%である（日本労働組合総連合，2017）。

4　なお，A 社の調査協力者には，いわゆる一般職からのコース転換試験を経て，総合職として職務に
　　従事している社員も含まれる。勤務地を限定しているいわゆる限定総合職も一部含まれるが，働き
　　方や基幹的な職務への従事，昇進昇格等に影響はなく，それらの点は無限定総合職と同等の扱いと
　　のことである。よって，本研究のテーマにおいては調査協力者として問題ないと判断している。
5　外国人調査協力者は，Caucasians, Asian などである。
6　表の属性データは 2016 年 6 月当時のものである。
7　個人が特定されない点を配慮し，語りの内容や言い回しに影響しない範囲で，固有名詞や語尾など
　　を標準的なものに変えて使用している部分がある。
8　データは調査当時のものである。
9　これらは，調査のなかで得られた情報である。
10　下線部は，分析の根拠として示した調査協力者の語りのなかでも特に，分析項目において特徴的・
　　印象的と筆者が考えたフレーズや言葉を示す。
11　調査協力者の語りの引用中，（　）部分は，前後の会話の文脈などから，そのインタビューデータ
　　における意味を明確にする目的で筆者が補足し挿入したものであり，実際のやりとりではない。
12　邦訳は筆者による。これ以降の外国人社員への英語インタビューに関しても同様である。
13　なお，外国人社員のインタビューに対する回答の言語について，英語か日本語かの選択は，考え
　　を語りやすいという観点を考慮し，調査協力者に委ねた。調査対象者の語りを大切にするために，
　　外国人調査協力者の日本語での語りは，可能な限り修正せず，実際の語りに近いインタビュー内容
　　として記載している。そのため，文法や表現に多少の間違いや違和感がある場合がある。この点に
　　かんしても，これ以降の外国人社員の語りも同様の扱いとする。
14　本研究においてスティグマとは「社会においてアイデンティティの価値を下げるような特徴や経
　　験」（Shore et al., 2011, p. 1268）である。

本章は，船越多枝（2016b）。「インクルージョン概念の日本における適用可能性―日本の製造業社員
を対象とした実証研究―」神戸大学大学院経営学研究科ワーキングペーパー（201614a）に加筆修正
を加えたものである。

# 第6章

# 事例：インクルージョンを活かす企業
## ──インクルージョン認識のマネジメントとその効果──

　第5章では，伝統的な日本企業であり，法対応を中心とした日本では一般的とも言えるダイバーシティ推進を行う，男性総合職モデル企業A社の社員個人に対する調査について記述してきた。

　本章では，経営理念に「個の尊重」が示され，それが全社に展開され，インクルージョン概念が活かされている事例として，株式会社プロアシストを取り上げる。そして，その事例分析から，同社ではどのように社員のインクルージョン認識が高められ，それが組織や職場にどのような効果をもたらしているのかを見ていくこととする。

　第1節では，まず調査対象である株式会社プロアシストについて記述を行う。第2節では調査の概要及び調査方法が，第3節では分析方法についての詳細が提示される。第4節では，本研究の研究課題に対する株式会社プロアシストでの調査及び分析結果を示す。第6節では，第5節で示された発見事実から，第4章で提示した2つの研究課題について，株式会社プロアシストの事例分析における考察を述べる。

## 1　調査対象
　ここではまず，株式会社プロアシスト（以下，プロアシスト社と表記する）の概要を記述する。また，プロアシスト社のダイバーシティ・マネジメント関連の受賞歴及び社員のインクルージョン認識についてのインタビューデータを示し，プロアシスト社とその社員を本調査の対象として選定した根拠について述べる。

表 6.1　プロアシスト社の会社概要

| 社名 | 株式会社プロアシスト |
|---|---|
| 設立 | 1994 年 4 月 25 日 |
| 本社所在地 | 大阪市 |
| 他拠点 | 東京事務所，名古屋事務所 |
| 社長 | 生駒　京子 |
| 事業内容 | 組み込みシステム開発・ソフトウェア開発・ハードウェア開発・WEB 開発・ヘルスケア製品開発および販売 |
| 従業員数 | 203 名（2017 年 4 月末日現在） |

出所：「株式会社プロアシスト会社案内」（2017 年 10 月入手）

写真 1　社長　生駒京子氏

出所：プロアシスト社提供の画像データより

## 1.1　プロアシスト社の概要

　プロアシスト社は，1994 年 4 月創業の日本企業である（表 6.1）。ダイバーシティ推進を積極的に行っており，それが業績に繋がっているとして，2015 年の経済産業省「平成 26 年度　ダイバーシティ経営企業 100 選」への選出を含め，複数のダイバーシティ関連の賞を受賞している（表 6.2 参照）。一方で，組織内で表層的ダイバーシティを構成する属性，すなわちマイノリティ人材である女性と外国人の割合は，3 割程度と決して多くはない。しかし，後に示す社長の生駒氏の語りにあるとおり創業時からダイバーシティ・マネジメントを意識してきた経緯があり，特に社員のインクルージョン認識を高める施策に積極的に取り組んでいる。

　次に，プロアシスト社の事業内容であるが，主に組み込みシステムやソフトウェアの開発を行っている。近年はその知見を用いて，ハードウェアや医療機器といった自社製品の開発も積極的に行っている。また，早期から海外展開を見据え，2008 年にはインドのタタ・エレクシー社と技術提携を結び，2011 年には中国に現地法人を設立している。これらも含めた同社のこれまでの歩みは表 6.2 のとおりである。

　また売り上げも順調に推移しており，事業・会社規模とも拡大している成長企業である（図 6.1）。

　調査実施のタイミング（2017 年 4 月末日現在）におけるプロアシスト社の

表6.2　プロアシスト社の歩み

| 1994 年 4 月 | 有限会社プロアシスト 設立 |
|---|---|
| 2002 年 2 月 | 本社を大阪市中央区に移転 |
| 2007 年 1 月 | 特許権「超音波センサ信号処理システム」取得 |
| 2008 年 6 月<br>11 月 | タタ・エレクシー・リミテッドとの技術提携<br>「大阪ものづくり優良企業賞 2008」受賞 |
| 2011 年 4 月 | 中国蘇州市に子会社 宝羅星信息技術有限公司　設立 |
| 2012 年 2 月<br>7 月 | 「大阪市きらめき企業賞」受賞<br>特許権「離床予測装置および離床予測方法」取得 |
| 2013 年 5 月<br>6 月<br>12 月 | 特許権「動線計測システム」取得<br>代表 生駒京子氏が内閣府「女性のチャレンジ賞　特別部門賞」を受賞<br>経済産業省「がんばる中小企業・小規模事業者 300 社」に選出 |
| 2015 年 2 月<br>3 月 | 代表 生駒京子氏が「関西財界セミナー賞 2015　輝く女性賞」を受賞<br>「大阪市女性活躍リーディングカンパニー」認証<br>経済産業省「ダイバーシティ経営企業 100 選」に選出 |
| 2016 年 9 月 | 本社を大阪市中央区北浜東に移転 |
| 2017 年 5 月 | 特許権「睡眠状態判定装置」取得 |

出所：「株式会社プロアシスト会社案内」（2017 年 10 月入手）より抜粋（2021 年 7 月に同社ホームページを参照し一部加筆修正）

　社員構成について触れておくと，正社員総数 147 名に対し，女性は 41 名（27.9％）で，外国人は 6 名（4.1％）である。総従業員数 203 名に対しては，女性が 48 名（23.6％），外国人は 6 名（3.0％）である。また，女性の管理職割合は，課長クラスが 3 名，社長を含む部長クラス以上が 3 名，計 6 名（3.0％）である。ただし，社内の部長クラス総数が 11 名であり，うち 3 名が女性であるため，その部長クラスにおける割合は 27.3％である。なお，同社の人事管理は，長期雇用を前提としたもので，ジョブ型ではない[1]。

　なお，『IT 人材白書概要版』（情報処理推進機構 IT 人材育成本部，2018）によると，IT 業界では，女性比率 20％未満の企業が 71.2％，また同比率 30％未満を含めると全体の 90.9％を占める。つまり，この業界では女性や外国人といったマイノリティ人材は 30％未満の企業が一般的である。

　この数値に鑑みると，プロアシスト社は，業界内では，比較的女性や外国人割合の多い会社に入ることがわかる。同社においては，属性を問わない採用の徹底もあり，女性や外国人社員の割合は増加傾向にある。しかし，それでも社

図6.1　プロアシスト社の売上と利益の推移（平成27〜29年度）

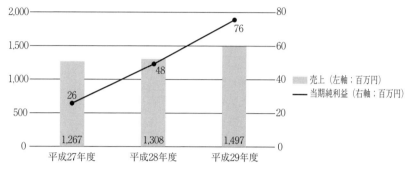

出所：2017年11月プロアシスト社提供のデータより

　員総数に対する女性や外国人が30％程度の割合である理由の1つとして，同社の商品がITのハードウェア・ソフトウェアであり，業界においては営業や企画，もしくは事務系職種であっても，理系出身者が多いことが考えられる[2]。

　プロアシスト社は，ダイバーシティ・マネジメントに注力し，関連する数々の賞も受賞しているが，従業員構成比率のみを参照すると，一見してそうとは気づかない。ここが，同社の特徴の1つであると言える。また，組織構成はごく一般的な事業部制の組織であり，ダイバーシティ推進の専任部署などは特に存在しない。

　ここまでを俯瞰して言えることは，他の多くの日本企業と同様に，日本人男性総合職がプロアシスト社の職場を構成する主たる人材だということである。そうであるにもかかわらず，同社では，一般的に日本企業においてダイバーシティ・マネジメントの対象となる女性や外国人という人材が，日本人男性総合職と同様に活躍できている。そこで，その理由を紐解くことは，本書の研究課題を明らかにする一助となると考え，プロアシスト社に調査協力を依頼した。

## 1.2　プロアシスト社における社員のインクルージョンの認識

　前項でも言及したが，プロアシスト社はダイバーシティ推進を積極的に行っており，それが業績に繋がっているとして，2015年に経済産業省「ダイバーシティ経営企業100選」へ選出されたことを含め，複数のダイバーシティに関連する賞を受賞している。

「平成 26 年度『ダイバーシティ経営企業 100 選』ベストプラクティス集」（経済産業省，2015）によると，同社では，多様な社員の相互理解が，業務の円滑化と働きやすさに繋がると考えられており，密で良好な人間関係の構築に重きが置かれている。そこには，「会社と一緒に成長，前進する気持ち」「経営理念を理解し，一緒に働こうとする気持ち」が重要視されているという背景がある（121 頁）。本書では，インクルージョンを，「社員が仕事を共にする集団において，その個人が求める帰属感と自分らしさの発揮が，集団内の扱いによって満たされ，メンバーとして尊重されている状態」（Shore et al., 2011, p. 1265）と定義している。この定義に鑑みると，プロアシスト社が重視している「一緒に働こうとする気持ち」は帰属感を，また「会社とともに成長する」ことは，その帰属感を保持しつつ，自分らしさの形成やその発揮を目指すことを示している，と捉えることができる。これらは，会社としての想いを言語化したものであるが，これらがプロアシスト社の社員にも根づいているならば，同社は社員のインクルージョン認識が高い会社だと言えるのではないか。

　では，プロアシスト社においては，社員は実際にどのような認識を持って働いているのか。いくつかの社員の語りを以下に見てみたい。

　入社 3 年目の男性[3] は，上司も含め，プロアシスト社での周囲の人々が，常に自分や周りに気を配っていると認識している。

> （上司をはじめとする周りの方が）サバサバでありつつ，見てるんですね。僕だけじゃない，周囲を。困っているかどうかはさておき，どんな感じかと。どんな言い方も「面白い，おっちゃん」みたいな感じで言う。（それで僕も）本音も言っちゃう感じです。（入社 3 年目：男性）

この語りから，この男性には周囲が一緒に働く仲間として自分を気にかけてくれているという認識があり，それが，率直な発言に繋がっていることがわかる。また，この男性は，以下のようにも語っている。

> 僕は周りの方々がどういう仕事をしてるのかっていうのが気になるたちなので，左隣だったり右隣の方が悩んでいたりしている感じだったら，やっぱりちょっと声を掛けたくなるっていうのはあるんで。それが，僕だけじゃなく，僕がやるだけじゃなくて返してくれるんですね。

　この男性が，周りに声を掛けるのは，本人の性格かもしれない。しかし，「周囲が返してくれる」という語りから，プロアシスト社では，この男性以外の社員も身近な問題は皆で一緒に解決しようという意識があると捉えることができる。

　またある管理職は，時間的な制約がある部下にも働き続けてもらいたい，という気持ちを以下のとおり語っている。

> 個人の尊重というのが会社の経営理念のなかに入ってるんですけど，個人の都合とかもあると思うので，個人を尊重してあげようという気持ちは一番持っていますね。今の部下の子は，主婦の子とかもいるので，定時内で一生懸命頑張ってもらって，できなかったら明日でいいよっていうぐらいの余裕をみてあげようというのは気をつけてますね。残りたかったら残っていいんですけどね。（管理職：女性）

　この語りから，プロアシスト社では，個々がベストパフォーマンスを発揮し，貢献するためには，チームのなかにおける相手の立場を理解し，寄り添うことが大切だという考えが浸透していると推察できる。この語りでは，個別の事情，ここでは部下の女性の時間的な制約を尊重しようという気持ちが語られている。一方で，「定時内で一生懸命頑張ってもらって」という語りが示すように，制約外の部分ではベストパフォーマンスの発揮を求めている。つまり，単に子育てへの配慮を与えるのではなく，同時に個人のベストパフォーマンスを発揮するよう求めている。

　これらのインタビューに鑑みると，プロアシスト社において，一緒に働くということは，単にその場で一緒に作業をするという意味ではないだろう。互いに気を配り合い，問題があれば一緒に解決し，個々のベストパフォーマンスを一緒に目指すということが，同社で重要視される「一緒に働こうとする気持ち」の意味であると考えられる。そして，そこでは性別や国籍といったカテゴリーは影響を及ぼしていない。

　それでは，「会社とともに成長する」という点はどうか。前出の語りを見ると，「一緒に働こうとする気持ち」には個々の能力発揮を周りも支えることと理解ができ，単に帰属感の向上のみを示しているのではないことが分かる。つまり，プロアシスト社で「一緒に働く」にあたっては，その時点でのベストパフォーマンスが求められており，それが自分らしさの発揮に繋がっていると考

えられる。

　しかし，現在のベストパフォーマンスを発揮するだけでは，成長には繋がらない。そこで，同社においては，どのような成長の機会が存在しているのかを考えてみたい。「平成26年度『ダイバーシティ経営企業100選』ベストプラクティス集」（経済産業省，2015）によると，プロアシスト社では，社内プロジェクトや行事への参画が，若手社員の成長の場となっていることに言及している（121頁）。

　社員参画型の行事を企画運営する社内組織「さくらんぼ会」の統括的立場に就く若手社員は，以下のように述べる。

> 僕自身は，一応体育会系な学生生活を送ってきて，「やれ」っていうのが結構多かったので，なんであれ，その人にやってもらったらいいってお願いのしかたをするんです。でも，やっぱり，いろんな部隊からいろんな人が来るのでうまくいかない。それを僕のひとつ前の会長が，かなり年上なんですけど「なかなか学校とかクラブと違って，そういう人に何か物事を頼むときっていうのは難しいよ」と。「誰かがそういうふうに（イエスと）言いたくなるように，こういうふうに持っていったらいいよ。そうしていくのがマネジャーとしての資質やから」と。［中略］「ここでそれを学んだらいい」と。（入社3年目：男性）

　この社員は，次年度のさくらんぼ会の会長を引き受けるという。そのことが様々な年代の社員を纏める良い経験になると前向きに捉えており，その上で，さくらんぼ会の企画を楽しみにする社員に貢献したいと考えていた。この「さくらんぼ会」の担当は，各自の業務に追加という形での仕事となるが，会社の働きかけに対し，社員がその意義を理解し，自発的に意欲を持って参加する機会となっている。

　また，別の例であるが，ある若手社員は，仕事の失敗に対する上司の対応が，自らがプロアシスト社で働く納得感と，ここで頑張ろうとする意欲に繋がると述べ，以下のように語っている。

> 例えば，不具合出したとき，（上司から）当然，叱責はあるものと思ってたんです。でもそうじゃなくて。起こったものは仕方ないから，再発防止はどうするのか，これは何日ぐらいかかって，その間お客さまにどういう対応をすればいいのかとか，無駄がないんですね。叱責っていうのは，無駄じゃないかもしれないですけど，そ

れを言ってる暇があるのだったら，次どうすればいいかを話しなさいっていうこと
で。（入社 7 年目：女性）

　この若手の調査協力者は，自分が同社で頑張ろうと考えるに至った 1 つの経
験として，このエピソードを語ってくれた。納得をもって成長を感じられる指
導を受けられるという認識が，帰属感や貢献意欲に繋がっていると考えられる。
　これらの語りは，プロアシスト社において，「一緒に働こうとする気持ち」
と「会社とともに成長する」ことが大切にされ，それらが社内でも認識されて
いることを示している。そして，調査協力者からは，「個の尊重」や「ここで
頑張る」といった，インクルージョンの構成概念である「帰属感」と「自分ら
しさの発揮」に接合する語りが見出された。そして，そこには性別や国籍とい
ったカテゴリーの影響は見受けられない。むしろ，入社 7 年目の女性社員は，
以下のように語っている。

　　（性別は）あんまり感じてないですね。女性が多いとも感じてないっていう。言わ
　　れてみたら？でも，どうなんですかね。女性が多いのかな，うち。女性が大体男性
　　にもちゃんと「ずばっ」と言える気はしてます。それを駄目っていう風潮もないで
　　すしね。（入社 7 年目：女性）

　この調査協力者は，もはや女性が多いのか，男性が多いのかもわからないと
言う。つまり，マイノリティ人材であることを気にしなくてよい環境下にある
と言えるであろう。

## 1.3　小括
　本節では，プロアシスト社の，企業概要やダイバーシティ・マネジメント関
連における受賞歴，そして社員のインクルージョン認識にかんする語りを示し
てきた。本節の内容からは，同社が，ダイバーシティを比較的順調に推進して
いる日本企業であること，また，属性や社歴，地位にかかわらず，人材が活躍
できていることが理解できる。つまり，プロアシスト社は，社員がインクルー
ジョンを認識できるダイバーシティ・マネジメントを実践する企業であり，本
書の調査企業として適切であると考える。
　それでは，プロアシスト社では，どのような働きかけが，社員のインクルー

ジョン認識を高めており，それが組織に対してどのような効果をもたらすのか。これらの点についてさらに検討すべく，次節でまず本調査の概要を提示する。

## 2　調査の概要

　本節では，本章の調査概要について記述する。第2.1項では調査協力者の決定方法を，第2.2項では調査方法の詳細を示す。

### 2.1　調査協力者

　本調査における調査協力者は，調査の趣旨と調査対象者の属性の希望を以下 a）〜d）のとおり伝えた上で，調査対象企業が適任と思われる社員を選定した。なお，プロアシスト社のダイバーシティ・マネジメント，及びインクルージョン施策について深く知るためには，社長である生駒氏と人事の実務担当者のB氏のインタビューは不可欠と考え，この2人を必ず含むよう依頼した。

　調査協力者の選定依頼基準は以下のとおりである。

　　a）プロアシスト社に勤務する正社員であること

　　b）本研究がダイバーシティ・マネジメントの研究であることから，多様な属性を含んだ調査協力者とすること

　　c）上司―部下関係の社員を含むこと

　　d）社長の生駒氏，人事の実務担当者のB氏を含むこと

　結果として，本調査では，表6.3の計14名を対象にインタビューを実施した。

### 2.2　調査方法

　本調査の目的は，多様な社員がインクルージョンを認識しているプロアシスト社の事例から，どのような働きかけが社員のインクルージョン認識を高め，それが職場や組織にどのような効果をもたらすのかを見出すことである。第2章でも言及したとおり，インクルージョンは，米国でも比較的近年に注目されはじめた概念であり，日本における実証研究，特に質的研究は筆者が知る限りほとんど見られない。つまり，日本におけるインクルージョン研究はまだ手探りの状態であり，本調査においてもそれは同様である。このような状況下においては，探索的調査が適していると判断し，インタビューに主軸を置くこととした。

　全ての調査は，筆者と1対1での対面インタビューにより実施した。インタ

表6.3　プロアシスト社における調査協力者

| 名前 | 性別 | 年齢 | 国籍 | 部門 | 管理職 | その他情報 |
|------|------|------|------|------|--------|------------|
| 生駒氏 | 女性 | | 日本 | 社長 | ○ | |
| A氏 | 男性 | 50代 | 日本 | 人事 | ○ | |
| B氏 | 女性 | 40代 | 日本 | 人事 | ○ | 子あり |
| C氏 | 女性 | 40代 | 日本 | 営業 | ○ | 子あり |
| D氏 | 男性 | 50代 | 日本 | 技術 | ○ | |
| E氏 | 女性 | 40代 | 日本 | 企画 | ○ | 子あり（時短勤務） |
| F氏 | 男性 | 30代 | 日本 | 営業 | | |
| G氏 | 女性 | 30代 | 日本 | 企画 | | |
| H氏 | 男性 | 30代 | 外国 | 技術 | | |
| I氏 | 男性 | 30代 | 日本 | 技術 | | |
| J氏 | 女性 | 30代 | 外国 | 技術 | | |
| K氏 | 男性 | 20代 | 日本 | 営業 | | さくらんぼ会幹事 |
| L氏 | 女性 | 20代 | 日本 | 営業 | | さくらんぼ会幹事 |
| M氏 | 男性 | 40代 | 日本 | 技術 | | |

注1：女性の社員については，インタビューにおいて，子との関わりが働くということ
　　　に少なからず影響しているという語りがあったため，女性に関してのみ子供がい
　　　る対象者に「子あり」と，情報として記載している。
注2：調査協力者の属性は，調査当時のものである。

出所：筆者作成

ビューは，2017年10月から2018年1月の間に行われた。なお，調査協力者
の属性は，全てインタビュー調査時のものである。また，語りのなかでの入社
以降の勤務年数は，インタビュー内で調査協力者により申告されたものを記載
している。インタビューは，長いもので1時間，短いもので30分程度であっ
た。形式は，事前にインタビュー・ガイドラインを用意するが，調査協力者の
語りに合わせて自由に聞き取りを行うという半構造化インタビューであった。
記録されたデータは研究目的以外には使用しないこと，個人名は明らかにしな
いことを調査協力者に伝え，了承を得た上で，インタビューの録音を行った。
全ての表現，言葉使い，言い回しのニュアンスを逃さないために，実施された
インタビューの録音全てを，録音データから文字に起こし，原資料としている。
この原資料が，本調査における分析及び考察の基礎となっている。つまり，本
調査の引用は，メモ等からの再構成ではなく調査協力者の語りである。

## 3　分析方法

　本調査では，第4章で示された本書の研究課題である，職場や組織のどのよ
うな働きかけが，社員のインクルージョンの認識を高めるのか，またその高め
られた認識が，職場や組織にどのような効果を及ぼすのかについて，プロアシ
スト社のケースを通して分析を行う。調査データは，会社（経営）側視点とし
てプロアシスト社の経営者である社長の生駒氏とダイバーシティ・マネジメン
トの実務に携わる人事担当のB氏，そして社員側視点として管理職を含むプロ
アシスト社の社員12名に対するインタビューの録音データを文字に起こした
ものである。

　本研究ではまず，プロアシスト社のダイバーシティ・マネジメントの特徴に
ついての分析を行う。具体的には，社長の生駒氏と人事担当のB氏のデータよ
り，それらの特徴について該当部分を抜き出し，(1) 理念，(2) ダイバーシテ
ィ推進に関連する規程や制度，(3) インクルージョン施策の3つに整理して示
す。また，生駒氏とB氏がインクルージョン概念にかかわる事象について言及
していると考えられるデータを抽出し，経営側が感じる，インクルージョン認
識の高まりによる社員行動と，その効果について整理を行う。

　次に，上記2名以外の社員12名[4]のインタビューデータについて，まず最
初にインクルージョン認識について，特徴的な語りと考えられる部分を抽出し
て分析を行う。その後，会社（経営）側と同様に，インクルージョン認識の高
まりにより促される社員行動とその効果について整理を行う。分析は，各調査
協力者から語られた内容における共通部分を抽出し，カテゴリー分類と概念化
を行う。その後，これらの分析を俯瞰しつつ，研究課題に対する考察を進めて
いく。

　なお，本書ではインクルージョンを「社員が仕事を共にする集団において，
その個人が求める帰属感と自分らしさの発揮が，集団内の扱いによって満たさ
れ，メンバーとして尊重されている状態」(Shore et al., 2011, p. 1265) と定義
している。そして本調査では，その分析に必要な「帰属感」は，受け入れられ
る，内集団メンバー，といった帰属の認識を示す言葉や語りの表現，また，も
う1つの分析軸である「自分らしさ」は，仕事を共にする全ての同僚から自身
の貢献が価値あるものと思われる，職場や組織に十分貢献できている認識，自
身の能力発揮の実感，意見が仕事をする場で尊重され感謝される，などの言葉
や語りの表現とした（表6.4）。加えて，Shore et al. (2011) は，自分らしさと

**表6.4　本調査における分析上の「インクルージョン」「帰属感」「自分らしさの発揮」の定義**

| インクルージョン | 社員が仕事を共にする集団において，その個人が求める帰属感と自分らしさの発揮が，集団内の扱いによって満たされ，メンバーとして尊重されている状態（Shore et al., 2011, p. 1265） |
|---|---|
| 帰属感 | 帰属感は，以下の様な帰属の認識を表す言葉や語りで表現される（Shore et al., 2011, p. 1268）。<br>・受け入れられる<br>・内集団に所属している<br>・帰属感を感じる<br>プロアシスト社においては，「一緒に働こうとする気持ち」が含まれる |
| 自分らしさの発揮 | 自分らしさの発揮は，以下の様な自分らしさの発揮の認識を表す言葉や語りで表現される（Shore et al., 2011, p. 1268）。<br>・自身の貢献価値を仕事を共にする同僚の全員から認められる<br>・十分に貢献できている認識<br>・自身の能力発揮の実感<br>・意見を聞いてもらえ，感謝される<br>これに加え，以下の条件を満たしていること<br>・自分らしくいたいという欲求が満たされていること<br>・自身の独自の視点が，価値あるものと認識されていること<br>・仕事を共に行う集団内で，属性が自分の価値を下げていないこと<br>プロアシスト社においては，「一緒に働こうとする気持ち」「会社とともに成長する」という認識を表す語りで自分らしさの発揮に関わるものも含まれる |

注：これらの定義は第5章のA社における調査においても既出（表5.2）のものであるが，あらためて本研究においてインクルージョン概念を分析する上での定義として，加筆修正の上，再掲しておく。なお，下線部は，プロアシスト社に特徴的なものである。

出所：Shore et al.（2011）をもとに筆者作成

は仕事をする場で①自分らしくいたいという欲求が満たされていること，②（自身の）独自の視点が，価値があると認識されていること，③自身の属性が自分の価値を下げていないこと，の3点を付け加えている。本調査では，調査協力者のインタビューにおける，これらの帰属感と自分らしさに関連する語句，経験や行動の語りに着目し，検討を行うこととする。加えて，プロアシスト社においては，「一緒に働く」及び「会社とともに成長する」という認識も，インクルージョンの構成概念を示していると思われることから，これらにかんする特徴的な語りについても着目しつつ，分析を行う。

## 4　分析結果

　本節では，プロアシスト社の事例から，研究課題に対する分析を行う。まず，第4.1項では，プロアシスト社のダイバーシティ・マネジメントの特徴を分析する。具体的には，(1) 理念，(2) ダイバーシティに関連する規程と制度，(3) インクルージョン施策の3つの側面から整理し分析を行う。第4.2項では，同社において社員のインクルージョン認識を高めているものは何か，そして第4.3項では，それが具体的に社員のどのような行動に繋がっているのかについて分析する。さらに，それら社員の行動がどのような効果をもってプロアシスト社の成果に影響しているのかの分析を第4.4項で行い，最後に本調査における発見事実を総括する。

### 4.1　プロアシスト社におけるダイバーシティ・マネジメントの特徴

　本項では，プロアシスト社のダイバーシティ・マネジメントについて，その特徴を項目別に分析する。

### (1) 理念

　プロアシスト社の社長は，創業者である生駒京子氏である。創業前，生駒氏は15年ほどコンピューターエンジニアとして勤務した会社を家庭の事情で退職し，その後1年半は専業主婦として過ごしていた。前職の退職事由がひと段落したことと，未来に向かって何か世に役立つことをしたいという思いから，1994年，大阪府八尾市のマンションの一室で有限会社プロアシストを創業した。

　生駒氏は，創業当時から人材を最も大切な資源と考え，年齢・性別・国籍等の属性を意識することなく，「理念に賛同する人材」という一点のみにこだわり，様々な人材に間口を広げて採用を行ってきた。それが結果として現在のプロアシスト社の強みに繋がっていると言う。これにかんし，生駒氏は以下のように語っている。

> （ダイバーシティを取り入れたのは）最初からです。（その当時）ダイバーシティ・マネジメントという言葉も考え方も知りませんでした。でも，私のなかには，まず男性・女性の区別がありませんでした。外国人の区別もありませんでした。[中略]ですので，私が会社を創業したときには，もう男性・女性，技術の方，経験のない方，外国の方，そういったことは全く関係なく。この会社の理念，一生懸命考えた

表 6.5　プロアシスト社の理念

| 社是<br>(corporate motto) | 永久不滅にて前進あるのみ，そして信頼と安心と安らぎを社会に与え続ける |
|---|---|
| 存在要件<br>(corporate mission) | 1. 社員の精神的・物質的幸福<br>2. 企業における最大利益の追求<br>3. 需要の創造 |
| 経営理念<br>(corporate value) | 1. 個人の尊重<br>2. 最良のカスタマーサービス<br>3. システムの信頼性の追求<br>4. 卓越したマネジメント<br>5. 社会への貢献 |

出所：「株式会社プロアシスト会社案内」（2017 年 10 月入手）

　理念に賛同できる方ということであれば，全て最初から募集対象に含めていました。［中略］振り返って思いますと，やはりそれがあったからこそ今がある。そのときに，例えばダイバーシティを知らずに，男性，それも新卒も採らずに，経験者だけの「できる男性」だけを採ってしまっていたら，今はなかったというか，この会社は続いてなかったかもしれません。

　それではまず，生駒氏が語りのなかで触れている，同社の理念を確認する。
　表6.5 が同社の経営ポリシーである。存在要件（corporate mission）の第1番目に「1. 社員の精神的・物質的幸福」，また，経営理念（corporate value）の第1番目にも「個人の尊重」を掲げていることに，同社のダイバーシティへの強い想いと原点が見て取れる。
　また，創業当時は理念として，「ともに働く仲間と幸せになる」という文言が掲げられていたという。これは，同社が社員をいかに大切に考えているかということを示していると言える。
　加えて，プロアシスト社では，全社員に対し，これらの経営ポリシーを明記した，理念ブック（ブックレット）を配布している。そこには，「愛すべき社員の皆さまへ」という書き出しからはじまる社長の生駒氏のメッセージも記されている。また，理念ブック内で語られている内容は，その理念や方針を聞いたときに社員は何を感じるのかを，20 代から60 代の年代を代表した社員7 名のプロジェクトメンバーにヒアリングを行いながら，1 年をかけて練り上げたということであった。このブックレットは，改訂が続けられており，プロアシ

スト社における社員の判断基準や行動指針として大きな役割を果たしている。
　社長の生駒氏は，理念ブックに込めた思いをこう語る。

> （ブックレットの作成にあたり，内容を）みんながどう受け取ったかという，<u>だからみんなの文章なんです</u>。［中略］ほんとに当たり前のことなのですが，今，これがどういうふうに使われてるかというと，<u>管理職が，部下が，右，左の判断にちょっと悩んだときにこれを読んで考えなさいと</u>。

　また，のちにプロアシスト社のインクルージョン施策でも言及するが，生駒氏は，「生駒塾」という年1回の理念研修を欠かさず行っている。この理念研修は全社員が毎年必ず受講するものとなっている。

## (2) ダイバーシティに関連する規程や制度[5]

　次に，プロアシスト社のダイバーシティ推進に関連する規程や制度を確認する。プロアシスト社のこれらの規程・制度は，以下のとおりである。創業当時から定年は65歳であり，年齢の上限に関しては元来，寛容である。特筆すべきことは，育児・介護・休暇にかんする制度が，必要以上に手厚くという方針ではないことである。年次有給休暇の時間単位付与など，一部においては拡充が見られるが，むしろ，これらの利用を社員が希望した場合に100％希望が叶えられるという運用を目指している（表6.6）。
　ただし，人事担当のB氏によると，育児休業の復帰時期の延長及び，変更に関しては，内規で臨機応変に対応しているという。育児や介護で個別に相談があれば，規程や制度に則りつつも，相談に乗り，柔軟に対応をしているということであった。このような柔軟な対応は，社長の生駒氏のインタビューでも語られている。

> 色々な人がいて，個人差がありますから，会社として基本的な就業規則，それに関しては国が推奨するものは我が社に全てあります。でも，それぞれ，<u>お1人お1人によってお子さんの状態も違いますし，いろんな家族の条件も違うので，そこからそれに合ったプライベートルールを作ってください</u>，と言っています。

　社員の個別事情に柔軟に対応しつつも，相談に来た社員に対して生駒氏は，

表6.6 プロアシスト社におけるダイバーシティ・マネジメントに関連する規程・制度一覧

| 分類 | 規程・制度 | 内容 | 備考 |
|---|---|---|---|
| 育児関連制度 | 育児休業 | 法定どおり（原則1歳まで） | ただし，事情により（保育園に入所できない等），半年ごとに2年迄延長可。復帰時期変更は2回迄。取得希望に対する取得率は100％。 |
| | 時短勤務 | 小学校1年生が終わるまで | 15分単位で2時間までの出勤繰下げまたは退勤繰上げが可能 |
| 介護関連制度 | 介護休暇 | 法定どおり | |
| 休暇制度 | 年次有給休暇 | 入社と同時に付与（1年目11日，以降1年ごとに1日増，上限20日。） | 勤続1年以降は，毎年4月に前年度8割以上の出勤で規定日数を付与（4月〜9月入社は10日，10月以降は規定に合わせて付与）。当該年度の未使用分は次年度に繰越せる。また，年間5日以内の有給休暇日数を，1日8時間と換算し，時間単位に分けての取得が可能（年次有給休暇の時間単位付与） |
| 定年 | | 65歳定年 | 創業以来変わらず |

出所：プロアシスト社人事担当B氏インタビュー（2017年11月22日）より

　家庭の事情だけでなく，今後の自分のキャリア，及び会社や同僚のことも考えるようにと伝えるという。そして，どこかでそれらの折り合いをつけ，なるべく早くフルタイムに戻って仕事をするように，と励ますという。

　（育児休業は）我が社の場合は2年[6]あります。だから，それが権利と思って取ってしまう人もいるんですけどね。もちろん，それは行使していいんです。でも，自分でどこかで線を引いて，「自分のキャリアもあります，会社の中での役割もあります，未来もあります」と。そのためには後ろ髪を振り払って，どこかで立ち上がらないといけない，っていうのは言っています。

　規程や制度を超えて，個別の事情にも配慮するということにかんし，最も懸念されるのが社内の不公平感を増長するのではないか，という点である。その点について，生駒氏は以下のように語っている。

　（社内の不公平感が）ゼロかと言われると，ひょっとしたら嘘かもしれません。で

も，そういう（個別の配慮をする）考え方だっていうのをわかって，みんなこの会
社には入ってきていますから。だから，「そうなんだ」って。［中略］我が社は男性
に対しても普通に育休を取得していいんだよ，と言っています。男性も時短勤務を
することもあるでしょうし。でも，それはある時期だけなんですよね。22歳から
65歳まで働く，その間のある時期だけです。だから，それは不公平ではなくて，
全員にあるもので，それは権利なんですよ，と。

　このように，プロアシスト社では，育児や介護も含め，仕事に影響をきたす
プライベートの事情は，属性にかかわらず，社員全員誰にでも起こり得ること
を前提にしている。そのため，その個別事情に柔軟に対応するには，これらの
規程や制度を必要以上に拡充することよりもむしろ，その弾力的な運用とそれ
に対する相互理解，そして社員1人ひとりの利用にあたっての自律性が大切だ
とされている。
　これは，マイノリティ人材の活躍には規程や制度の拡充やその整備が優先事
項である，という考えとは一線を画すものである。

### (3) インクルージョン施策
　次に，プロアシスト社におけるインクルージョン認識の向上に寄与する施策
（以下，インクルージョン施策）を整理する。
　なお，本研究でのインクルージョン施策とは，Shore et al.（2011）の定義を
援用して，「帰属感」「自分らしさの発揮」を高めると思われる施策と定義する。
プロアシスト社が，インクルージョン施策と明示しているものが存在するわけ
ではないことに言及しておく。表6.7は，プロアシスト社の社長の生駒氏と人
事担当のB氏より，同社のインクルージョン施策の詳細を聞き取り，整理した
ものである。
　これらの様々なインクルージョン施策で，特に力を入れて実施されるのが，
「さくらんぼ会」という社員幹事会主催の施策である。
　「さくらんぼ会」は，春の新入社員歓迎会，秋の社員旅行，冬の忘年会を主
催する，社員による幹事会である。社長の生駒氏が名誉会長を務め，会長以下
はすべて社員で構成されている。幹事は2年間の任期で，各部門から1名ない
しは2名が任命され，1年ごとに半数が改選される仕組みである。なお，任命
は任期を終了する社員が，自部門の中から候補を挙げるという仕組みとなって

表 6.7　プロアシスト社のインクルージョン施策一覧

| 主催 | 施策 | 内容 | 備考 |
|---|---|---|---|
| 経営側・人事 | 理念研修（生駒塾） | ・テーマは年ごとに設定<br>・社長が講義<br>・20 数名／回を 1 年に 6 回<br>・定時後実施（19：00 〜 20：00）<br>・リフレッシュルームにてピザ等軽食・懇親会の実施（20：00〜） | ・テーマは社員からの要望を取り入れている（2016 年度「メーカーになるには」，2017 年度「ダイバーシティ」）<br>・全社員が年 1 度は必ず参加 |
| | 誕生月の会（共通点の会） | ・誕生月の人と社長が参加<br>・ディナーをフォーマルなレストランで実施（19：00〜） | ・同じメンバーにならないように工夫（誕生月のみならず，干支くくり，通勤沿線のくくりで行うなど）<br>・約 10 年間継続して実施 |
| | 家族参観日 | ・子どもの職場訪問（子どもに両親の働いている姿を理解してもらう） | ・子どもの名刺を作成し，名刺交換<br>・社長と会議をしてもらう |
| 経営側・さくらんぼ会 | 方針説明会及び新入社員歓迎会 | ・方針説明と表彰の実施<br>・その後，表彰式を兼ねフォーマルな食事会を実施<br>・表彰式の様子は，1 年間社内にデジタルフォトフレームで掲示 | ・有名ホテルにて実施<br>・「グッドプロジェクト賞」（グループ　1 位〜3 位）<br>・「プロアシスト賞」（1 〜 2 名，グループも可，半年に 1 回，自薦他薦問わず）<br>・「元気で賞」（1 〜 2 名）<br>・「お客さま感動賞」〈客先勤務社員対象〉（営業部員または，上司の推薦が必要） |
| さくらんぼ会 | 社員旅行 | ・通常　　　：1 泊 2 日<br>・5 年に 1 回：2 泊 3 日<br>・創業以来（どんなに景気が悪くても）実施 | ・2000 円／月積み立て（会社が半額負担）<br>・家族は一部自己負担，子どもは無料<br>・社員の 6 〜 7 割が参加 |
| | 忘年会 | ・年末に実施（大阪及び名古屋） | ・出向している社員や全国の事業所で勤務している社員も可能な限り必ず参加する |
| | スポーツデー | ・月 1 回体育館でスポーツを行う | ・自由参加<br>・家族の参加も歓迎 |

（次頁へ続く）

（前頁より続く）

| | | | |
|---|---|---|---|
| 職場・有志 | コミュアシスト会 | ・職場単位の活動<br>・月1回の部内会議（19：00〜）<br>・その後，30分〜1時間，毎月テーマ等を決めて雑談（例：夏休みの過ごし方など） | ・社員の発案から実施<br>・約10年間継続 |
| | 社員勉強会 | ・ノウハウを社員が相互にシェア<br>・ボランティアの社内講師<br>・土曜日や定時後（19：00〜）から実施 | ex. マイコン勉強会：月1回，土曜日に4時間程度（8年間継続） |
| | つくばチャレンジ | ・ロボット大会にチームを組んで参加 | ・最初はプロジェクト的に会社が主催<br>・現在は社員が自発的に挑戦（主に若手） |

出所：プロアシスト社人事担当B氏インタビュー（2017年11月22日）より

おり，年齢，性別，役職，社歴にかかわらず選ばれる。

「さくらんぼ会」が幹事となるインクルージョン施策は，社内で非常に重要視されており，幹事メンバーは部門を超え，時間を割いてイベントを成功させるために尽力する。「さくらんぼ会」が主催する施策は企画から細かい席順まで，社内の多様な人材と触れ合い，楽しみ合い，称え合う工夫がされている。

以下に，さくらんぼ会が主催するプロアシスト社の社内行事について，その内容を示す。

まず年度の初めに経営側と共催で，春の新入社員歓迎会が実施される。これは，方針説明会の後に行われる。ここでは，新入社員の紹介のみならず，昨年度に活躍した人材に様々な表彰がなされる。この表彰対象者は，基本的には他の社員の推薦で決定され，受賞後は推薦した側，された側の両方に，賞与の査定ポイントが付与される。業務成果で表彰される社員もいれば，元気にしているか，元気を与えているか，人事が決めたその年のテーマに沿った活躍をしたか（e.g. 2017年度テーマ「成功するまで努力している人」）等，誰もが推薦される可能性を持つよう工夫して企画されていることが特徴である。また，表彰の様子は，社内のリフレッシュルームのデジタルフォトフレームで1年間掲示される。

社員旅行は，創業以来，どんなに景気が悪くとも実施されてきた。そして，

## 写真2 プロアシスト社の社員旅行の様子

出所：プロアシスト社提供（2018年5月）の画像データより

企画プロセスも含め，同社のインクルージョン施策として社員旅行は非常に重視されている。参加人数の把握から行先の決定，旅行会社の選定，スケジュールの検討，当日の誘導と会計まで，全て「さくらんぼ会」が取り仕切る。宿泊を伴うため，参加できない社員も出てくるが，それでも社員旅行の参加率は7割ほどに達する。社員旅行には，家族も同伴できる（ただし，家族の費用は一部自己負担）。社員旅行においては，社員とその子どもを含む家族全員が楽しめる内容を企画することで，プライベートを含め社員同士が理解を深め合う機会となっている。

　同様に社員が一堂に会する会場の選定から，当日の企画運営まで全て，「さくらんぼ会」が取り仕切るイベントが年末の忘年会である。こちらは，毎回ほぼ100％の参加率であると言う。ここでも，いかに相互の交流が図られるかという点に注力し，企画運営が行われる。

　その他，体育館でのスポーツデーも，「さくらんぼ会」が月1度主催する。こちらもスポーツを通じて社員が交流する場となっており，家族同伴が歓迎されている。

　なお施策の内容に加えて特筆すべきことは，この「さくらんぼ会」自体が職場を超えたプロジェクトとなり，互いを知る場として機能していることである。職場を超えて先輩や上司，若手と知り合い，1つのことを一緒にやり遂げることで，プロジェクトを動かすノウハウや，チームワーク，リーダーシップなどを学ぶ場となっている。
　実際に，さくらんぼ会で幹事を担っているK氏は以下のように述べている。

　　スタッフをやることのメリットとしては，やっぱりいろんな人と接点を持てること。それは，ほんとに多いと思うので。［中略］スタッフも部署ばらばらから選ばれる人員構成なので，今まで接点を持ったことなかった人とも接点を持つっていうきっかけにはいいと思うんですよね。

　さくらんぼ会自体が，インクルージョン施策と同時に，人材育成の場であることは，社長の生駒氏のインタビューでも語られていた。
　これらのさくらんぼ会主催の施策に加え，プロアシスト社では職場単位での交流会である「コミュアシスト会」，職場を超えた社内勉強会，社外のロボット大会にチームを組んで挑戦する「つくばチャレンジ」など，様々なタイプのインクルージョン施策が，継続的に実施されている。

（4）小括
　ここまで，プロアシスト社のダイバーシティ・マネジメントにおける特徴を理念，規程・制度，及びインクルージョン施策の視点で分析してきた。そこでまず，特徴的なことは，プロアシスト社では特定属性に対し必要以上に手厚い制度導入は行っていない点である。例えば，出産や育児に対し一律に法定以上の両立支援制度を設置することは行っていない。一方で，それらの制度にかんしては，「使うことができる」運用を徹底している。つまり，属性にかかわらず，定められた規程・制度は，「誰でも」「必要なときに気兼ねなく」使うことができる。
　また，ダイバーシティにかんする特別な推進は実施していない点も，特徴的だと言えるだろう。同社では，特にダイバーシティ推進を大々的に打ち出すわけでもなく，推進プロジェクトなどの，ダイバーシティにかんする積極的な社内プロモーション等もしていない。また，特定属性に対する優遇措置なども，

もちろん行っていない。

　この点について，人事担当のB氏は以下のように語っている。

　　*筆者，以下Q：全社的なダイバーシティ・マネジメントの推進体制などは？*
　　　特に何かプロジェクトとかっていうのは，何もしていませんので。
　　*Q：人事が中心になってやるといった感じですか？*
　　　そうですね，はい。そういう感じになりますね。
　　*Q：制度の活用などを人事や部門で推奨されたりとか？*
　　　特にそれを勧めるというわけでもないですね。


　それでは，特にダイバーシティ推進を声高に言わずとも，プロアシスト社で多様性を是とする風土が育まれているのはなぜか。それは，ダイバーシティにかんし，まず，経営トップが高い意識を持ち，理念を通じて社員の大切さや個人の尊重を明示しているからであろう。その上で，社員と共に様々なインクルージョン施策を進めつつ，社内の交流と相互理解を促すことで社員のインクルージョン認識を高めている。その特徴的なダイバーシティ・マネジメントが，個を尊重する風土に繋がっていると考えられる。また，インクルージョン施策に関しては，決して参加が社員に強制されているわけではない点に触れておきたい。人事担当のB氏によると，入社の際に，社内行事が多く，ある程度プライベートにも踏み込む会社だ，と伝えてはいるが，理念研修などを除き，基本的にはインクルージョン施策への参加は自由である。それでも，社員の参加率はかなり高いとのことである。

　それでは続いて，プロアシスト社における，これらのインクルージョンの施策が，具体的にどのように社員のインクルージョン認識の向上に影響しているのかについて分析を行う。


### 4.2　プロアシスト社におけるインクルージョン認識の促進

　前項では，プロアシスト社では規程や制度の充実以上に，社員のインクルージョン認識を高める施策に力点を置いていることが見出された。本項では，プロアシスト社における社員のインクルージョンの認識は，どのように高められているのかについて分析を行う。

（1）理念によるインクルージョン認識の高まり

　プロアシスト社では，社長の生駒氏が人材を最も大切な資源と考えており，その思いが存在要件（corporate mission）と経営理念（corporate value）の第1番目に示されていることに前項で触れた。同社では，理念に賛同する人材であれば属性にかかわらず，未経験者や外国人でも社員として迎え入れ，一緒に成長するという姿勢を貫いてきたそうだが，このことは社員のインクルージョン認識にどのような影響を及ぼしているのだろうか。

　管理職であるC氏（女性）の語りにおいても，理念が念頭にあり，それを意識していることが部内のメンバーへの個別配慮の想いに繋がっていた。

　　　個人の尊重というのが会社の経営理念のなかに入ってるんですけど，個人の都合とかもあると思うので，個人を尊重してあげようという気持ちは一番持っていますね。今の部下の子は，主婦の子とかもいるので，定時内で一生懸命頑張ってもらって，できなかったら明日でいいよっていうぐらいの余裕をみてあげようというのは気をつけてますね。残りたかったら残っていいんですけどね。

　プロアシスト社に「個を尊重する理念」があること，また理念に基づく経営トップの言動や，理念研修の「生駒塾」への参加は，社員の「一緒に働く」意識，すなわちプロアシスト社におけるインクルージョン認識を高めている1つの要素と考えられる。

　上司が，理念を実践し，部下と「一緒に働く」ことを意識した場合，部下はどのような認識を持つのか。

　部下の立場にある女性総合職で外国人のJ氏は，以下のように語っている。

　　　（上司に対して個人の事情を）ちゃんとお話ししたら，ちゃんとご配慮いただけるし，また子育てされた方なので，よく女性のこととかご存知だと思うので。仕事面でも，私は外国人でちょっと日本語が下手で，お客さんに迷惑をかけてしまうのではないかな，と自信もって言えないときがあったと思うんですけど，私の中で。でも，「あなたは正しいから，自信を持って話しなさい」っていう風に言ってくださいます。[中略]いまはみんなで支え合って今の私がいるのかな，と思いますね。

　上司と部下が理念を共有し，個を尊重して「一緒に働く」意識を持つことが，

部下の「ここに居てよい」という認識と，職場における帰属感に繋がっていることがよくわかる語りである。また，この語りから，職場内では互いに支え合う意識が高められていることが理解できる。

　また，男性総合職で外国人社員のH氏によると，社長の生駒氏より常々，「会社の皆が大家族」ということを聞いており，それを実感しているという。

　　　やっぱり，社長によく言われるのが，会社皆が大家族っていう。例えば，自分が困ったときに別の人に手伝ってもらうとか，別の人が困っているから，自分から，別の人に手伝ってあげるとか。そういう面で，確かに会社全員が大家族みたいな感じですね。そういうことが実感されてますね。

　大家族であるということは，ともすれば同調圧力が高そうに感じるかもしれないが，プロアシスト社では決してそうではない。H氏が以下に語るように，大家族という帰属感から同じ振る舞いをしなければならない，とは考えておらず，そのような心理的な圧力も感じていない。むしろ，他の社員と異なる振る舞いをすることに対して，気兼ねする必要がないと述べている。

　　　この会社に入ってから全然こういった（残業を強制される）感じがしてないですね。強制的な残業もしないし，自由に定時になったら，仕事が忙しくなければ，チャイムなった瞬間で片づけて家に帰ったらいい。

　また，H氏はライフスタイルだけでなく，仕事上の意見についても忌憚なく伝えることができているという。これは，自分らしさの発揮の一例と言えるであろう。

　　　とにかく最初に言ったように，どんな問題に対しても，自分はまず意見を言います。もし，その意見が良ければ，もちろん皆が採用します。別に外国人だから言いにくいとか，言った意見が採用されないとか，全然関係ない。

　これらの語りから，プロアシスト社においては，皆が一緒に働く仲間として助け合うことが奨励されていることが理解できる。一方で，理念に明示されているように，個の尊重も浸透している。これは，理念研修を含め，常々，生駒

氏が社員と向き合うことを重視し，そこで理念を社員と共有していることが大きいと考えられる。

　しかし，会社の規模が成長していくなかで，今後生駒氏が，社員との直接対話を行うことが難しくなるとも推察される。また，社員同士が「一緒に働き，ともに成長する」には，生駒氏だけでなく，社員1人ひとりが主体的に，周囲や会社とかかわろうとする意思が必要であろう。そして，プロアシスト社がその理念をもってまとまる集合体であるならば，そのなかにカテゴリーによる分断があってはならない。そこで，同社が注力しているのが，本書でインクルージョン施策と定義した，社員同士の交流を促進し，理念の体現と相互理解を促すプログラムである。それでは，これらの施策によって，社員のインクルージョン認識はどのように高まっていくのか。これについて述べていく。

(2)　施策によるインクルージョン認識の高まり

　プロアシスト社では，帰属感と自分らしさの発揮に繋がるであろう「一緒に働く」という概念と，自らの成長を促し，自分らしさがより会社の成果へとつながるよう，「会社とともに成長する」という概念が重要視されている。そのようななか，社員のインクルージョン認識を高める様々なインクルージョン施策が行われている。

　社員へのインタビューでは，インクルージョン施策に関しては意外にも，煩わしいだとか面倒臭いといった，マイナスのコメントはほとんど無かった。調査協力者のほぼ全員から，少なくとも参加するのは嫌ではない，もしくは楽しく参加している，といった声が聞かれた。

　例えば，入社3年目の男性総合職F氏は以下のとおり述べている。

　　　社員旅行も忘年会も，あとは新人のためのボーリング大会とかもありますし。あれは，単純に楽しいですね。社員旅行の場所によっては面白くないときもありますけど。[中略]　僕，年上の人と話すのは苦手ではないんですね。なので，よく知らないおっちゃん，おばちゃんと酒を飲みながら話せるっていうのは面白いですね。これが，面白くないという方はちょっと難しいかもしれないですけど，僕は面白いです。社員旅行でも知らない方と席を並べて。部屋も一緒になりますし，楽しいですね。

　また，入社7年目の女性総合職G氏も，インクルージョン施策のイベント参

加についてこう語っている。

> 月1で体育館とか，そのときは割と行ってたほうなんで。さくらんぼ会のスタッフ
> だから行くっていうのも途中から追加されましたけど，別に嫌でもなんでもなかっ
> たから，遊んでましたし。嫌ではないですかね。多いとはいってもそこまでじゃな
> いし。でも，外部の友人からは「飲み会とかがしんどい」とか時々聞きますね。
> （私は嫌では）ないですね。

　F氏もG氏も，会社がインクルージョン施策としてサポートするイベントに
かんし，これらの会社のイベントを「楽しい」「面白い」と好意的に捉えてい
るのがわかる。
　しかし，参加者が「楽しい」「面白い」という認識を持ったとして，それは
インクルージョン認識とは言えない。他方，「楽しい」「面白い」と感じるから
こそ，社員は会社のイベントでも参加したい，とも考えられる。社員が単純に
「楽しい」「面白い」と感じて参加することにより，他の社員や経営層と物理的
な接触の機会ができ，会話に繋がっていく。そして，その一見仕事とは関係の
無い状況下で何気なく互いの情報を開示することにより，相互理解が深まると
推察できる。それが，プロアシスト社における仲間意識，つまりは内集団意識
と，相手を理解し尊重する意識の両方に繋がるのではないだろうか。その一連
のプロセスが，社員の帰属感や自分らしさの発揮に繋がる具体的な行動を促す
と考えられる。
　例えば，入社してまだ半年だという男性総合職のI氏は以下のようにコメン
トしている。

> 干支会といって，今回はこの干支の人が参加してください，みたいな飲み会がこの
> 間あって。いろんな部署の人たちも一緒に。何かほんとに，あれ誰だろうみたいな。
> 入って間もなかったんですけど，そういう方たちとかも話すことができて。［中略］
> 同じ部署の方もいらっしゃって，そこで仲よくなったというか，話ができるように
> なる機会をちょっと与えてもらったっていう形で。
>
> まず直接的に仕事に関わってくる点としては，やっぱり話し掛けやすいというか，
> もう知ってる仲っていう。ほかのところでも知ってる仲なので，割と話したりとか
> しやすい。別のチームによく話に行けたりとか，そういう意味ではコミュニケーシ

ョン……仕事の内容とかでも話しやすくなったと思ってます。

　入社してからあまり時間が経っていないにもかかわらず，Ｉ氏の「もう知っている仲なので」という語りが印象的である。また，この語りのなかで触れられているように，同じ部署だとしても，交流する機会がほとんどない場合，それが仕事上のコミュニケーションを難しくする。つまり，Ｉ氏はインクルージョン施策を通じて，組織のメンバーであることや，「一緒に働く」仲間だという認識を高めたと言える。

　この時点では，まだインクルージョンを認識したとは言えないかもしれないが，これらの施策がきっかけとなり，業務に戻った後に自発的な社員同士の交流が生まれている可能性がある。実際に，入社から間もないにもかかわらず，「干支会」をきっかけに，Ｉ氏は部署やチームを超えて仕事の話をしに行けるようになった。このような事象が，プロアシスト社のなかで「一緒に働く」意識の促進に繋がると考えられる。

　もう１つの特徴は，これらの施策で生まれる交流は，社内のパワーバランスを反映する属性カテゴリーを超えたものになる点である。例えば「干支会」は干支というカテゴリーで括るが，干支はビジネス上，全く関係も必要もない。他方，干支というカテゴリーには多様な年代や性別の人々が包含されており，結果として社内の多様な人々と知り合う機会になる。

　加えて，プロアシスト社におけるほとんどのインクルージョン施策には，生駒氏も参加する。経営トップである社長と直接交流を持ち，その考えに触れることは，たとえその交流が非公式なものであっても，理念の浸透という点で間接的に影響し，参加者のインクルージョン認識の高まりに大きく影響を及ぼすと推察できる。

　外国人で勤務５年になるＨ氏は，インクルージョン施策のイベントにおいては，話したことがない人と気軽に交流でき，それが非常に有意義であると語っている。

　　すごくこの場（イベント）でまず，仕事面の関係は一切無しで，皆で楽しんで，皆が心から話したい場合は十分，話ができます。
　　Ｑ：イベントに参加されるのは好きですか？
　　好きです。普通には，実際には，仕事上では別の部門と話のチャンスはほとんど少

　ないのですが，例えば，旅行行ったときに，突然に別の部門の人が仕事ではなくて，別の……生活の面とか，家庭面について色々話できる。それで，例えば，同じ会社の人なのに，全然話したことないのに，その場でこういう風な関係を作れますね。

　H氏は，インクルージョン施策を通じて色々話をすることで，普段，業務上の交流がない人々とも，良い人間関係が築けると語る。ここでも「楽しい」というキーワードが見受けられる。そして，H氏は，外国人という属性だが，そのカテゴリーに関係なく楽しみながら自然と新しい人間関係の構築ができている。

　実は生駒氏は，この社員の「楽しい」という感覚を，インクルージョン施策において最も大切にしているとのことである。同社のインクルージョン施策は，ほとんど正式な業務とは紐づいておらず，理念教育などを除き，参加は基本的に社員の意思に委ねられている。そのため，生駒氏はとにかく参加してもらうことに腐心していると述べる。インクルージョン施策への参加が，プロアシスト社で「一緒に働く」ことに繋がる，という想いであろう。

　生駒氏は，インクルージョン施策について，次のように考えを語っている。

　　私，参加してくれた人たちにいつも言うんです。「皆さん，ありがとうね」と。「最高に楽しみましょうね」と。［中略］慰安旅行でもなんでも，私たちが最高に，ああ，楽しかった，と思うと，来てなかった人たちもきっと，「そうなんだろうか？」って耳を傾ける，と。「なんか面白そうだね，楽しそうだね」と。

　インクルージョンは個人の認識であり，不可視である。だからこそ，まずは，無意識のカテゴリー認識を解き放つ必要がある。会社がどんなに働きかけを行ったとしても，社員自身が心を開かなければ，インクルージョンの認識は難しい。職場は，責任が課される厳しい場である。だからこそ，社員が心を開くにはあらゆる警戒心を解く必要があるだろう。プロアシスト社では，インクルージョン施策の実施により，仕事の利害を持ち込まず，職場とは異なる状況で，社内の様々な人々と交流する場を作り出している。しかし，前述の通り，職場とは元来厳しい場であり，「会社のイベントに喜んで参加する状況」を作り出すことは，容易ではないはずである。それを理解しているからこそ，同社では，とにかく社員がインクルージョン施策を「楽しい」と感じることが重要と考え

ていると推察される。結果としてそれが，強制力を持たずとも多くの社員の積極的なインクルージョン施策への参加を，促進していると考えられる。

（3）小括

　本項では，プロアシスト社のダイバーシティ・マネジメントにおいて，社員のインクルージョン認識がどのように高められるのかという点について，分析を行った。

　プロアシスト社にて，社員のインクルージョン認識の高まりは，次の2つが軸となっているのである。1つめは，個を尊重するという理念の浸透，2つめは，社員間の「一緒に働く仲間」という想いの醸成である。これらは，インクルージョン認識の2つの構成概念の実践と言えるだろう。「個の尊重」は，自分らしさの発揮の推奨であり，生駒氏が「大家族」という言葉で表現する「一緒に働く仲間」という想いの共有は，帰属感の醸成である。

　しかし，200人を超える社員1人ひとりにこれら2つの構成概念を認識させるのは，かなりの時間と労力がかかる。そこで，それを促進するのが，インクルージョン施策である。そして，まずこれら2つの構成概念を認識してもらう前段階として，プロアシスト社では，社員がインクルージョン施策（イベントなど）を単純に「楽しい」「面白い」と感じることが意識されている。

　これにより，社員が互いの属性カテゴリーを認識しなくてよい状況下で交流が図られ，属性カテゴリーを超えた社員同士の会話が自然に促される。ほとんどのイベントには，生駒氏をはじめとする経営トップも参加する。職場とは元来，厳しい場所であるが，インクルージョン施策の場では，属性もパワーバランスも存在しない。この交流をきっかけに，業務に戻った際も，「すでに互いを知っている」ことから，進んで交流しようという意識が生まれ，公私において新たな会話が生み出されていく。そこで更なる社員同士の自己開示と相互理解が進み，それにつれ社員のインクルージョン認識が高まっていく。これが，インタビューから分析した，プロアシスト社における社員のインクルージョンの認識プロセスである。

　このインクルージョン認識は，もちろん時間を経て高められていくものであるが，理念の浸透と，インクルージョン施策による社内交流が，大きなきっかけとなっていると言える。それを足掛かりに，社員の間に互いを尊重しつつ一緒に働くことに向けての様々な行動が生まれると考えられる。

　それでは，プロアシスト社のダイバーシティ・マネジメントは，社員のどのような行動を促し，組織にどのような効果を及ぼすのか。次からは，調査協力者から共通して語られた，インクルージョン認識の高まりによる行動を整理し，分析を進める。

**4.3 インクルージョン認識の高まりが促す社員行動**
　前項では，個を尊重する理念と，ともに働く仲間という想いの浸透を軸に，インクルージョン施策により促進された社員のインクルージョン認識が，職場での新たな社員交流のきっかけとなり，そこからさらにインクルージョン認識が高まるという分析が示された。それでは，インクルージョンの認識が高まることは，具体的に社員のどのような行動に繋がるのか。この点について，インタビューデータより分析を行う。

**(1) インクルージョン認識の高まりが促す社員行動（経営側の視点）**
　インタビューデータより，経営側が感じるインクルージョン認識の高まりで促される社員行動としては，以下の5つが挙げられた（表6.8）。これらの，社員行動が職場に及ぼす効果の詳細を以下に記す。

**「行動① 経営層や人事部との会話が増える」**
　人事担当のB氏は，人事部の観点から，社員のインクルージョン認識が高まることの効果を感じているという。例えば，全員が必ず年に1回は出席をする理念研修（生駒塾）にかんしては，以下のように述べている。

　　（生駒塾で）話を聞くのも大事なんですけども，その後，みんなで懇親会みたいなのをしますが，生駒はそれをすごく大事にしているので。[中略] ちょっと社員の人数も増えてきたので，私たち人事はみんなの名前と顔が（覚えられる）。やはり社員同士が結構，あんまり話したことのない人が増えてきたので，なんか，「あ，そうか，こんな感じなんだな」とかっていうのがわかりますね。

　理念研修は，東京や名古屋といった拠点や，派遣先で勤務している社員にも可能な限り出席してもらう。終了後には懇親会があり，そこには社長や人事担当も出席するため，社員が経営側と自然に話すことができるという。

表6.8　インクルージョン認識の高まりが促す社員行動（経営側の視点）

| ① | 経営層や人事部との会話が増える |
|---|---|
| ② | 個人的な事情を共有する |
| ③ | 意見を言う |
| ④ | 社員同士の強みを共有し合う |
| ⑤ | 社員同士が互いを称え合う |

出所：筆者作成

　社長の生駒氏は，コミュニケーションの場を持ち，風通しの良い風土を醸成することが，ダイバーシティ・マネジメントには最も重要であるとした上で，同社でそれを徹底している結果，社員が自由に意見を言ってくれる，と語っている。例として，以下の事例を語っている。

　　ある社員が「社長，結婚します！」と言ってきたんで，「おめでとう。お祝いしないとね。何がいい？」って聞いたら，「社長，株式会社にしてください！」って言ってきましたね。[中略]みんなもいる場所でね，ご飯を食べているときに。翌日，税理士の先生に電話して，「先生，社員がこんな要望を言ってるんですけど，できますか」って聞いてみたら，「生駒さん，明日できるよ」って。[中略]それで，そうしたんですよ。そしたら翌月，先生から請求書が来ました（笑）。私はその社員に，「ほかの人はだいたい2〜3万円のお祝いなのに，あなただけプラスαになりましたよ。これは頑張って働いてもらわないと（笑）」って言いましたら，子どもが3人生まれて，今も元気で頑張ってくれています。

　この語りから，プロアシスト社ではいかに率直な意見を役職に関係なく言い合える状況かがわかる。
　社長とこのような気軽な会話が交わせるということは，少なくともこのような交流の場においては，社員は地位や立場をあまり意識せずに済むということだろう。このように，プロアシスト社ではカテゴリーが極力影響しない交流の場が提供されている。それが風通しのよい風土に繋がり，自由な意見交換や階層を超えた忌憚ない発言に繋がっているのであろう。

「行動②　個人的な事情を共有する」
　プロアシスト社では，様々な交流を通じ，個人の事情を社員同士で共有する

状況が見られる。1つの例であるが，人事担当のB氏は，毎月行っている誕生月の会[7]について，以下のように語っている。

> もともとはお誕生日会っていうのを毎月していまして。基本の形はその月の誕生日の人と社長と，人事総務とか管理部門のメンバーが1人入ってお食事会をするものなんですけども。前はご近所とか沿線の会をしました。これは社員の意見もあって。近所の人，まあ同じ沿線とか，そういう人が集まっているとBCP[8]対策って言うのでしょうか，何か災害とかあったときにお互いに助け合ったりとか情報交換とか[中略]わりと地域の話が良く出て，会自体も盛り上がったりもしますので。

　同じ沿線に住む社員が交流する場を与えられることで，職場の話だけでなく，自宅周辺の話を共有するようになることはごく自然なことだと言える。

　社長の生駒氏は，社員のインクルージョン認識を促すことによる最大の経営効果は，属性を超えた交流が活発になるだけでなく，個々の家庭状況などが共有されやすくなることだという。

> （相手をよく知ることはダイバーシティ・マネジメントにとって）とても大事で，必要なことです。例えば，非常に忙しくてみんな残業しているのに，黙って6時で帰る人がいるとします。そうすると，周りから見ると，「なんだ，あの人」ってなりますよね。でも，この人がちょっと上司に，「すいません，ちょっと今，親の状態が……」とか，「子どもの状態が……」とかということを言っていただいていると，その上司は，「そうなんだ」となって，「今ちょっとな，（帰っている人は）家庭が忙しくて，だから彼女が早く帰っている分，彼が早く帰っている分，みんなでカバーしような」って。「早く家庭の問題が解決してくれるようにみんなで祈ろうな」という風になっていきます。

　行動①の「経営層や人事部との会話が増える」と類似の部分もあるが，ここでの特徴はプライベートな事情も含め，情報の共有が進むということであろう。

「行動③　意見を言う」

　インクルージョン認識が高められることで社員に促される行動は，私的な事情の共有のみではない。それは職務上の忌憚ない意見交換にも大きく影響しており，結果として会社の強みに繋がっている，と社長の生駒氏は述べる。

その点についての一例として，以下のように語っている。

　我が社にはソリューションチームというチームがあって，面白い「自慢大会」というのを半年に1回かな，やってくださっていて。それぞれのプロジェクトで自慢できるものを発表する。で，自由参加なんですよ。もう関係ないんですね，総務とかね，いろんな人も，私も参加して。そこでは，「そんなの，前から知ってる技術だよ」とか，普通に出てきて，たたかれたりね（笑）。でも，そういう，技術力をどう社内で上げていこうかとか，この1人の人が尖ってても駄目だから，この人の持っているものをどう広げていこうか，というのをみんなが考えてくれているんです。

　Q：商品アイデアとかも，そういうとこから出てくるんですか？
　そうです。こんなことを考えていて，次こういうふうにしていきたい，というのも，皆，言い合っています。
　Q：それは年代関係なく？
　もう全く。新入社員1年生でも。その辺はフラット過ぎますね（笑）。

　また，生駒氏は，インクルージョン施策の結果，上司部下であっても関係がフラットに近づき，相互の考えをフランクに伝えあえるようになると述べている。

　例えば部長が何かを「ばーっ」と言われても，部長のお考えっていうのがわかっていると，言われている言葉もなぜだか，キツくは感じない。「ああ，こう考えているのだから，あの言葉が出ても当たり前だよね」っていうような関係ができるんですね。

　人間同士としての距離が近づくことで，上司部下という役職の垣根を越えた相互理解が深まり，人としての個人的な自己開示だけでなく，職務上の意思疎通もしやすくなることが示されている。

「行動④　社員同士の強みを共有し合う」
　また，生駒氏は，何かを一緒に行う機会が，社員同士の物理的・心理的距離を縮め，会話と情報共有を促すと述べる。そして，結果として，それが業務上の強みの共有にも繋がると語る。

　意外とこういう会社って，プロジェクトをしている間は疎遠なんですよね。隣同士，机並べていても，なかなか何をやっているかはわからない。それが，会社として「非常にもったいない！」と私は思いましてね。例えば，ここのプロジェクトはすごく何か困っている。でも，もしかしたら，こちら側に，課題解決できるスーパーマンがいるかもしれないですよね。だから私の場合は，ちょっと待ってと。一緒にご飯を食べたり，体育館で遊んだり，その中で色々な情報交換がされると，「あ，あの人は●●の達人なんだ」とか，「あ，あの人データベースの達人なんだ」とか，そういうことがそれぞれの人の頭の中に入ってくる。すると全社員で戦っていくことができるんです。

　技術共有マップやキャリアデータベースを費用をかけて作っている企業も多いが，生駒氏は，プロアシスト社ではその必要が無いと述べる。多くの社員交流の場が与えられることで，社員は業務情報や，自分の職務上の強みを自発的に共有しだすと言う。

「行動⑤　社員同士が互いを称え合う」
　これまでに述べられてきた社員の行動に加え，職場や同僚同士の関係性において，プロアシスト社では互いの称え合いが起こっているという。近年，プロアシスト社では，方針説明会後に社員の表彰を行っているが，社長の生駒氏は，その表彰について，以下のように語る。

　最近ではプロアシスト賞とか，何とか賞とか，表彰するということをしてまして。（社員は）誰かを推薦しないといけないんです。選ばれた人だけではなくて，どれだけの人を推薦したかという点で，推薦もポイントになります。そうすると，皆さんやっぱり思いを入れて人を見るようになります。最初はなんだか嫌だな，でもいいんですよ。でも，そうやって一歩を踏み出すと，だんだん良い執着心が湧いてきて，前のめりになっていきますよね。やっぱり一歩前，一歩前って出ていくと，（社員同士）すごくいい関係ができると思っています。

　生駒氏によると，プロアシスト社は技術者が多い会社ゆえに，社員も個人主義な人が多いと感じるが，表彰を通じ，社員同士のポジティブなコミュニケーションの増加を実感するという。社員自身も称えるべき他者の選考プロセスにかかわり，またそのなかで，自分の成果も見つめなおすことは，「一緒に働

く」「ともに成長する」という同社が大切にする考えへの気づきを強め，インクルージョン認識をさらに高めると考えられる。

　生駒氏によると，表彰の推薦は各自のポイントにもなり，この点に鑑みると，会社からの積極的な促進ともとれる。しかし調査では，社員から会社のイベントに対する前向きな姿勢，また周囲に対する感謝や貢献意欲が多く語られた。このことは，社員同士の交流機会がインクルージョン認識を促進し，その社員の行動への影響が，さらなる社員のインクルージョン認識を高めるサイクルを生み出していると考えられる。

## (2)　インクルージョン認識の高まりが促す社員行動（社員側の視点）

　これまで，経営側が感じるインクルージョン認識の高まりが促す社員の行動について触れてきた。それでは，社員側の視点では，インクルージョン認識の高まりで促される行動とは，どのようなものか。

　分析により，社員側からは以下の5つの行動が挙げられた（表6.9）。ここからは，インクルージョン認識が高まるにつれ促される社員行動を，社員側のインタビューデータの分析から示す。

## 「行動①　社内や職場内の会話が増える」

　社内での交流が増えると，共通の話題や，仕事以外の意外な一面に気づくことが多くなる。多くの調査協力者がインクルージョン施策をきっかけに，社内や職場内の会話が増えると語っていた。

　E氏は，以下のように語る。

　（会社の行事は）やっぱりプライベートな姿を見ることで，この人こういう良いところがあったんだっていうのも，色々発見もできますし，コミュニケーションもちょっと深くなったりするので，そういう意味ではいいことだと思います。

　例えば，会社ですごく大人しくて，なんかよくわからなかった子がいて。で，体育館でスポーツレクリエーションとかがあって，いざ，何かスポーツとかしてみると，すごく生き生きしていたりとか。それで，そのことについて話をすると，普段ないぐらい，色々と話してくれたりとかっていうのがありましたね。

表6.9　インクルージョン認識の高まりが促す社員行動（社員側の視点）

| ① | 社内や職場内の会話が増える |
|---|---|
| ② | 個人の事情を上司や周りに伝える |
| ③ | 意見を言う |
| ④ | 業務上聞きたいことを自ら聞く |
| ⑤ | 職場内で自然に報告・連絡・相談を行う |

出所：筆者作成

　管理職の立場であるE氏は，社内の交流機会から，部下や後輩の個人的な興味等を知ることができ，それが会話の糸口になったと語っている。

　これらのように，インクルージョン施策をきっかけに職場内のみならず職場を超えて，同僚との会話が増えるという調査協力者が多かった。

　入社3年目のL氏も，社内で会話が増えるプロセスについて，以下のように語っている。またL氏は，社内のイベントには積極的に参加しており，その理由は「楽しいから」と語っていた。

　　声を掛けてもらったほうが，最初1年目とかだとしゃべりやすいというか。自分から，もちろんわからないところは聞くんですけど，これを聞いたほうがいいのか，いや，聞かないほうがいいのかというのは，わからないんで。社会人になってこれ聞いて「こいつ何言ってんだ」みたいに言われるその基準みたいなのが，自分のなかでわからなかったので，やっぱり声掛けてもらうことによって，ちょっと言いやすくなるというか。

　若手社員のL氏は，周囲から声を掛けてもらえるなど，社内での相互交流の機会が同僚との積極的な会話を促進すると語る。

「行動②　個人の事情を上司や周りに伝える」
　業務内容だけでなく，業務上配慮が必要な個人の事情を話しやすくなったという語りも複数聞かれた。
　業務上伝えておくほうが良い個人的な事情がある場合について，G氏は以下のように語る。

「誰だろう，この人」というのも時々あるんですけど，イベントごと等で集合すると，大体こんな人なんだな，とかがわかるようになります。例えば，そんな方がお父さんとかお母さんだったりとかして。社員旅行とかのときにも，家族一緒に来られているんですね。で，こういう人なんだな，と「人となり」がわかるんで，もうちょっと踏み込みやすくなったり。相談とかも，やっぱり人の顔がわからないのに相談ってしにくいんですよね。

自分のことで言うと，ちょっと個人的なことで仕事一緒にする人には伝えておきたいことがあるんですけど，その話をするのってあんまり好きではない。でも，言わないとどうしても駄目なんで，やっぱり相手の顔がわかると，こういう事情ですというのが言いやすかったりします。

　G氏は，相手の顔がわかることにより個人的な事情の開示が格段とスムーズになると述べる。

　また，相手の事情も聞きやすくなり，業務の状況なども知ることができ，仕事が非常に円滑に進むと述べている。

今，ちょうど他部門の方と仕事をしていますけど，その方の場合，メール見てるかどうかが不安になるんですよね。なので，メール送ってから直接行って，顔色見て，大丈夫かなっていうのを判断して話進めるということのほうが多いです。こんなことする人のはずがないのに，どうしたんだろうとか思ったら，単なるポカミスだったとか，まあそんなふうな。

　このように適切に状況を共有できる関係性の構築により，誤解や勘違いを避けることが出来，結果として業務効率性に寄与する状況がみられた。

「行動③　意見を言う」

　この点について前出のI氏は，プロアシスト社に転職する前の職場と比較して以下のように述べている。

実感としては，すごく何かを言いやすい職場の雰囲気みたいなのはあると思います。ちょっと前職が，何ていうんですかね，悪い言い方をすれば，パワハラじゃないですけど。高圧的な感じで。期日だったり，結構，カチっとしたような会社で，こうしたほうがいいんじゃないかって提案したときに，「それよりもこれをやれよ」み

　たいなところがあったんですけど，（プロアシスト社では）「まだちょっと間もない
んであれなんですけど。」と伺いつつ提案したときに，「こうしてもいいと思うし，
じゃあちょっとそれやってみて」っていう形で，自分の意見を取り入れてくれるイ
メージを受けています。

　Ｉ氏は，プロアシスト社では新参者でも意見が言いやすいと述べている。
意見を頭ごなしに否定されない雰囲気があり，それが自らのモチベーションや，
自分も人にそのような態度を取ろうという心がけに繋がっていると語る。
　また，同社に長く勤め，育児をしながら管理職もこなすＥ氏（女性）も以下
のように述べている。

　　私が言い過ぎなんかもしれないですけど，別に上司であろうが，部下であろうが，
　　社長であろうが，そのとき必要だと思うことは自由に発言してきてますし，それで
　　自分がこっちの方向に行きたいとか，仕事上でも，「こういうことを今後やってい
　　く必要がある」という提案をしても，割と受け入れられてきてるので，ありがたい
　　なと思います。

　これらのように，プロアシスト社では社歴の浅い社員や，女性社員といった
マイノリティ人材であっても，属性にかかわらず自由に意見が言えるというこ
とが語られていた。

「行動④　業務上聞きたいことを自ら聞く」
　①の「会話をする」と似ているが，単に雑談の会話だけでなく，業務上必要
な場合，ためらわず質問ができるという語りも多くみられた。
　入社３年目のＦ氏は，以下のように語っている。

　　Q：（社内の）イベントは業務や会社生活に何かしら影響していますか。
　　するものだと思います。今，ちょっと違った内容のことをしているんですけど。
　　それで，今，会社って北と南に分かれているんですけど，僕は北側にいるんです
　　けどね。（仕事に関連することで）南側に行って，知らない方と最近はすごくし
　　ゃべるようになりましたので，そういうときに，比較的僕のことを覚えてくださ
　　るとやりやすいですし。

インクルージョン施策にかんし，単純に楽しみながらも，それがきっかけで業務上でのコミュニケーションが取りやすいとのことである。

また，新卒で入社して3年目のL氏は以下のように語っている。

　　うちの部署ではちょっとわからないっていうか，教えてもらうことも結構あるんですけど，そういう社員旅行とかでコミュニケーション取ることによって聞きやすくなったというか，誰に聞いたらいいとかっていうのも段々わかってきたりとか。皆さん結構教えてくださるので聞けるようにはすごいなりましたね。(顔も知らずに聞くのと，顔が思い浮かんで聞くのとって) だいぶ違うんで。

　前出のE氏やL氏もそうであるが，特に部門外の人に対し，わからないことを質問できるなど，業務上のコミュニケーションが取りやすくなるという語りが多くみられた。

「行動⑤　職場内で自然に報告・連絡・相談を行う」
　インクルージョン認識が高まることで，日々の業務における上司部下や，部内のコミュニケーションが活発になるという語りも多くみられた。
　この点について，F氏はスケジュール管理という点で，以下のようにコメントしている。

　　話しやすい環境ではあるんじゃないですかね。環境がやっぱそうさせるから。あとは，皆さんが，喋れない状況にあまり陥らないっていうのは，仕事が差し迫って，ガーッってなっている方があまりいらっしゃらないからかな，というのはあると思います。その辺は，スケジュールがしっかりしてるかな。個人のスケジュール管理はきちんと取れているんじゃないかなとは思いますね。

　　あとは，会社の雰囲気的にも，皆さん喋りが好きな方が多いっていうのも思いますけどね。うちの会社の社長は，面白い人ですけど，直属の課長，部長も過ごしやすい空間をつくってくださってるからかな，っていうのが最初にありましたね。

　職場内や直属の上司にも様々な状況が共有しやすいという。またI氏も，以下のように述べる。

> 作業をしていく上で,「じゃあ来週これやっていこうか」みたいな,「じゃあ今日は
> ここまで」みたいな形を, 結構割とぽんぽんと, 何ていうんですかね, こっちから
> 残業する, しないというのを, 空気を読め的なことじゃなくて。話していく内容で,
>「今日はここまでしかできなかった」みたいな話があるんですけど,「じゃあ, まだ
> 時期あるし, まあぼちぼちやっていこか」みたいな形で。気張り過ぎない雰囲気と
> いうか。

　上司と部下の関係がフランクなため,「今日はここまでしかできなかった」
というマイナスの報告もあまり気にせず言えるとのことであった。
　また, G氏は上役とのコミュニケーションの取りやすさを, 以下のように述
べる。

> それは先輩のほうから言ってきますね。何週間遅れだからとか, どうやって挽回し
> ようかって話がすんなり出てくるんですね。そこは, 確かにうちの良いとこだと思
> います。先輩は, だから遅れてるよね, どうにかしなさいよって突き放すわけでも
> なくて, どうやったら戻ると思うかみたいな話はちゃんと出してきてくれるんです
> ね。どうやったらいいと思うか考えなさいっていうのもあるし, 一緒に考えようね
> っていうのもあるし。

　I氏によると, マイナスの情報が上役からも率直に提供されることから, 自
分も相談しやすいとのことであった。

### (3) 小括
　本項では, プロアシスト社のインクルージョン施策が, どのように社員のイ
ンクルージョン認識を高め, それが社員のどのような行動を促すかについて分
析を行ってきた。表6.10は, そのまとめである。
　経営側及び社員側が共通して感じていた行動は, 会話が増える, 個人事情を
共有する, 意見を言う, の3点であり, これらはほとんど同じであった。また,
それ以外の2点についても共通するのは, 社内において相互が関わり合う行動
という点であろう。
　それでは, インクルージョン認識が高まることで促されたこれらの社員行動
は, プロアシスト社の成果にどのような影響を及ぼしているのであろうか。次
項では, この点について分析する。

表6.10　インクルージョン認識の高まりが促す社員行動（まとめ）

| 経営側が感じる行動 | 社員側が感じる行動 |
|---|---|
| ・経営層や人事部との会話が増える | ・社内や職場内での会話が増える |
| ・個人的な事情を共有する | ・個人の事情を上司や周りに伝える |
| ・意見を言う | ・意見を言う |
| ・社員同士の強みを共有し合う | ・業務上聞きたいことを自ら聞く |
| ・社員同士が互いを称え合う | ・職場内で自然に報告・連絡・相談を行う |

出所：筆者作成

### 4.4　インクルージョン認識の高まりによる社員行動と成果の関連性

　前項では，プロアシスト社において，社員のインクルージョン認識が高まることで促される社員の行動について分析してきた。それでは，それらの行動は実際に同社の成果にどう繋がっているのであろうか。本書における2つめの研究課題は，社員のインクルージョン認識の高まりが，職場や組織にどのような効果をもたらすのかであった。しかし，その問いの考察を行うには，まずインクルージョン認識の高まりによる行動がもたらす成果を分析する必要がある。本項では，それを明らかにした上で，2つめの研究課題であるインクルージョン認識の職場や組織への効果にかんする分析を行う。

　なお，先行研究の検討でも触れたように，組織におけるダイバーシティの成果について，財務的指標との因果を実証する理論モデルは見出されていない（谷口，2005）。また，インクルージョン研究においても，インクルージョン認識の成果への影響にかんする実証研究は十分であると言い難い。プロアシスト社の業績は，図6.1のように伸長しているが，それとダイバーシティ・マネジメントや社員のインクルージョン認識の向上との因果は明言しがたい。よって，本項で分析する成果は全て非財務的指標にかんするものである。

（1）個人成果との関連

　それでは，前項で分析された社員の行動と，成果の結びつきを見ていこう。
　ここまでの分析を振り返ると，インクルージョン認識はまず個人の行動に繋がっている。そこで次に，その行動が影響を与える個人レベルの成果について，分析を行うこととする。

「個人成果①：他の人を助けることを厭わず，自発的な行動が増える」

　社員の多くが，豊富な社内コミュニケーションの場をきっかけに，仕事やプライベートの困りごとを周囲に伝えやすくなると語っていた。そして，結果的にそれが何かしらの解決策に繋がっていたことが多かった。ここから，インクルージョン認識が自然な相互援助に繋がっていることが伺えるが，特徴的であったのは，プロアシスト社では「自分がしてもらったことを，自分も他の人にしてあげよう」という互恵性が生まれており，それが自発的な周囲への貢献意欲に繋がっていることである。

　E氏は，自分が心細いときにもらった周囲からの声掛けが本当に心強く，その記憶から，自分も積極的な声掛けを心掛けていると語る。

　　私が入ってきたときは，多分まだ社員が70〜80人ぐらいのときだったんですけど，もっと今より女性が少なかったんで，結構ぽつんっていう感じだったんですよ。そのときにいろんな方が，通りすがりでも何でも，いろんな声掛けをしてくださったんで，すごく嬉しかった思い出があって。だから私も，何か1人でぽつんっていう人がいたら，積極的に声を掛けようっていうのは思っています。

　E氏のように，自分が受けてありがたかった行動を，次は同僚に自分がしてあげようという語りは，ほとんどの社員から聞かれた。その具体的な内容については様々だが，同社に互恵性が根づいていることが感じられる。それは，積極的に同僚を助け，職場や組織に貢献しようとする風土に繋がっていると考えられる。

　例えば，他社から転職をしてきたI氏からは以下のような語りがあった。

　　入社して1〜2か月とかのときに，ロボット関係の仕事をいただいて，それを自席で動かしてたら，「つくばチャレンジ興味ない？」と言ってもらえて。前職で感じなかった，開発を自発的にやるっていうのができるようになってきたっていう。ちょっと心の余裕とかもできてたので。自主的な取り組みとしては，業務とは関係ない定時後とか土日とかで，自分でマイコンのセットみたいなの買って，今，新人の子がいるんですけど，その子も何かちょっとプログラムを組みたいって言うので，一緒にプログラムを組んでみたり。

　　Q：新人の子に「やろうよ」っていうのは，Iさんのほうから声を掛けられた？
　　そうですね。やっぱり，自分も声掛けてもらったから，そういう意味で，（その

人もこれから）そうしてくれたらいいなと思うし。

　Ｉ氏は，業務時間外や土日に新人社員と一緒にスキル向上に繋がる取り組みを行っているが，それは自発的な行動であり，むしろ楽しく行っているという。
　また，さくらんぼ会幹事のＬ氏も，幹事の仕事に対しての想いを以下のように語っている。

　　例えば社員旅行だと，誰がいないとか，あの人はどこに行ったとか，すごい時間も気にしないといけないし，誰がどこにいるのかって探しに行ったりもしますし。そういう面では大変は大変なんですけど。自分もそんなに100％楽しめてるわけではないので。楽しむっていうことに関しては，参加するほうが気楽でもちろんいいですけど，スタッフとしてやってても，それも楽しさに変えようかなみたいな。1つの経験じゃないんですけど，これまで自分が参加させてもらってて，すごく楽しかったから，今度は自分が楽しませられたらいいなっていう思いもあるので。

　このように，プロアシスト社では，互いの関わりがインクルージョン施策などを通じて高められ，そのなかで互恵性が培われている。そして，声掛け，挨拶といったささやかではあるが非常に大切な行いや，スキルを教える，喜んで幹事を引き受けるといった会社への貢献などにかんし，社員の自発的な行動が見られる。

「個人成果②：働くことに意欲的になる」
　次に，社員が生き生きと意欲的に働けているという成果である。社員からは，会社や職場の居心地がよく，それが結果として働く意欲に繋がっている，という語りが聞かれた。
　Ｌ氏は，新卒で入社した社員であるが，自身が新入社員のころを振り返ると，入社後の緊張が3か月程度で取れ，会社になじめるのが早かったと述べている。

　　入社後，3か月ぐらいでたぶん緊張は無くなってて。［中略］私，新卒で営業メンバーが初めてだったらしくて。なので，皆さん結構，気に掛けてくださって「大丈夫？」と声掛けてくださったので，すごい助かりましたね。隣に別の営業部があって，そっちの営業の方も「飲みに行こうぜ」みたいに，仲良くしてくださったので全然そんな緊張もなく。

　L氏は新卒で入社した社員であったが，中途採用が多いIT業界で，新人が職場に早くなじめることは，人材の戦力化の点でも大きな効果があると考えられる。

　また，外国人で海外赴任の経験をもつJ氏は，海外駐在と，現在の部門での仕事を比較して，以下のように語っている。

> （海外赴任の部署は）ちょっと立ち上がったばかりで，精いっぱいで，[中略] ちょっと1人で色々，苦戦した時期があるので，いまはすごく同僚と仕事するのは楽しくて，ちょっと荷が下りたな，っていうのは実感しています。今，部署には15名くらいいるんですかね。そこでも2つのグループがありますけど，（私のグループは）6人くらいで，わいわいしています。日本の日常生活だとか，[中略] いろいろ自由に話しますね。

　現在の部門に異動してからは，皆で関わり合いながら仕事を行う楽しい雰囲気の職場であり，肩の荷が下りたと述べている。

　また，すでにマネジャーであるE氏も，会社のインクルージョン施策を通じて得た認識を，以下のように述べている。

> Q：（会社のイベントには）ご自身は，参加できるものならやっぱりしたいっていう感じですか。
> 参加したいですね。
> Q：したいっていうのは，なぜですか。
> なぜでしょうか。やっぱり何か仲間意識みたいなのがあるからですかね。一緒に遊びたいなっていう，友達と遊びたいな，みたいなのと，あんまり変わらない気がします。

　E氏は，会社のイベントを楽しみにしており，積極的に参加したいと述べているが，他の社員からも同様の語りが多数聞かれた。

　プロアシスト社では，社員は精神的に余計な緊張を感じず，職場を楽しんでおり，それらは社員がイキイキと意欲的に働くことに繋がっていると考えられる。

「個人成果③：上司と部下，同僚間の信頼関係の醸成」
　3つめは，職場内の信頼関係が構築されやすいことである。プロアシスト社

の調査協力者の多くが，上司や部下，及び同僚との信頼関係に言及しており，相互信頼の語りが多数聞かれた。

　例として，前出のJ氏は以下のように語っている。

　　　ちょっと手術をしたんですね。そのときも，みんな私いないときに，3か月か4か月かな，休ませてもらったときに頑張ってくださって。メンバーに本当に感謝ですし，やってくれたのも本当に感謝なんですけど。今もですね，（主人の都合で）家が遠いんですよ。往復4時間。そのときも，どうしようか，と悩んだときに，上司が，「4時間くらいだったら通勤できる距離だよ」って。それで，気楽に復帰できて。私も手術をし終わって，体もついていけるかな，通勤ができるかなっていう不安もあったんですけど，でもそのような温かい言葉を頂いたので。本当によかったです。

　J氏は，まず私的な困りごとに職場のメンバーがフォローをしてくれ，何より上司の励ましがあったことに感謝を述べている。女性であるJ氏は，周りのフォローや上司に対し信頼があるため，例えば今後，子どもを持つことに対しても，不安はないと語っている。

　また，J氏は外国人であるが，自らの経験から，新たな外国人が入社した際には気軽に相談できるよう，自ら進んでフォローしたいと語っていた。このように，インクルージョン施策をきっかけに，会社や職場において会話が増えることが，結果として効果的な職場マネジメントに繋がっており，様々な人が働きやすい職場を生み出していると考えられる。

　それでは，実際プロアシスト社では，どのような職場マネジメントが行われているのだろうか。15年以上，同社で勤務し，20人以上の部下をまとめるD氏は，自身のマネジメントについて以下のように述べている。

　　　基本的には部下の意思を尊重しようとしてるんですよ。例えばなんですけど，資料を，本人は「こういう項目でまとめたい」って言ったときに，僕自身のなかでそれを指示するときに大体完成イメージをつくってるんですよ。それが食い違うときに，いや，ここをちょっと，ここを追加してとかは一応言うんですけど，本人が，「いやいや，こっちのほうがこれこれこういう理由でわかりやすいんだよ」とかいう話をしてくると，「ああ，それでいきましょうか」っていう話で。

　部下を信頼し尊重しているからこそ，このような対応ができると考えられる。

インタビューでは，同社で部下を持つ調査協力者の全てから，仕事の進捗やプライベート事情を含め，部下を尊重しており，そのうえで適切に権限委譲している，という語りが聞かれた。そして，同時に会社の雰囲気や風土にかんするコメントも多く聞かれた。

　例えば，管理職のC氏は，以下のように述べている。

　　　個人の尊重というのが会社の経営理念のなかに入ってるんですけど，個人の都合とかもあると思うので，個人を尊重してあげようという気持ちは一番持っていますね。

　また，同じく管理職の立場でプロジェクト・マネジャーを務めているE氏も以下のように述べている。

　　　秘訣があるとしたら，そういう文化が一応会社の中に浸透してるっていうのが1つあるかなと思うのと，あとは，プロジェクト・マネジャーって，ほんとにプロジェクトを円滑に進めていくのが仕事なので，その人が何かでつまずいてるとき，何かで困ってるときっていうのは，すぐ話を聞いてすぐ手を打って，即断即決でやるようにしています。

　管理職であるC氏，E氏の両方から，会社の理念や文化の浸透について語られたことが興味深い。これは，プロアシスト社では理念が形骸化しておらず，社員の中にしっかりと根づいていることを示している。

　それでは，部下の認識はどうなのか。F氏は以下のように述べる。

　　　僕らしさは発揮できているかな。それは，上司が見てくれているからかなっていう気持ちのほうが強いですね，会社全体というよりは。[中略]あまり何も言わないという。自分の人となりに対して何か言ってくるというのはないですね。主体性に任せつつ，ちょっと業務として効率化とかその辺を考える上では，やはり指摘とかはありますね。でも，それは僕が覚えてないから悪いのであって，もうちょっと効率的に進めないとなっていう気持ちです。

　上司は部下の主体性に任せつつ，よい距離感で見てくれているという信頼があるのが良くわかるコメントである。

また，部下の立場のＩ氏も以下のように述べている。

> （気軽に相談ができるので）納期に対して結構早い段階で手を打つことができると
> か。言いにくい感じだと，「やらなきゃ」みたいなのが先行しちゃうので。[中略]
> 今日どうするかっていうのも，ちょっと（意見を）いただいたり。<u>周りの人も会話</u>
> <u>して，「こういう方と，明日こういう作業をやっていこうかっていう話になりまし</u>
> <u>た」っていうのを，最終上司と話はしますけど，それを踏まえて，「明日●●チー</u>
> <u>ムのあの人と連携して。じゃあお願い」みたいな。</u>

　Ｉ氏からは，前職と比較して意見が尊重され，主体性に任されることが多い
ため，モチベーションが高まるとの語りがあった。また，プロアシスト社につ
いて，新しい視点を歓迎する良い雰囲気が感じられるとのことであった。
　また，女性のＧ氏は，上司の対応について納得感が高いと述べる。

> <u>やっぱり（上司の判断が）自分でも納得のいく内容だからですかね。少なくとも感</u>
> <u>情的なものではなくて，あと理想過ぎるわけでもなくて，現実的で，ちゃんとすん</u>
> <u>なり自分が納得できるような内容の仕事だったり，指導の仕方であったりとかで，</u>
> <u>「この人だったらついていける」</u>みたいな感じになります。

　なお，これらの上司と部下の関係構築には，理念の浸透のほか，様々な要素
が絡んでおり，一概にインクルージョン認識の成果とは言い難い部分もある。
しかし，調査協力者の上司と部下のほとんどから，「個人の尊重」にかんする
語りがあり，それに伴う良好なコミュニケーションへの言及が多く聞かれ，そ
れが職場や組織のマネジメントに好影響を与えていた。ここから社員のインク
ルージョン認識は高まっていると考えられ，それが，上司と部下，及び同僚間
の信頼関係を生み出す要因の１つだと推察できる。

（2）組織成果との関連
　それでは，経営側は，社員のインクルージョン認識の高まりによる行動が，
どのように組織全体の成果に繋がると感じているのか。組織成果として言及さ
れたのは，「採用における優位性」「新しいアイデアの創出」の２点であった。

「組織成果①：採用における優位性」

　経営側が感じている組織成果の１点めは，採用における優位性である。人事担当のB氏は，マイノリティ人材に良い意味での特別扱いがなく，働きやすいという評判が，採用活動に大きな効果をもたらしていると述べる。

> どれだけ良い人材を採るかに，企業がうまくいくかどうかは懸かっていると思うんです。[中略]社長が今までずっと人脈を大事にしてきたので，<u>リファラル採用[9]っていうんですか，結構それが多くて</u>。求人情報誌とかはあまり使っても，なかなか待ちの状態なので，来ないんですよね。人材紹介まで使うと，中小企業にとっては，費用が大きいので，あまり使いたくないということで今までできているんですけど，<u>それなりにどうにか人材確保できているっていうところが，一番大きいのではないかと思います</u>。

　B氏によると，ダイバーシティ・マネジメントは，人事面では大変なことも多いが，好景気で人材不足になった際などは，多様な人材が活躍できる会社という評判が生きる，と感じると言う。特に，良い人材を公募ではなく紹介で採用できている点については，費用面も含めメリットを感じている。特に外国人にかんしては，紹介による採用が多いという。

「組織成果②：新しいアイデアの創出」

　次に感じている成果は，社員が自発的に，ためらわず色々な意見を述べるため，新しいアイデアが創出されやすいということである。

　この点について，社長の生駒氏は以下のように述べる。

> ある社内で企画した商品があって，ある程度，できてきたんです。で，社員から名前を公募しようと。<u>ランチタイムに，拒まずに参加してくれる人たちと３〜４回でそのネーミングを考えるというのがあったんですけど，すぐ15人くらい集まって。それでとても素晴らしいネーミングが決まりましてね，その商品に対して素晴らしい効果がありました</u>。

　生駒氏によると，プロアシスト社では，社員が自発的に動き，意見を自由に言う風土があり，新しいアイデアが創出されやすいと感じているということであった。

表6.11　社員のインクルージョン認識が高まることによる成果への影響

| 個人成果への影響 | 組織（会社）成果への影響 |
|---|---|
| ・他の人を助けることを厭わず，自発的な行動が増える<br>・働くことに意欲的になる<br>・上司と部下，同僚間の信頼関係の醸成 | ・採用における優位性<br>・新しいアイデアの創出 |

出所：筆者作成

## (3) 小括

　以上，プロアシスト社において，社員のインクルージョン認識の高まりが，職場や組織にどのような効果をもたらすのかについて分析してきた。その結果，社員のインクルージョン認識が高まるにつれ，同僚の業務をサポートする，新しいメンバーに自分から声を掛ける等，他のメンバーに積極的にかかわろうとする自発的な行動が促されていた。また，会社における自らの役割に意欲的になるという語りも見られた。それらは，上司や同僚とのコミュニケーションにおいてはその質の向上に寄与しており，そこから職場での相互信頼が醸成され，ここまで述べてきた効果がいっそう強められていた。

　なお，インクルージョンは，本書では個人の認識と定義している。そのため，その認識に伴う成果は，そもそも個人レベルで非常に小さい。

　しかし，経営側の視点では，これら1人ひとりの社員による小さな成果が，多様な社員が働きやすい風土を醸成し，それが口コミによる採用の優位性という成果に繋がっていると感じている。加えて，社員同士の積極的な関わり合いは，互いの考えや状況の共有に繋がっており，それが新商品開発の場などにおける活発な意見交換を促進し，新規アイデアの創出などに繋がる状況を作り出している。

　これらを表としてまとめると，表6.11のとおりである。

## 5　発見事実

　ここまで，社員にインクルージョンが認識され，そこから生まれる行動が成果に繋がっている事例として，株式会社プロアシストを取り上げ，その事例分析から，同社では何が社員のインクルージョン認識を高め，そのインクルージョン認識は職場や組織の成果ににどのような効果をもたらしているのかについて分析を行ってきた。

　ここからは，本調査における発見事実を整理する。まず，本調査における発見事実の1つめは，プロアシスト社では，インクルージョンを意識した理念と，インクルージョン認識を促す様々な施策（インクルージョン施策）を中心に据え，ダイバーシティ・マネジメントを行っていることである。これまで，たびたび言及してきたが，多くの日本企業は，法対応や，女性の活躍推進を掲げて育児にかんする制度を拡充する，マイノリティ人材のみに能力開発の機会を提供するなど，実質的に特定属性対象の制度の拡充を中心とした施策をダイバーシティ・マネジメントとして実施してきた。一方で，それらの取り組みのダイバーシティ・マネジメントにおける効果を実感できている企業は少ない（矢島ら，2017など）。プロアシスト社では，両立支援等の規程や制度は，基本的に標準的な法対応の範囲が多いが，それらは必要に応じ全社員が利用可能であることが重視されており，理念浸透とインクルージョン施策を通して，その利用を是とする風土を醸成している。そして，個を尊重するという理念の実践から，規程や制度で対応しきれない個別事情に対しては，会社として可能な限りフレキシブルに対応している。

　これらをまとめると，本調査における発見事実は以下のとおりである。

**発見事実1：プロアシスト社では，特定属性に対する制度拡充によるダイバーシティ・マネジメントではなく，理念浸透とインクルージョン施策を中心に据えたダイバーシティ・マネジメントを行っている。また，社員の個別の事情にかんし，理念に沿って柔軟な個別配慮を行っている。これらはプロアシスト社における社員のインクルージョン認識の向上に寄与している可能性が高い。**

　本調査における発見事実の2つめは，プロアシスト社において，社員の多くがインクルージョンの認識を高く保持していると推察できることである。その認識の高まりは，個人の具体的行動に繋がっていた。経営側及び社員側が共通して感じるそれらの行動は，会話が増える，個人事情を共有する，意見を言う，の3点であった。また，これ以外の2点についても共通するのは，社員相互が関わり合う行動であった。

　まとめると，本調査における発見事実の2つめは，以下のとおりである。

　**発見事実 2：プロアシスト社では，多くの社員がインクルージョンを認識している。そしてインクルージョン施策を中心とした，カテゴリーを超えた社内の交流がその認識のきっかけとなっている可能性が高い。その交流は，社員同士の会話を増やし，個人事情の開示や意見の共有など，互いの関わり合う行動を促す。またその行動による交互作用で，インクルージョン認識がいっそう高められている可能性が高い。**

　本調査における発見事実の 3 つめは，上の発見事実 2 で言及されたインクルージョン認識が高まることによる社員行動が，同僚の業務をサポートする，新しいメンバーに声を掛ける等の援助行動や，職場への貢献意欲に繋がっていたことである。そしてそれらは，上司と部下や，同僚間の相互信頼を生み出し，その信頼を強めていく。また，そこで醸成されるダイバーシティとインクルージョンを是とする風土は，外的評価による採用の優位性や，忌憚ない意見交換による新規アイデアの創出にも繋がっている。
　まとめると，本調査における発見事実の 3 つめは以下のとおりである。

　**発見事実 3：社員のインクルージョン認識の高まりによる行動は，職場や組織における相互援助を生み出し，社員の貢献意欲を高めている。またそれらは，職場や組織における相互の信頼に繋がっていく。これらの社員行動は，忌憚ない意見交換による新規アイデアの創出や，ダイバーシティを活かす会社という外的評価による採用優位性等の職場や組織の成果に繋がっていると想定できる。**

　以上が，本調査で明らかになった発見事実である。次節では，これらの発見事実に基づき，本書の研究課題に対する考察を行っていく。

## 6　考察
　本章では，社員のインクルージョン認識が高められ，そこから生まれる社員の行動が職場や組織にプラスの効果を及ぼしている事例として，株式会社プロアシストを取り上げ，調査分析を行ってきた。
　ここまでの分析を受け，同社ではどのように社員のインクルージョン認識が高められており，またその認識がどのような効果をもたらしているのかという

点について，そのメカニズムも含めて考察する。

### 6.1 社員のインクルージョン認識の促進

　ここでは，プロアシスト社の理念浸透とインクルージョン施策を中心に据えたダイバーシティ・マネジメントが，どのように社員のインクルージョン認識を高めているのか，これまでの分析から考察する。本書が依拠する Shore et al. (2011) の定義に鑑みると，インクルージョンは「帰属感」と「自分らしさの発揮」の両方を同時に個人が認識する状態である。プロアシスト社では，多くの社員がインクルージョンを認識していたが，ここでは「帰属感」と「自分らしさの発揮」の両面から，社員がそれらをどう認識するのかをインタビュー調査のデータから改めて紐解く。

### (1)「帰属感」の認識

　まず，インクルージョンの2つの構成概念のうち，「帰属感」についてプロアシスト社の事例を考察する。

　その前提として組織成員のカテゴリー化とその影響について，再度言及する。社会的アイデンティティ理論（Hogg & Abrams; 1988 吉森・野村訳 1995；Tajfel et al., 1971; Turner, 1987 蘭ら訳 1995）によると，人は社会的な区別で自身が属するグループ（内集団：in-group）とそうでないグループ（外集団：out-group）にカテゴライズする。カテゴライズということは，一方のカテゴリーに帰属感を持つと，他方には帰属感を持たないことになる。もちろん，先行研究でも言及されてきたとおり，各個人が認識する「自分の帰属カテゴリー」は決して1つではない（Cox, 1993）。しかし，特に人種や性別は，それが不変の生物学的差異であり，表層的であるからこそ，どの個人にとってもカテゴライズ要素の1つとなる。例えば日本人男性総合職を，人種と性別でカテゴリー化すると，「日本人」「男性」という，2つのカテゴリーとなる。これらはソーシャル・カテゴリーと呼ばれており，そのカテゴリーに属する人材と，そのカテゴリーから外れる人材という二項対立が生まれる。ダイバーシティ・マネジメント研究では，このようにカテゴリー化された集団同士がコンフリクトを起こすと言われてきた（Tajfel, 2010; Tajfel et al., 1971；谷口，2005；Williams & O'Reilly, 1998）。この論理は，社会的アイデンティティ理論から発展したソーシャル・カテゴリー理論（Tajfel, 2010; William & O'Reilly, 1998）に基づいて

いる。

　これまで，多くの日本企業，特に総合職人材において，「日本人男性」がマジョリティ人材であり，企業の中核を担う人材と位置づけられてきた。つまり，人数，職場におけるパワー，そして人事管理の3つの点から，日本人男性総合職は，日本企業での帰属感を他カテゴリーの人材よりも認識しやすい状況であったと考えられる。

　この点について，人数だけを見ると，プロアシスト社も人員の約7割が日本人男性総合職である。しかし同社では，マイノリティ人材も帰属感を得やすいと語っていた。その理由の1つとして考えられるのが，年間を通じて戦略的に経営側が設定している社員同士の交流の場，すなわちインクルージョン施策であろう。この施策においては，人々がカテゴライズしがちな社会的区別ではなく，様々な別の共通項にもカテゴライズされ，交流の場が提供される。ここには2つの点で，帰属感を高めるメカニズムがあると考えられる。

「帰属カテゴリーの細分化と複数化による帰属感の高まり」

　1つめは，1人の社員が属する帰属カテゴリーの細分化と複数化である。中根（1967）は，日本では「場」が重要視されるが，その「場」という枠のなかには，社会的個人の様々な属性が包含されると述べる。この個人の社会的属性カテゴリーを，中根（1967）は「資格」と呼ぶが，「場」の凝集性を高める1つの方法として，企業という「場」の内部に「資格」による繋がりを作り，ネットワーク構築により「場」内部の集団凝集性を高める方法を主張している。個人は元来，複数の属性カテゴリーを保持している（Cox, 1993）ことから，複数の「資格」による企業内のネットワーク構築によって，これまでのパワーバランスやコンフリクトに繋がってきた性別や国籍といったカテゴリーの影響を弱めることが可能と考えられる。個人が複数の属性カテゴリーを持ち，それら複数カテゴリーへの帰属感を高めることで，ソーシャル・カテゴリー理論で主張されてきた，属性カテゴリーによるパワーバランスや，属性間のコンフリクトも軽減されるのである。

　プロアシスト社では，この複数の「資格」によるネットワーク構築を，年間を通じて行われるインクルージョン施策，つまり理念浸透と社員交流の場の設定により実現していると考えられる。例えば，誕生月の会から始まった，毎月の定例会を例に考察してみよう。プロアシスト社では，この誕生月の会により，

性別や国籍ではなく，それとは全く別の誕生月という軸でカテゴリー化を進める。加えて，近年は，毎年メンバーが重なりがちな誕生月ではなく，それに代わる，多様なカテゴライズを行って会が運営されている。例えば，居住する沿線や干支などである。会社が企画するため，カテゴリー化に社員の意図は反映されず，新たなカテゴリーでの交流が図られる。これは，これまで組織における対立軸になり得ると言われてきた性別や国籍などではない，新たなカテゴリーを社員に付与することとなる。この帰属カテゴリーの細分化と複数化は他の施策にも見られる。例えば，社員旅行の部屋割りは，多様な社員と交流する機会と捉えられており，幹事により部屋割りが決定されている。また，会社がサポートし，有志で行われる「つくばチャレンジ」なども普段の職場における帰属カテゴリーとは別カテゴリーの生成を促している。属性にかかわらず「ロボット開発をしてみたい」という社員同士でチームを組むこのイベントは，性別や国籍などを超えた，「共通の興味」という別カテゴリーに帰属する機会となる。

　つまり，1人の社員につき，属性カテゴリーの細分化と複数化がなされることにより，ソーシャル・カテゴリー理論で主張されてきたカテゴリー間のコンフリクトを緩和し，複数カテゴリーへの帰属感が高められている。なお，ここで強調したいのは，新しく生成されるカテゴリーは，概して業務のパワーバランスに直接影響するようなものではないことである。ソーシャル・カテゴリー理論や，日本企業に多い男性総合職モデルの人事管理においては，帰属カテゴリーが少なからず，業務上のパワーバランスに影響する。しかし，プロアシスト社においては，個々の社員にパワーバランスと無関係な帰属カテゴリーを増やすことで，そのパワーバランスが職場や組織に与える負の影響が緩和されていると考えられる。そして，この社内の複数カテゴリーへの帰属と，それによる集団凝集性の向上は，結果としてプロアシスト社への帰属感を向上させる大きな要因の1つだと考えられる。この部分については，以降でより深く考察していきたい。

「集合的カテゴリーへの帰属感の醸成」

　2つめは，これらのインクルージョン施策による社員交流が，プロアシスト社という大きな集合的カテゴリーへの帰属感も醸成する点である。つまり，共通体験を通じ，性別や国籍といった属性を超えて「プロアシストに帰属する仲

間」というカテゴリーに自らをカテゴライズする。社長の生駒氏からは，社員はその家族も含め，プロアシストという大家族の一員だという語りがあり，社員からも，会社は家族のようだ，互いに支え合う，といった語りがあった。Kanter（1977 高井訳 1995）によると，マイノリティは 35％を超えると組織の意思決定に影響を与えはじめるが，プロアシスト社においては，女性の割合は約 28％で外国人の割合も 4％程度である。また，IT 業界ということもあり，年齢を問わず中途採用者も多い。多様性が存在する状況にあっても，属性にかかわらず多くの社員が同社に帰属感を持つ理由は，自ら認識するソーシャル・カテゴリーの 1 つに「プロアシストに帰属する仲間」があり，互いを内集団メンバーと認識するからだと考えられる。

　一年の間に相当の頻度で行われる社員同士の交流の場，すなわちインクルージョン施策は，無計画ではなく，どれもプロアシスト社にルーティンとして強固に根づいている。例えば，社員旅行は「どんなに景気が悪化しても，日帰りになっても行う」という生駒氏のポリシーのもと，創業以来ずっと継続されており，前述の誕生月の会もすでに 10 年以上にわたり開催が続けられている。このように，ほとんどの社員交流の場が長期間継続され，年間を通じてその回数も多い。そのため，属性にかかわらず，全員が抜け漏れなく何らかの施策に参画することとなる。プロアシスト社ではそれらを通じて，社員同士が，性別や国籍，年齢や家庭状況といったカテゴリーを超え，「個」を知り認め合っていく。ここにはインクルージョン施策を通して「個人の尊重」という理念を実現しようとする経営側の確固たる姿勢がある。

　このようなインクルージョン施策を通じて，社員は「プロアシストに帰属する仲間」という帰属感を持つこととなる。加えて，前述のとおりインクルージョン施策では，社員は業務に紐づかない複数のカテゴリーに分類され，交流することから，自ずと社内における帰属カテゴリーの細分化及び複数化がなされる。このことは，類似性・アトラクション理論（Byrne, 1971）で言及される「類似性」を，性別・国籍といったこれまでの属性以外のカテゴリーで生み出し，社員同士が互いを近い存在として認識するきっかけとなる。類似性・アトラクション理論では，「自分と似ている・共通点がある」ことが好意や団結，またコミュニケーションの質に繋がると主張されており，同社においては，インクルージョン施策により社員同士の類似性の発見を促進し，そこから「プロアシストに帰属する仲間」という，組織レベルの帰属感が高められていると考

えられる。

　つまり，プロアシスト社ではダイバーシティの弊害とされてきた，性別，国籍等のカテゴリー化によるコミュニケーションの阻害と，それに起因する相互理解の不足を，インクルージョン施策による場づくりで補っていると推察できる。そのインクルージョン施策は，カテゴリー間のコミュニケーション障壁を壊し，社員の相互理解を深めると同時に，互いの新たな共通点を見出し，親しさを感じさせる一助となり，同じ会社で働く仲間という意識を醸成する。このプロセスは，忌憚ない自分らしさの発揮への布石になると考えられる。

### (2)「自分らしさの発揮」の認識

　それでは，インクルージョンのもう１つの構成概念である「自分らしさの発揮」はどうであろうか。「帰属感」と「自分らしさの発揮」は，相反しており，その両立は難しいという指摘もされてきた。しかし，Jans et al.（2012）は，個人の「自分らしさ」が帰属集団にとって価値あるものであれば，そのこと自体が社会的アイデンティティを形作る要素の１つとなり得ると主張する。また，Brewer & Gardner（1996）は，個人が帰属集団において，集合的自己概念を志向できれば，個人的自己概念が集団を考慮したものとなり，集団に貢献する範疇で自分らしさを発揮しようとする，と述べる。つまり，この場合，個人は「自分らしさの発揮」を自分自身（個人）と組織（集団）の両方に貢献する形で実現しようとする。このように，「自分らしさ」を組織のために発揮してもらうには，その帰属集団の人間関係が良好であり，社員に理念（＝企業における集合的自己概念）が常に共有されていることが重要である。

　それでは，これらの点において，事例企業のプロアシスト社に立ち戻って考えてみる。ここでは，同社における「自分らしさの発揮」について２つの側面から考えていく。

「個人尊重の明示と理念共有による集合的自己概念の形成」

　まず１つめは，理念共有による集合的自己概念の形成である。プロアシスト社では，存在要件（corporate mission）の最初に「社員の精神的・物質的幸福」が，また経営理念（corporate value）の最初に「個人の尊重」が掲げられており，企業の姿勢として，人材を大切にするだけでなく，それぞれの「個」を尊重すると明言している。また，調査分析からも，それが社員に浸透してい

ると考えられる。例えば，「個人の尊重というのが会社の経営理念のなかに入ってるんですけど，［中略］個人を尊重してあげようという気持ちは一番持っていますね。」（C氏・女性・管理職）といった語りや，「基本的には部下の意思を尊重しようとしているんですよ。」（D氏・男性・管理職）という語りが特に管理職から聞かれた。

社長の生駒氏は，プロアシスト社の理念を，ダイバーシティ・マネジメントの観点から非常に重要視している。「私が会社を創業したときには，もう男性・女性，技術の方，経験のない方，外国の方，そういったことは全く関係なく。この会社の理念，一生懸命考えた理念に賛同できる方。」（生駒氏）という形で，属性以前に理念に賛同できるかどうかが，「一緒に働く仲間」として重要であると述べている。

通常，理念の浸透は，一朝一夕には困難である。そこで，プロアシスト社では，地道な取り組みを継続的に行っている。理念浸透の柱となっているのは，社長の生駒氏が自ら登壇する理念研修の「生駒塾」と，理念のブックレットである。「生駒塾」は年に1度行われており，これは全社員の出席が必須である。そして，研修は一方的なものではなく，理念とともに語られる年次テーマには，社員の意向も反映される。また，終了後には必ず社長の生駒氏が出席する懇親会が開かれ，社長が社員1人ひとりと直接接点を持つ。また，理念のブックレットは，社員とともに作り上げるプロセスを経て完成したものである。金・大月（2013）によると，集団の繁栄に対する個人の行動やモチベーションは，他者との関係性や相互作用に影響され形成されるというアイデンティフィケーションと関係する。生駒氏によると，理念ブックレットには「愛すべき社員のみなさまへ」という書き出しからはじまる社長メッセージがある。小さなことかもしれないが，このタイトルにより，社員は会社が自分自身をどう考えているかを端的に理解できる。このような小さな，しかし丁寧な理念浸透の取り組みが，プロアシスト社において，個人の尊重が社員に意識されている理由であろう。また，理念の浸透は，社員の集合的自己概念の形成を促し，会社に貢献する形で自分らしさの発揮を行うことに繋がっていると考えられる。

「社員同士の交流による面識の獲得」

2つめは，インクルージョン施策により社員同士が交流することで，互いに面識を得ることである。プロアシスト社では，それが業務上の会話や交流にも

繋がっている。組織成果につながる「自分らしさの発揮」は，業務上における社員同士の自己開示の程度に左右されると推察するが，それがインクルージョン施策によって実現されるかは個人差があるであろう。しかし，社員交流の場における面識の獲得は，職場内のみならず，職場を超えた交流に確かに繋がる。

　人は自身と異なる人や集団に接触する頻度が増えると，その人や集団に対しての偏見や排除意識が減るとされてきた（Allport, 1954 原谷・野村訳 1968）。これは接触仮説（contact hypothesis）と呼ばれる。現実の社会生活において，偏見までは感じずとも，良く知らない相手に対しては，なかなか会話のきっかけを掴みにくい。他部署の人間や新入りの社員等に対しても，互いを知らないという理由から敬遠的態度を取ることは起こり得るが，Allport（1954 原谷・野村訳 1968）の考え方に鑑みると，接触する機会をもったことのある相手であれば，会話が起こりやすいことは想像に難くない。プロアシスト社では，1年間を通じ頻繁に行われる社員交流の場において，良く知らない相手でも，必然的にコミュニケーションを取らなければならない仕組みが作られている。社内イベントで一度交流すれば，その後社内で顔を合わせる際も，自然に会話が生まれるだろう。

　なお，接触仮説のその後の研究では，ただ単に接触するだけでなく，一定の条件を満たした接触が必要だとされる。その条件とは，その接触に対する組織の肯定や支持，十分接触期間や濃度，そして接触時の対等な地位関係や共同作業である（大槻, 2006；Pettigrew, 1997）。プロアシスト社では，社長の生駒氏によってインクルージョン施策が積極的に推進されている。つまり，会社が社員の交流を肯定しており，年間を通じて様々な交流機会が与えられ，社員同士には十分な接触時間が実現されている。さらに，宿泊のイベントなどもあり，接触の密度も濃い。加えて，それらの施策は，仕事上の地位などは関係しないものがほとんどである（e.g. スポーツデー，社員旅行）。つまり，プロアシスト社のインクルージョン施策は，接触仮説で主張される効果が発揮されるための条件を満たしている。そして，これらの交流機会は，職場における社員同士の自己開示を促進していると考えられる。

## (3) リーダーによるインクルージョンの促進

　これまで，社員の「帰属感」と「自分らしさの発揮」の高まりという点を中心に考察を行ってきたが，ここには社長の生駒氏のリーダーシップが大きく影

響していると考えられる。そこで，ここでは，生駒氏のリーダーシップについて考えてみたい。

　本書においては，Carmeli et al.（2010）と Nembhard & Edomondson（2006）の研究に依拠し，インクルーシブ・リーダーシップを「フォロワーに開放性，近接性，有用性という3つの要素を示し，発言の奨励やそれに対する感謝などの包摂を促す行動を，目標達成のために戦略的かつ直接的に行うリーダーシップ」（p. 41）と定義したが，生駒氏は，まさにこれを実践しているリーダーと言えるだろう。

　インクルーシブ・リーダーシップの文脈では，リーダー自身が直接，フォロワーのインクルージョン認識を高める行動をとることが最も大切と言われている。プロアシスト社においては，社員同士が交流する機会として様々な行事があるが，生駒氏は，これらの行事への自身の参加を最優先事項としており，そのなかで，1人ひとりの社員と交流するように努めている。また，交流を主軸とした行事だけでなく，社内のプロジェクト単位の発表会等にも積極的に参加し，社員が意見を出し合うことを直接奨励している。「こんなことを考えていて，次こういうふうにしていきたい，というのも，皆，言い合っています。［中略］新入社員1年生でも。その辺はフラット過ぎますね（笑）」という生駒氏の語りからも，その開放性と近接性が示されている。また，社員からは，「別に外国人だから言いにくいとか，言った意見が採用されないとか，全然関係ない。」（J氏・男性）といった語りや，「女性が大体男性にもちゃんと"ずばっ"と言える気はしてます。それを駄目っていう風潮もないですしね。」（G氏・女性）と語られている。これは，社内で意見を言うにあたり，心理的安全性が担保されているということであろう（Carmeli et al., 2010; Hirak et al., 2012; Nembhard & Edomondson, 2006）。心理的安全性はインクルーシブ・リーダーシップの効果の1つと言われるが，社員の積極的な発言を促すことが，プロアシスト社における社員の自分らしさの発揮に繋がっていると推察できる。

　また，生駒氏は交流の場では，社員からの意見に積極的に耳を傾けている。例えば，社員が結婚するにあたり，食事会で「株式会社にして欲しい」と要望があったことに対し，真剣に検討し，結果として株式会社への移行を行っている。もちろん，企業としてのメリットとデメリットも勘案した上での決断だったであろうが，社員の建設的要望に対しては検討を行い，より社員が力を発揮できる環境の整備に尽力している。これは，社員に対しリーダーの有用性を示

すとともに，それに感謝する社員が，会社に対する情緒的組織コミットメントを高めるという効果に繋がっていると考えられる（Choi et al., 2015）。なお，株式会社にしてほしい，と希望した社員は，調査時点においても，3人の子供を持つ父親として同社での勤務を続けているということであった。

### (4) 小括

　ここまで，プロアシスト社では，どのように社員のインクルージョン認識が高められているのかについて考察を行ってきた。本書におけるインクルージョン認識とは，組織で働く個人において，「帰属感」と「自分らしさの発揮」という2つの認識が両立した状態である（Shore et al., 2011）。このうち「帰属感」については，各社員の社内における帰属カテゴリーを増やすことで，カテゴライズの影響を希薄化した上で，複数の集団を内集団と認識させる。その上で共通の体験を通じて「プロアシスト社に属する社員」という集合的自己概念の保持を社員に促すことで，その認識が高められていた。一方，「自分らしさの発揮」については，個人の尊重という理念の浸透と，社員同士の頻繁な交流による自己開示の促進により，その認識が高められていた。加えて，これら両方に大きな影響を及ぼすのは，社長の生駒氏によるインクルーシブ・リーダーシップである。生駒氏によるインクルーシブ・リーダーシップは，「帰属感」に繋がる社員の情緒的組織コミットメントと，「自分らしさの発揮」に繋がる心理的安全性を高めていると考えられる。

### 6.2 社員のインクルージョン認識が高まることの効果

　それでは，社員のインクルージョン認識の高まりは，どのような効果をプロアシスト社にもたらしているのだろうか。ここでは，インクルージョン認識の高まりから繋がる社員の行動と，その組織成果への影響について考察する。

### (1) 社員行動の促進効果

　社員のインクルージョン認識は，分析で挙げられたような社員行動を促すと考えられる。ここでは，そのメカニズムについて考えてみたい。

　まずは，分析にて示された，インクルージョン認識の高まりが促す社員行動のまとめを再掲する（表6.10の再掲）。

　これらは基本的に，コミュニケーションの質が向上することと，自己開示が

表6.10（再掲）　インクルージョン認識の高まりが促す社員行動（まとめ）

| 経営側が感じる行動 | 社員側が感じる行動 |
| --- | --- |
| ・経営層や人事との会話が増える | ・社内や職場内での会話が増える |
| ・個人的な事情を共有する | ・個人の事情を上司や周りに伝える |
| ・意見を言う | ・意見を言う |
| ・社員同士の強みを共有し合う | ・業務上聞きたいことを自ら聞く |
| ・社員同士が互いを称え合う | ・職場内で自然に報告・連絡・相談を行う |

出所：筆者作成

進むことに起因する行動であると推察する。プロアシスト社においては，社員のインクルージョン認識は，理念の共有と，社員の交流を促す機会，すなわちインクルージョン施策により高められていると考えられる。そしてそれらは，社長の生駒氏のインクルーシブ・リーダーシップのもと，戦略的かつ明確な目的を持って行われている。経営層も含む社員同士の交流機会は，性別や国籍，地位といった社内のパワーバランスに影響されないよう設計されている。インクルージョン研究の文脈では，インクルージョン認識を高めるには，個人的な人と人の結びつきが重要であると言われている（Allport, 1954 原谷・野村訳 1968; Nishii, 2013）。他者との接触機会は，偏見を減少させ，協調的関係を促し，人的ネットワークを構築する。社員はインクルージョン施策で，新たな会話のきっかけを得るが，業務に戻った際には，そこで得た面識を礎に，さらに新たな会話が促進される。調査協力者は，インクルージョン施策で面識を得た同僚とは，職場や業務においても非常にコンタクトしやすいと述べる。例えば，「同じ部署の方もいらっしゃって，そこで仲よくなったというか，話ができるようになる機会をちょっと与えてもらったっていう形で。」（I氏・男性）といった語りや，「こういう人なんだな，と"人となり"がわかるんで，もうちょっと踏み込みやすくなったり。」（G氏・女性）といった語りが示されている。

　職場での会話が増えると，通常，社員同士の親密性は高まる。親密性が構築されると，関係性のなかでの発言や自己主張が促進される（Brewer & Gardner, 1996；大坊，2005）。このように社員同士の関わり合いのなかで，プロアシスト社では社員に内集団意識が形成されると考えられる。しかも，インクルージョン施策におけるグループ分けは，カテゴリーの細分化と複数化が意識されており，結果として1人の社員につき様々な属性のネットワークを持つようになる。これは，社内の様々な集団において，社員の内集団意識を高める機会となる。

　加えて，そこには社長の生駒氏が，明確な「個人の尊重」の理念をもって深くかかわり，その理念を絶え間なく発信している。また，生駒氏のインクルーシブ・リーダーシップが，社内における心理的安全性を担保し，社員の自分らしさの発揮を促進する。具体的には社員に意見の発信や，上司や周囲に個人的な事情を伝えるなどの自己開示を促す。例として，「生活の面とか，家庭面について色々話できる。それで，例えば，同じ会社の人なのに，全然話したことないのに，その場でこういう風な関係を作れますね。」（H氏・男性）といった発言が調査協力者からなされている。そして，その自分らしさの発揮のプロセスのなかで，社員は互いの強みを知り，自然にその共有を行っていく。

　この中で，生駒氏による理念浸透は，社員の集合的自己概念志向を強める大きな要素であるだろう。個人的自己概念は，通常は自己利益を動機の根拠とするが，集合的自己概念を持つことにより，社員は組織の目標に貢献するための行動を起こす傾向が強くなる（Brewer & Gardner, 1996）。このことは，業務上での疑問点を質問する，不都合なことであっても職場内で進んで報告・連絡・相談を行う，といった社員の行動に繋がると推察できる。

　それでは次に，これらがなぜ個人や組織の成果に繋がるのかという点を考察する。

## （2）　個人成果に対する効果

　まず，個人成果への効果について，社員のデータ分析でも示した3つの点を考察する。

### 「個人成果①：他の人を助けることを厭わず，自発的な行動が増える」

　1つめの個人成果は，「他の人を助けることを厭わず，自発的な行動が増える」ことである。これまで示された社員のインクルージョン認識から繋がる社員行動のなかに，「個人の事情を上司や周りに伝える」というものがあった。プロアシスト社では，社員が互いを支援し合うことに対し，それが当然という意識が生まれている。しかし，同じ組織とはいえ，担当業務を抱える各個人が，他者の個人的事情を含む困難に対し，利他的な行動をとるのはなぜだろうか。

　この状況は一種の社会的ジレンマ状況[10] とも言えるが，プロアシスト社では，多くの社員が集合的自己概念を意識していることにより，社員の協力行動が高まると考えられる。社会的ジレンマを抱えた状況では，集団の成員に共通の集

合的自己概念が保持されることで協力行動が促進される。集合的自己概念が，内集団における協力行動を促す点については，2つの原理で説明されると第2章で述べたが，自らが協力するか否かの選択には，相手からの協力も期待できるか否かが大きく影響する（神・山岸，1997）。つまり，自己利益を追求すると相互非協力が生じる場合は，相手からの協力に対する期待が，個人の協力傾向を上昇させる。神・山岸（1997）は，この期待は信頼に置き換えられ，人は内集団成員に対し，信頼ができ，正直で協力的だというステレオタイプを持つと述べる。この論理で考えると，組織全体で内集団の形成がなされていると考えられるプロアシスト社では，協力行動が根付いている点が理解可能となる。

　また，大坊（2006）によると，個人は自らの立場が社会生活のなかに確立されることで，誰かに配慮するゆとりができるが，互いを支え合う行動は，相互の理解不足や軋轢により容易に阻害されると述べる。プロアシスト社では，社員の相互理解を深め，それを維持するインクルージョン施策を絶えず提供している。その結果，社員の互恵性が形成され，それが保持される。

　プロアシスト社では，よく知らない相手を個人として尊重すべし，という考えではなく，社員同士の相互理解を深めた上で，相手を尊重するように促す。インクルージョン認識が高まれば，その構成要素の一部である帰属感に影響する内集団意識もさらに高まるはずである。そうなれば，同じ会社や職場で起こる事象は全て「自分ごと」に近い「仲間ごと」となり，情報共有や協力が一層促進されるであろう。結果として，問題が発生すれば，そのときにできる人がやる，ということが自然となり，その互恵性が個人の困りごとへの業務への影響を最小限に抑える。このことが，職場の成果に繋がっていくと考えられる。

　この「仲間ごと」という感覚は，歴史的に日本企業の特徴と言われてきた，ヒトとヒトとのつながりや，その期間の長さ，そして相互信頼の重要性（伊丹，1987；加護野，1997）と共通する部分がある。ただし，プロアシスト社においては，一部の選ばれたコアメンバー——多くの日本企業でいえば日本人男性総合職——だけでなく，全員が属性にかかわらず組織から尊重された仲間として扱われる。それは，同社の理念においても明示されており，殆どのインクルージョン施策に，社長の生駒氏がインクルーシブ・リーダーシップをもってかかわることで，より明確に社員に示される。インクルージョン認識を高める要因の1つに社員の意思決定への参画が挙げられるが，プロアシスト社では，多くのインクルージョン施策が多様な社員により持ち回りで運営されている。そこ

では，発言し意思決定にかかわることが，社長の生駒氏から継続して奨励されている。なお，重要なことは，この意思決定は，たとえ業務に関連がなくとも重要事項と位置づけられており，社員全員がいつか何らかの形でかかわる機会が用意されている点である。

　さらには，個人の事情により，一時的に社員の組織に対するコミットメントが低下したとしても，プロアシスト社ではそれは皆に起こり得るという共通認識があり，その挽回や，戦線離脱からの復帰も容易な点である。これは，第2章で説明したインクルージョン認識の促進要因の1つの公正性ともかかわると考えられる。インクルージョンの先行研究の多くで，属性にかかわらず公正性が担保されることが重要であると指摘されている。これに対し，同社では，例えば両立支援において，規程はあるものの，その運用は個別事情に配慮した上で，柔軟に行っている。個別配慮を柔軟に行うことは，一見すると，組織における公正性と矛盾する。しかし，プロアシスト社では，全員に等しく柔軟な運用が適用される可能性が示されている。別の視点で見ると，全員に事情が考慮される可能性があるのであれば，それはある意味，公正である。つまりプロアシスト社では，その公正性の軸が多くの日本企業の制度運用と異なると言えるであろう。この取り組みは，Rousseau（2001）のI-dealsという概念で検討可能と考える。Rousseau（2001）は，個々の社員の事情に配慮した柔軟な制度運用は，一様な人事管理が困難な状況において，優秀人材の雇用継続に効果的であると主張するが，組織にダイバーシティがある状態は，まさに一様な人事管理が困難な状況と言える。ただしRousseau（2001）は，その特別な配慮が他の社員や職場への何らかの利点に繋がらない場合，その柔軟な制度運用には困難を伴うとも述べている。この点においてプロアシスト社では，インクルージョン認識を高めることで，職場における自己開示，つまり個別事情を上司や周囲に伝達しやすい状況を生み出している。また，会社は，どの社員に対しても等しく個別配慮の相談に乗るという姿勢により，その困難性を克服している。

　本章の分析結果においても，インクルージョン認識から繋がる社員行動として「個人的な事情を共有する」が見出されたが，プロアシスト社では，それぞれの個人事情について知り合う，またそれについて気軽に話せるという関係の構築が重要視されている。つまり，社員同士が相互理解を深めると同時に，何かしらのプライベートな事情があり配慮が必要な場合も，すぐに互いを頼れる状況が生み出されやすい。

　また，人は自分が良い施しを受ければ，相手に返礼をしたいと考えるため（Blau, 1964 間場ら訳 1974；Cropanzano & Mitchell, 2005），社員のインクルージョン認識は，職場やリーダーに対する援助行動を促すと言われている（Shore et al., 2018）。特に女性と人種的マイノリティは，組織やリーダーからの扱いにより，リーダーに対して援助行動を起こすかどうかを決定する（Mamman et al., 2012）。プロアシスト社における規程や制度の柔軟な運用や個別配慮の実践は，社員の帰属感を一層高め，組織やリーダーに対するサポート，そして職場における互恵の精神を醸成すると考えられる。

「個人成果②：働くことに意欲的になる」

　さて，ここまでの議論は，個人の成果として2つめに挙げた「働くことに意欲的になる」にも繋がると考えられる。例えば，仕事と育児・介護などの個人事情の両立（いわゆるワークライフ・コンフリクト）においては，会社の制度整備や，その利用しやすさに加え，職場メンバーの理解や配慮が必要と言われる（Liu et al., 2015；篠﨑・伊波・田畑，2018）。社員のインクルージョン認識は，その組織で働き続けようとする意欲と，仕事の質に大きく関わっており（Cho & Mor Barak, 2008），インクルージョン認識を女性やマイノリティ人材が得られない場合は，その組織で働く意欲の低下が見られるという（Findler, Wind, & Mor Barak, 2007）。これに鑑みると，業務だけでなく，プライベートを知る機会の提供は，職場に影響する個人事情の共有という点では理にかなった施策であり，それにより多様な人材が意欲的に働けているとも考えられる。また，プロアシスト社では，そのような個人事情は，長い人生のキャリア上においては皆に起こり得るという共通認識が浸透している。そのため，結婚や出産などがキャリアに影響する女性だけでなく，あらゆる属性の社員が仕事とプライベートの両立に安心感を持つことができる。そのことは社員が自らを価値あるものと認識し，意欲的に働くことに繋がると考えられる。

「個人成果③：上司と部下，同僚間の信頼関係の醸成」

　個人成果の3つめは，「上司と部下，同僚間の信頼関係の醸成」である。信頼（trust）とは相互交流の前提にあるものだが，不確かで脆弱である（Downey et al., 2015）。ダイバーシティが高い職場においては，同僚間の類似性が減ることから，信頼関係は不確かなものになりやすいが，その信頼の度合いは社員

の協働に影響する（Downey et al., 2015）。Mayer & Gavin（2005）によると，信頼の構成要素は3つ[11]あるが，特に大切な要素は，相手への好意と誠実さである。

　Allport（1954 原谷・野村訳 1968）や Byrne（1971）の主張によると，基本的には触れ合う時間や濃さが長く深く，またそのなかで類似性を見出すことができれば，人は相手に好意を抱く。また，誠実さにおいては，本来，会社では業務上の関わりで見出す部分が大きいと考えるが，プロアシスト社では，社内イベントにおける準備や交流も，互いの誠実さを知る機会になると推察できる。そのような意味でも，インクルージョン施策が相互信頼を構築する一助となっていると言えるだろう。

　なお，信頼が構築されると，互いを監視するような行動は減り，挑戦のリスクを取りやすくなる（Mayer & Gavin, 2005）。プロアシスト社のインタビュー調査では，上司にあたる調査協力者の多くは仕事の進捗を逐一確認してはいないと語っており，部下も裁量を適切な範囲で与えられている認識を持っていた。その上で，納期上のトラブルや，業務の進捗が懸念される場合は，互いに忌憚なく情報共有するという語りが聞かれた。もちろん，この点については，上司自身のマネジメント・スタイルに帰する部分も大いにあるだろう。しかし，インクルージョン施策や，それにより生まれる相互理解が，情報共有や，その他の意欲的かつ自発的な行動を起こすという成果に貢献している可能性は十分に考えられる。

　さて，ここまで考察した3つの成果は，インクルージョン認識が高まることによる，個人レベルの効果であるが，これらが組織レベルでの成果に結実していると考えられる語りがいくつかあった。これらを，次に考察していく。

### (3) 組織成果に対する効果

　プロアシスト社で，経営側が感じていたインクルージョン認識の高まりによる組織レベルへの効果は，採用における優位性と，新しいアイデアの創出であった。これらはあくまで社長の生駒氏と人事担当者から語られた効果であり，なぜそこに繋がるのか考察が必要であろう。そこで，ここからは社員のインクルージョン認識が，なぜ職場や会社レベルの組織成果に繋がるのかについて考察を試みる。

　まず，ここでは，事例として，Ｊ氏を取りあげる。社内の相互援助という個人レベルの成果について考えると，Ｊ氏は体調により業務上のサポートが必要だった際に同僚の協力を得ている。また，遠距離通勤が必要となった際にも，上長や周囲から協力や配慮を得た。結果として，Ｊ氏はプロアシスト社での勤務を継続でき，一方で会社は貴重な人材の引き留めに成功している。ジェンダー・ダイバーシティとインクルージョンの風土に着目したNishii（2013）の研究では，インクルージョンの風土は，女性の職場に対する満足度を高めるという結果が示されている。Ｊ氏は，社内の原則から外れた働き方が必要になった際にも，会社からそれに対する配慮がなされたことで，他の社員に同様の状況が起これば，そのときは自分も積極的に援助したいと語っており，結果として，自分が受けた配慮がプロアシスト社で働き続ける意欲に繋がっている。社員が離職すると，業務効率性や生産性といった基本コストへの影響が大きい（Nishii, 2013）。加えて，長期雇用が前提の日本企業では，初期に社員の育成コストがかかっており，早期に離職すると，それを取り戻せないままとなってしまう（平野，2006）。よって，Ｊ氏が離職せず，プロアシスト社で引き続き活躍していることは，Ｊ氏のインクルージョン認識の高まりが組織に及ぼしたプラスの効果だと言えるだろう。

　また，上記以外では，報告・連絡・相談がしやすいという個人レベルの成果が，職場において納期や技術の情報共有に繋がっている点が挙げられる。プロアシスト社のＧ氏やＩ氏の語りからは，職場や会社にとってマイナスの情報であっても，積極的に共有ができることが示されていた。結果として，職場内で対応策を話し合い，顧客への影響は最小限に留めることができている。また，上司に気軽に相談できるという点は，職場における業務の進捗管理に貢献していると考えられる。調査協力者からは，同社は各部門とも進捗管理がしっかりしており，全社的に余裕がある働き方ができているという語りがあった。報告・連絡・相談のしやすさは，インクルージョン認識が高まったことの効果と考えられるが，調査結果を俯瞰すると，社内の報告・連絡・相談のしやすさは，イノベーションに繋がる情報共有，顧客へのサービスに影響する業務管理，さらには働きやすい風土の醸成といった点で，職場や組織の成果に繋がると言える。

　また，社長の生駒氏からは，具体的な組織成果の１つとして新しいアイデアの創出が挙げられていた。これは，インクルージョン認識の高まりによる社員の行動で挙げられた，「意見を言う」という個人の行動による成果と考える。

各社員からの忌憚ない意見が集約されることで，新しいアイデアが創出されるのであろう。例えば，プロアシスト社では，新商品のネーミングや，新しい技術の意見交換の場では，社員の役職やレベルに関係なく意見を交わし合うと語られていた。職場や組織における報告・連絡・相談が活発である点にも共通するが，これらの行動が起こる理由は，社員間に発言が歓迎されるという心理的安全性（Edmondson, 1999）が存在するからだと考えられる。新しい意見や情報の共有は，働く個人にとってはリスクとなる場合があるが，心理的安全性が担保されていれば，それらは行いやすくなる。本調査では，社内では誰に対しても自由に発言ができる，周囲に自分の思いを伝えやすい，といった調査協力者の語りがあり，それらが組織における新しいアイデアの創出に繋がっていると推察される。そして，この同社における心理的安全性の認識は，平素から発言を促し，意見に対して感謝の気持ちを表す，いわゆるインクルーシブ・リーダーシップを実践する生駒氏の影響も大きいと考えられる。

　最後に，プロアシスト社の経営側から，もう1つ組織成果として挙げられた採用の優位性について考えてみたい。プロアシスト社では，マイノリティ人材の定着や，ダイバーシティ・マネジメントに対する評判から，あまり費用をかけずに優秀人材が採用できており，特に外国人社員はその働きやすさから，優秀人材の確保が可能となっていることは，分析で述べたとおりである。採用における優位性は，「新・ダイバーシティ企業100選ベストプラクティス集」（経済産業省，2016）の中で，ダイバーシティ経営の4つの成果（4頁）[12]の1つとして挙げられているが，プロアシスト社においては，社員のインクルージョン認識を高めることによるダイバーシティ・マネジメントが，優秀人材の確保のみならず，採用コストの面でも組織成果として表れていると推察できる。

## 6.3　社員のインクルージョン認識のメカニズム

　さて，ここまで，本事例において社員のインクルージョン認識は，どのように高められているのか，また，そのインクルージョン認識の高まりは職場や組織にどのような効果をもたらすのかについて，議論を行ってきた。

　この議論のまとめとして，プロアシスト社におけるインクルージョン認識のメカニズムを図で示すと図6.2のとおりとなる。以下にポイントを絞り，この図を説明したい。

　まず，社員のインクルージョン認識が高められるメカニズムについて説明す

図6.2　プロアシスト社におけるインクルージョン認識と効果のメカニズム

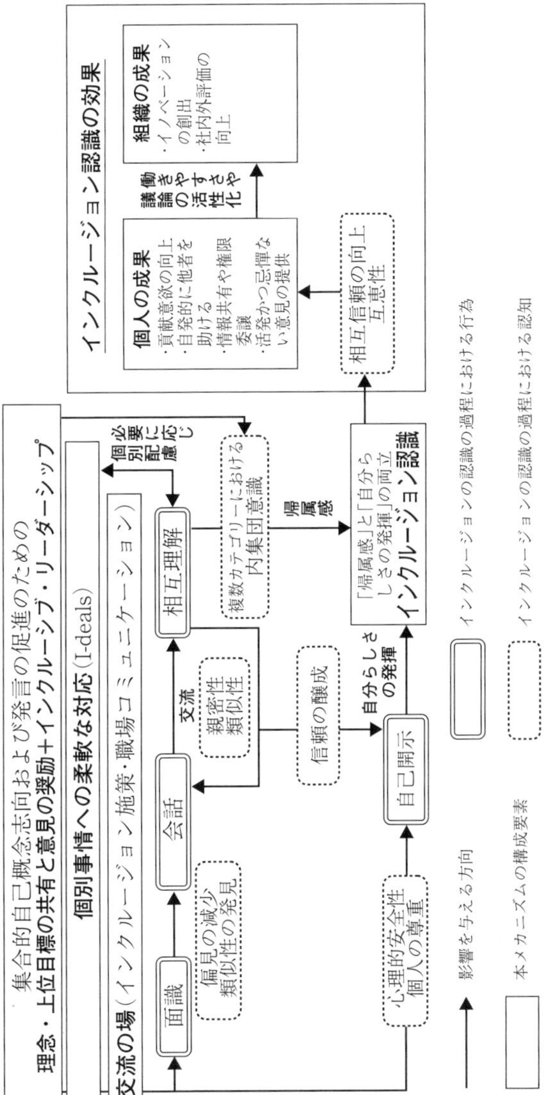


出所：筆者作成

る。本調査では，社員のインクルージョン認識は，理念浸透とインクルージョン施策を中心に高められている。なお，プロアシスト社におけるインクルージョン施策とは，社内の相互交流やコミュニケーションを必然的に発生させることを目的とした数々の仕組みである。これらにより，社員は属性を超えた，又は新しいカテゴリー分類による交流の場を与えられる。これらのインクルージョン施策は1年を通じて，様々な規模や内容で継続的に行われる。そこで生まれた社員同士の面識と会話は，業務に戻っても職場を超えた交流に広がり，さらなる会話を生み出し，社内コミュニケーションを円滑にする。社員同士のコミュニケーション量の増加は，相互理解を深め，それが信頼を醸成し，社員同士の自己開示を促進する。加えて，本事例では生駒氏のインクルーシブ・リーダーシップにより，発言に対する心理的安全性が十分に確立されている。そのため個人事情の共有や自由闊達な発言が促され，それがよりオープンな自己開示と自分らしさの発揮に帰結していく。

　一方，相互理解は，内集団意識も醸成する。その内集団意識は，帰属感に繋がる。加えて，インクルージョン施策では，性別や国籍等組織内のパワーバランスに関連しない共通属性（例えば干支など）を持つ社員同士が新たに組み合わされることで，複数の属性に内集団意識を持つことができる。このことは，属性間のコンフリクトを抑制する。また，共通目的がありつつも利害のない社内イベントは，社員に「プロアシスト社の社員」という集合的自己概念を無理なく形成させる。結果，会社や職場に対する社員の帰属感が醸成される。プロアシスト社の社員はこのようにして，帰属感と自分らしさの発揮の両方を感じつつ，インクルージョン認識を高めていくと推察される。高められた社員のインクルージョン認識は，さらなる相互信頼を醸成し，互恵性を生み出す。ここから社員の自発的な協力や利他的な行動が促され，それらが働きやすい環境を作り出すサイクルに繋がると考えられる。

　なお，自由闊達な発言は創造性に繋がるが，各個人が自由にふるまうだけでは，組織成果には繋がらない。そこで，大切なことは，上位目標の設定である。Sherif et al.（1961）は，集団における上位目標は集団内の相互協力を引き出すと主張している。また，Brewer & Gardner（1996）は，集団内の個人が，集合的自己概念志向を持つことで，集団の目的に合致した行動をとりやすくなると述べている。そのためには，この上位目標にあたるダイバーシティ・マネジメントに対する理念が，広く社員に浸透している必要がある。この点は，社長

の生駒氏がインクルージョン施策にさまざまな形でかかわり，インクルーシブ・リーダーシップを発揮し，その理念を発信することで担保されている。理念浸透により集合的自己概念が社員に保持されているため，社員はプロアシストという組織に貢献する形で，自分らしさの発揮を行おうとすると推察する。これら一連の流れは最終的に，会社の評判や優秀人材の採用，また社員同士の情報共有による迅速な顧客対応など，様々な組織成果に繋がると考えられる。

　なお，プロアシスト社では，特定の属性を念頭に置いた両立支援などの制度の拡充は必要以上に行っていない。一方で，現在整えられている規程や制度は，いずれも属性にかかわらず利用できるよう意識づけられており，もし社員に既存の規程や制度で対応できない個人事情が発生した場合には，人事が個別の相談に乗る体制がとられている。これは，Rousseau（2001）が提唱しているI-deals の実践と言える。会社に貢献する貴重な人材が，個別の事情により仕事との両立が難しくなるならば，会社が柔軟な対応を行うことで，人材流出や社員のモチベーション低下を避けようとする考えである。そして必要があれば，社員全員に等しく対応が検討されるという社内の共通認識がある。つまり，「等しく個別配慮が行われる可能性」という新機軸の公正性が，プロアシスト社のダイバーシティ・マネジメントの特徴の1つと言える。

## 7　小括

　本章では，社員の多数においてインクルージョン認識が高められており，それが様々な社員行動と成果に繋がっている，株式会社プロアシストの事例について議論してきた。

　本章のまとめとして，プロアシスト社において，社員のインクルージョン認識がどのように高められているかという点について要約する。同社では，性別や国籍といった，歴史的に雇用において差別や格差が存在すると目されてきた属性に対し，単に特定属性への活動推進や，規程・制度の拡充などを講じるといった形式的なダイバーシティ・マネジメントを行うのではなく，属性にかかわらず全員に対し「個を尊重する」という理念のもと，継続的なインクルージョン施策を中心にダイバーシティ・マネジメントを行っている。なお，ここには3つの着眼すべきポイントがある。

　まず1つめは，全社員に向け1年を通じて継続的に実践されるインクルージョン施策により，ダイバーシティ・マネジメントのコンフリクト要因となり得

る性別や国籍によるカテゴリー化が抑制されていることである。インクルージョン施策では，誕生月や居住沿線での分類など，概して業務と関連しない新カテゴリーが付与される。これにより，社員の属性カテゴリーは細分化かつ複数化され，従来の性別や国籍によるカテゴリー化の弊害が緩和されていると考えられる。

　2つめは，このようなカテゴリーの細分化と複数化は，その多様な属性分類において社員の帰属感や自己開示を促し，結果として属性を超えた全社的なインクルージョン認識が醸成されるきっかけとなる点である。インクルージョン施策では，理念について経営トップから薫陶を受ける機会，単純にレクリエーションを楽しみ時間を共有する機会，さくらんぼ会の幹事活動のように組織や他の社員に貢献する機会など，様々な共通目的が設定されている。そのなかでは，単なる「女性」や「外国人」という括りではなく，多様な属性カテゴリーにおいて，相互理解の時間が十分確保され，新たな属性カテゴリーでの内集団意識が形成される。それは，社員の「帰属感」の認識に繋がる。一方，インクルージョン施策による社員同士の接触機会は，そこで面識を得た社員同士の職場を超えた自然な交流を促す。その交流は，さらなる会話と相互理解を促進し，社員同士の信頼の醸成に繋がっていく。それにより，徐々に互いの自己開示が進み，「自分らしさの発揮」にも繋がる。そして，帰属感と自分らしさの発揮の両方が高められることで，結果として社員のインクルージョン認識が高められていくと考えられる。

　3つめは，社長の生駒氏による絶え間ない理念共有である。インクルージョン施策の継続は，生駒氏による強いリーダーシップで行われている。同時に，生駒氏は直接的に理念の共有を行っており，それは「プロアシストに帰属する仲間」という社員の集合的自己概念の形成に大きく影響しているだろう。また生駒氏は，理念の1つである「個人の尊重」について，様々な機会で言及しており，社員は会社が必要に応じて個別事情の相談に対応してくれる，と認識している。この「個人の尊重」は，ダイバーシティ・マネジメントにおいて，新たな公正性の軸を作り出していると考えられる。

　この社員のインクルージョン認識の高まりは，組織成果に影響を及ぼす社員行動に繋がる。インクルージョン認識から生まれる相互信頼の高まりと互恵性は，同僚への援助，報告・連絡・相談を行うといった社員行動から個人レベルでの成果となり，やがてそれが職場や組織に対してプラスの効果を与えていく。

このような社員1人ひとりの「プロアシスト社の社員」としての小さな貢献行動が，結果として会社全体という組織レベルに影響し，外的評価や，採用における優位性の実現，新しいアイデアの創出などの組織成果を生み出していると考えられる。また，社員のインクルージョン認識の高まりは，さらなる相互信頼を醸成し，社長の生駒氏によるインクルーシブ・リーダーシップがもたらす心理的安全性と相まって，社内での忌憚ない意見交換や情報共有を一層促進する。結果，それが新たなアイデアの創出に繋がっていると考えられる。

　以上が，本章の事例分析における発見事実と考察のまとめである。つづく第Ⅲ部第7章では，多くの日本企業と同様に法対応を中心にしたいわゆる一般的・形式的なダイバーシティ・マネジメントを行う男性総合職モデル企業社員へのインタビュー調査（第5章）を振り返り，プロアシスト社の事例との比較考察を行う。そこから，日本企業のダイバーシティ・マネジメントに，インクルージョン概念を媒介させることについて，さらに深く議論を行うこととする。

**注**

1　プロアシスト社の人事管理に関しては，改めて2021年4月にオンラインによるインタビューにて社長の生駒氏に確認した。同社では，2016年3月までは，年齢給と能力給の組み合わせで年功序列的に給与が上昇していく，いわゆる職能資格制度を適用していたが，2016年4月より，役割による等級分けと自らその役割拡大を申請し，挑戦と達成により昇格する役割等級制度に近い形（名称：チャレンジ制度）に変更し，インタビュー実施時（2017年10月〜2018年1月）の人事管理は同制度であった。なお，同制度においても，雇用は長期雇用が前提で，成果だけでなく能力及び態度評価も重視される。なお，2021年4月より，人事管理は上層の社員にはチャレンジ制度をベースにした管理，若手層には長期的な社内育成を行う目的で，職務評価や上司の推薦をより重要視する以前の職能資格に近い形での管理へと再度変更されている。

2　平成29（2017）年度の大学での工学専攻者の男女比率は，男性85.5%，女性14.5%である（内閣府男女共同参画局，2018）。

3　本章におけるインタビューは，全て2017年10月から2018年1月に実施されたものであり，社歴等はすべてインタビュー時点のものである。

4　本調査では，社長の生駒氏，及びダイバーシティとインクルージョンにかんする施策の企画や実施を全面的に担う人事担当者B氏に対しては，主に会社側としての想いや施策の意図をインタビューした。そのため，生駒氏とB氏のインタビュー内容は会社側のものとして分類し，残り12名のインタビューを社員側と位置づけている。なお，人事のA氏にかんしては，インタビューはあくまで1人の管理職クラス社員としてインタビューを実施しており，本調査の分析においては社員側と分類している。

5　経済産業省の主催する「新・ダイバーシティ経営企業100選」の平成29（2017）年度の応募要項では，「女性，外国人，高齢者，チャレンジド（障がい者）を含め，多様な人材の能力を最大限に発揮し，価値創造に参画していくダイバーシティ経営」とうたわれている。そして，その応募用紙の人事制度の申請項目は，「育児休業の整備状況」と「介護休業の整備状況」の2項目である。よって，本研究ではこれらの2項目を含む，多様な人材の能力発揮に関係すると思われる人事制度に

ついて整理を行った（経済産業省，2018b）。

6 基本的には1年であるが，事情により半年ごとに最大2年迄の延長が認められる（調査時点）。

7 人事担当のB氏によると，近年は共通点の括りの会に変更して同じ人が重ならないように工夫しているとのことである。

8 Business Continuity Plan（事業継続計画）の略。企業が自然災害，大火災，テロ攻撃などの緊急事態に遭遇した場合において，事業資産の損害を最小限にとどめつつ，中核となる事業の継続あるいは早期復旧を可能とするために，平常時に行うべき活動や緊急時における事業継続のための方法，手段などを取り決めておく計画のこと（中小企業庁，2012）。

9 『コトバンク：知恵蔵mini』（朝日新聞出版，2016）によると，正式名称は「社員リファラル制度（employee referral program）」。縁故採用の形態の1つ。友人や元の仕事仲間などへ社員の人脈で採用情報を広めて，候補者を紹介・推薦をしてもらい，採用選考を行う。そのため，人材採用を行う企業にとっては適切で質の高い人材を補強できるという特徴がある。

10 社会的ジレンマ状況とは，人が自己利益を追求すると仮定した場合，協力より非協力がその個人にとっては有利な結果をもたらす状況である（神・山岸，1997）。

11 Mayer & Gavin（2005）によると，信頼の構成要素は能力（ability），好意（benevolence），誠実さ（integlity）である（p. 875）。

12 ダイバーシティ経営の4つの成果として，①プロダクト・イノベーション ②プロセス・イノベーション ③外的評価の向上 ④職場内効果の4つを挙げており，外的評価の向上のなかで，採用の優位性が挙げられている。

# 第 III 部

# 総合的考察と結論

　第 II 部では，2つの調査について，それぞれの発見事実にかんし先行研究の知見を反芻しつつ，考察を行ってきた。

　第 III 部では，これらの調査における発見事実を振り返り，日本企業のダイバーシティ・マネジメントに対し，インクルージョンという新たな概念を取り入れることについて総合的な考察を行い，研究課題に対する最終的な結論を提示する。

　第7章では，まず本書の発見事実を振り返り，日本企業におけるインクルージョンの効果と促進要因について総合的に考察する。典型的な男性総合職モデルの日本企業A社の社員への調査から見出された発見事実は，多くの日本企業に共通するものである可能性が高い。これを踏まえ，プロアシスト社の調査における発見事実と，そこから導出されたインクルージョン認識のメカニズムを振り返りつつ両事例を総合的に考察し，ダイバーシティ・マネジメントに対するインクルージョンの効果と，その実践における困難性を見出すことを試みる。

　第8章では，本書の研究課題の結論を，調査における発見事実の要約とともに述べる。そして，本書における研究の貢献と限界，及び今後の展望を示す。

第7章

# 事例研究からの総合的な考察

## ——ダイバーシティ・マネジメントから
## 　インクルージョン・マネジメントへ——

　第Ⅱ部において，異なる2つの事例における社員のインクルージョン認識に
ついての調査分析を行い，その促進要因と効果について発見事実の整理と考察
を行ってきた。ダイバーシティの必要性は認識しつつも，これまでの人事管理
との整合性に配慮しつつ法対応や制度拡充・特定属性の活躍推進など形式面を
中心にそのマネジメントに取り組む男性総合職モデル日本企業の事例（A社）
と，社員のインクルージョン認識を高めることに力点を置き，それをダイバー
シティ・マネジメントに取り込む企業の事例（プロアシスト社）である。

　本章では，この2つの調査分析で得られた発見事実を振り返り，多様な社員
のインクルージョン認識のマネジメントについて，総合的な考察を行うことと
する。

## 1　ダイバーシティ・マネジメントにおけるインクルージョン促進の
## 　　重要性

　男性総合職モデルの社員に対する調査では，属性にかかわらず社員のインク
ルージョン認識を高める要因として，「周囲からの信頼」「自らの専門性や社内
ネットワークの構築」「上司の承認や期待」「職場でのオープンかつ良好な関係」
の4点が挙げられた。これらは，プロアシスト社の事例分析で導きだされた，
インクルージョン認識と効果のメカニズムにおいても，構成要素として全て包
含されている（表7.1）。このことは，社員のインクルージョン認識を高めるに
は，これら4つの要因が，非常に重要であることを示していると考えられる。

　ここで，インクルージョン認識の効果及びその重要性を振り返るべく，改め
て，プロアシスト社の調査から見出されたインクルージョン認識と効果のメカ

表7.1　Ａ社社員がインクルージョン認識を高める要因と，
プロアシスト社におけるその認識メカニズムに包含される要素との対応表

| Ａ社社員の<br>インクルージョン認識を高める要因 | プロアシスト社における<br>インクルージョン認識メカニズムに<br>包含される要素 |
| --- | --- |
| 周囲からの信頼 | 信頼・相互信頼 |
| 自らの専門性 | 自分らしさの発揮 |
| 社内ネットワーク | 内集団の形成 |
| 上司の承認や期待 | 相互理解<br>インクルーシブ・リーダーシップ |
| 職場でのオープンかつ良好な人間関係 | 面識・交流・会話・自己開示 |

出所：筆者作成

図6.2（再掲）　プロアシスト社におけるインクルージョン認識と効果のメカニズム

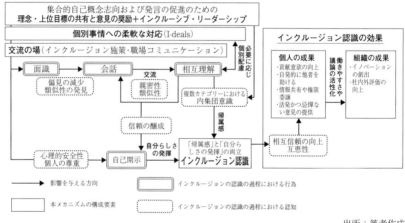

出所：筆者作成

ニズムを再掲する（図6.2）。

　重要な点は，インクルージョン認識の高まりが，相互信頼の更なる深まりと互恵性に繋がっていること，そして，それが結果として，職場で個人が生み出す小さな成果となり，その積み重ねが組織の成果へと結びつくことである。

　それでは，Ａ社におけるこのメカニズムを検討してみたい。

　まず，Ａ社のマイノリティ人材においては，インクルージョン認識の程度が，

職場レベルと組織レベルで異なる傾向が見られた。すなわち，A社の調査協力者の多くが，属性にかかわらず職場レベルではインクルージョンを認識していた。つまり，A社の職場では上司や同僚と充分なコミュニケーションがあり，相互の自己開示がなされていると考えられる。それが職場における「帰属感」と「自分らしさの発揮」の認識に繋がり，プロアシスト社と同様のインクルージョン認識のメカニズムが機能している。なお，特筆すべきことは，全社的なダイバーシティやインクルージョンの理念推進がなくとも，多くのA社の職場でインクルージョン認識のマネジメントが成立していることである。ここから，個の尊重や，目標共有，十分なコミュニケーションなどが多くのA社の職場レベルで実践されていると推察できる（図7.1）。

　一方で，社員のインクルージョン認識の向上は，職場リーダーのインクルーシブ・リーダーシップに依存しているとも言える。A社の組織レベルでは，「女性である」「外国人である」という周囲からの属性にかんする意識づけが，マイノリティ人材のインクルージョン認識を阻害することが多かった。特に日本人女性総合職は，「女性」を強く意識させられた場合に，高まっていたインクルージョン認識が低下する「揺り戻し」が見られた。

　この職場レベルと組織レベルのインクルージョン認識の差異は，ダイバーシティ推進の礎となる「多様性の尊重」「個の尊重」といった理念が組織全体を貫いて明示されていないことに起因すると考えられる。それが職場レベルと組織レベルで社員のインクルージョン認識の偏差が大きい要因と推察する。また，日本人女性総合職のインクルージョン認識の揺り戻しは，インクルージョン認識が非常に移ろいやすく，繊細であることを示しており，ここからダイバーシティ・マネジメントにおける，継続的なインクルージョン認識の促進の重要性を見出すことができる。

　また，ダイバーシティや個の尊重が理念として会社全体に，明示されていない場合，これまでの規範による判断に陥りがちとなる。つまり男性総合職モデルの企業であれば，マジョリティ人材である日本人男性総合職の規範による意思決定や働き方に偏りやすくなる。このことは，日本人女性総合職や外国人社員の違いを際立たせ，スティグマを意識させることから，彼・彼女らのインクルージョン認識を阻害すると考えられる。またA社においては，日本人の総合職は男女ともまず帰属感を高めることからはじめていたが，自分らしさの発揮では，女性から，男女の扱いの差を意識させられる場面でその認識が低下する

図7.1　Ａ社の職場レベルにおけるインクルージョン認識と効果のメカニズム

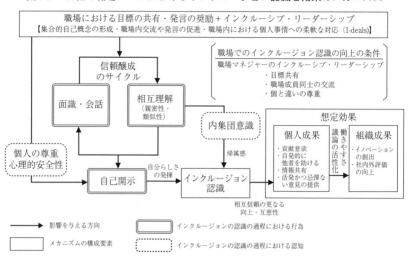

出所：筆者作成

と語られていた。日本人総合職は男女とも同じプロセスを踏むからこそ，その性別による扱いの差を認識してしまうと，マイノリティ人材である女性は強い違和感を覚えると考えられる。ここまで議論した，これらの理念の不在が及ぼすインクルージョン認識のメカニズムの不全を図で示すと，図7.2のとおりである。

　なお，ダイバーシティにかんする法対応や，両立支援制度の拡充，また，女性やマイノリティ人材の活躍を促すダイバーシティ推進のプロジェクトなどは，多くの男性総合職モデルの日本企業で行われている一般的な取り組みである。しかし，2つの事例の調査協力者からは，これらの施策はインクルージョン認識の促進要因として言及されることはほとんどなかった。つまり，これまでのダイバーシティ研究で主張されてきた，イノベーション創出などの最終的な組織成果は，単なる法対応や制度拡充といった形式化されたダイバーシティ推進で担保されるものではなく，組織成員のインクルージョン認識の高まりによる一連のメカニズム，つまりインクルージョン認識のマネジメントで生まれる可能性が高いと考える。**本書では，これを「インクルージョン・マネジメント」と呼ぶこととしたい。**

　それでは，日本人女性総合職の組織レベルでの「揺り戻し」は，なぜフロア

図7.2　A社の組織レベル（全社）におけるインクルージョン認識と効果のメカニズムの不全

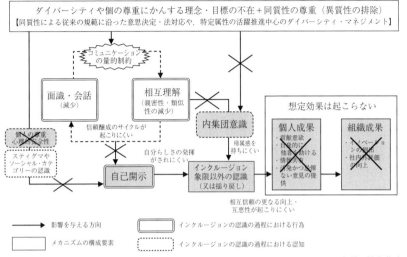

出所：筆者作成

シスト社ではほとんど起こらないのか。プロアシスト社においては，多様性と個の尊重にかんする理念が組織レベルで明確であり，その理念をインクルージョン施策と社長の生駒氏のリーダーシップで組織内に展開している。特にインクルージョン認識を高めるという点においては，一見，マネジメントとは無関係に見える社員同士の交流機会を愚直に提供し続けている。その本書で言うところのインクルージョン施策は非常に多くあり，自らの興味関心のあるもの，自分らしさが発揮しやすいものに参加が可能である 。そもそも，業務にあまり関連がないものも多いため，気軽に参加でき，不参加であったとしても咎められることはない[1]。つまり，どのような属性の社員であっても，どこかの機会に自分の意思で参加でき，それが職場や組織における属性を超えた継続的な交流と相互理解に繋がっている。

　つまり，プロアシスト社や，A社の職場レベルにおけるインクルージョンの認識メカニズムに鑑みると，インクルージョン・マネジメントにおいては，社員同士の接触や交流，会話，相互理解と自己開示というサイクルを，社内で仕組み化し，促進し続けることにより，それを恒常的なものにすることが効果的だと言える。このような会社の継続的な働きかけが，多様な社員のインクルー

図 7.3　組織におけるインクルージョン認識と効果のメカニズム

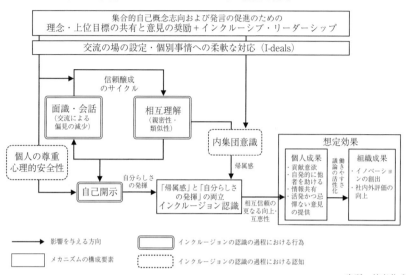

出所：筆者作成

ジョン認識の保持につながり，結果として互いを尊重する組織のマネジメント
に繋がっていると考えられるが，これを改めて一般化した理解しやすい図で示
したものが図 7.3 である。

　なお，その仕組みのなかでは，先行研究でマイナスの影響が指摘されてきた，
性別や国籍（人種）といったカテゴリーを希薄化する工夫がなされている。自
らをマイノリティ人材と特徴づけるもの，例えば女性としての特徴的な見た目
や，人種によって異なる肌の色，または母語として使用する言語などは，マジ
ョリティ人材との差異を際立出せ，インクルージョン認識を阻害するスティグ
マとなり，マイノリティ人材の業務上での不利益を生む可能性がある（Nishii,
2013; Shore et al., 2011）。この点について，プロアシスト社では，業務に影
響しない誕生日や干支，居住地域といった新規カテゴリーを多数生み出すこと
に注力している。つまり，業務上のパワーバランスと無関係なカテゴリーにお
いて内集団意識を醸成し，互いを近い存在として認識するよう促している。す
なわち，インクルージョン施策を継続的に実施することで，属性カテゴリーの
細分化と複数化を行い，それと同時に従来カテゴリーの希薄化を実現している
と考えられる（図 7.4）。

図7.4　インクルージョン施策の効果

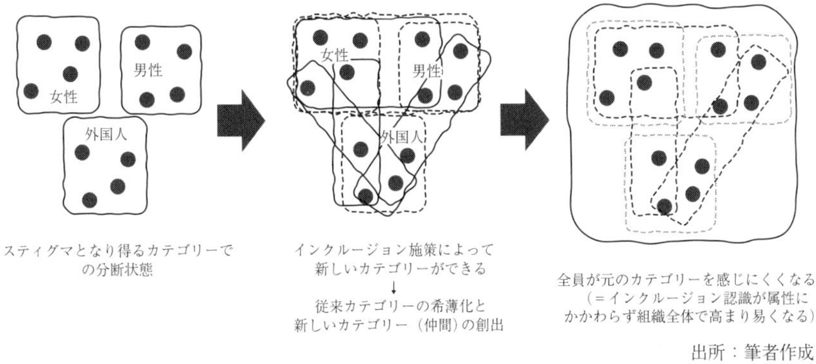

スティグマとなり得るカテゴリーで
の分断状態

インクルージョン施策によって
新しいカテゴリーができる
↓
従来カテゴリーの希薄化と
新しいカテゴリー（仲間）の創出

全員が元のカテゴリーを感じにくくなる
（＝インクルージョン認識が属性に
かかわらず組織全体で高まり易くなる）

出所：筆者作成

　このインクルージョン施策を通じた接触機会と信頼構築サイクルの恒常化に
よって，組織レベルでプロジェクトや業務を行うときには，すでに多くの社員
が様々なカテゴリーでネットワークを構築している。これが，インクルージョ
ン・マネジメントの効果の1つであり，組織レベルでもインクルージョン認識
の低下が起こりにくい要因になると考えられる。また，このことが社内での互
恵や自発的な発言といった行動に繋がり，業務の円滑化や効率化を促進すると
推察される。

## 2　インクルージョン・マネジメントの困難性

　さて，ここまで，本書での2つの調査結果を総合的に考察し，社員のインク
ルージョン認識を高めるメカニズムと，そのメカニズムに対する効果的なマネ
ジメントすなわち，インクルージョン・マネジメントが組織成果に及ぼす影響
を整理してきた。

　では，インクルージョン・マネジメントの実践困難性はどこにあるのか。本
節では，インクルージョン・マネジメント実践の困難性を高める要因について
整理する。

### 2.1　接触による信頼構築の継続困難性

　ここまでの議論から，社員がインクルージョン認識を得るには，社員が関わ
り合う機会を得てカテゴリー意識を希薄化させ，互いの違いを理解し合い信頼
を構築することの重要性が見出された。接触の機会を与え，その時間を確保す

表 7.2　接触による信頼構築の効果を高める条件

| ① | 接触時に対等な地位関係にあること |
| ② | 共通の目標を持つこと |
| ③ | グループ間で競争がないこと |
| ④ | その接触には組織や権威からの支持があること |
| ⑤ | 接触期間の量や濃度が十分であること |

出所：Allport（1954 原谷・野村訳 1968），Pettigrew（1997），大槻（2006）をもとに筆者作成

　ることが社員のインクルージョン認識を高めるのであれば，その施策展開におけるハードルはそれほど高くないようにも感じられる。では，社員同士の接触機会を継続的に提供するにあたっての困難性は，どこにあるのであろうか。

　この，社員のインクルージョン認識を高める，接触による信頼構築であるが，その効果を得るには条件が必要であった（第 2 章第 2 節 2.1 参照）。再度，それらを表 7.2 に整理し，確認する。

　プロアシスト社の事例では，一見すると多くの社内行事が行われているだけで，それらは単に集団凝集性を高める仲良しクラブのような印象を受けるかもしれない。しかし，同社の施策では，社内の地位や所属する職場といった利害関係が極力無いもの（条件①，③）が設定されている。そして，それらの施策は，社長の生駒氏が全面的に支持し，理念や社員コミュニケーションの場でその重要性を自ら説いている（条件②，④）。さらに，それら施策は継続的に長期間続けられており，濃度と期間が担保されている（条件⑤）。この結果として，社員の属性カテゴリーの細分化・複数化と希薄化が進み，接触から生まれる親密さや，社員各々が自分らしさを所属集団内で発揮しやすい状況が作られている。それが，社員のインクルージョン認識や，さらなる相互信頼，ひいては最終的な成果の創出に繋がっていると考えられる。

　これらの実践に対する最初の困難性は，経営トップが信念をもって，一見，業務上は意味がなさそうな社員同士の接触機会を継続して提供できるか，という点であろう。前述のとおり，接触から相互理解，そして相互信頼に至るには，接触の濃度と期間が重要となる。加えて，利害関係や地位が影響を及ぼさない場となると，業務と無関係の場ということになる。これは，一方で企業における業務効率には相反する。組織の規模が大きくなれば，システムや制度は，効率を重視したものにならざるを得ない。加えて，このようなインクルージョン

認識を高める施策は成果が不可視であることが，さらにその困難性を高めていると推察できる。経営トップは，このような取り組みが，よほど企業理念と繋がっているか，自身の信念と合致していない限り，その頻度や継続性を担保しにくいと考えられる。特に，経営理念にダイバーシティの重要性や個人の尊重が明記されておらず，規模が大きく，伝統的な優先される規範がある会社の場合，経営トップにとってはその困難性が一層高まるだろう。しかし，これは視点を変えれば，経営トップの意志によりインクルージョン・マネジメントに大きな進展が期待できることを示している。

## 2.2　理念共有の困難性

　さて，前項でも言及したとおり，組織レベルでの多様性や個の尊重にかんする理念の不在は，インクルージョン・マネジメントの困難性を高めると考えられる。なぜなら，それは経営トップのインクルージョン施策への注力と継続性だけでなく，社員の集合的自己概念の形成にも大きく影響すると考えられるからである。

　プロアシスト社は社員数約200人の中小企業である。そして，社長の生駒氏が社内のインクルージョン認識の向上に，理念浸透を含め信念を持って積極的に関与している。ゆえに，社員にもその理念や方針が強固なメッセージとして伝わっている。また，この企業規模であれば，社員同士の信頼の構築サイクルにおいて見出された気づきや検討案件，例えば職場を跨ぐビジネス・アイデアや個別配慮が必要な社員事情などに，経営トップがインクルーシブ・リーダーシップを発揮して組織としての素早い対応を示すことができる。

　他方，理念に多様性や個の尊重が明示されていない場合，社員のインクルージョン認識の向上については，職場やプロジェクトのリーダー，そして社員各個人に依存する。つまり，職場リーダーのダイバーシティへの意識や，社員個人の人脈形成次第となる。結果として，社内における社員のインクルージョン認識の高まりに，ばらつきが生じやすいと考えられる。この場合，マイノリティ人材である女性や外国人は職場を超えたネットワーク構築が不利な場合も多く，インクルージョン認識が高まりにくい可能性がある。加えて，組織レベルでは，「日本人男性総合職」というマジョリティ人材の同質性が，意思決定プロセスや，働き方で重視されていると考えられ，そのような状況下では，日本人女性総合職や外国人社員は，従来規範への同化が求められやすくインクルー

ジョン認識が抑制されると推察できる。もし，組織全体にダイバーシティや個
の尊重が理念として明示されており，それが推進されているならば，組織レベ
ルの意思決定プロセスや働き方において，その理念との整合性が問われ，マイ
ノリティ人材のインクルージョン認識も高まりやすいと考えられる。

　なお，大企業の場合は，理念によるインクルージョン認識の促進はいっそう
難しくなると考える。階層が多く職場リーダーにインクルージョン・マネジメ
ントの権限を委譲しなくてはならない状況下では，彼らがそれを理解し共感す
ることが非常に重要である。しかし，階層を経て理念を十分浸透させることは，
決して容易ではない。特にダイバーシティや個人の尊重が組織全体の理念に謳
われていない場合は，下位層にその明示がしにくく，浸透はいっそう難しくな
るであろう。男性総合職モデルの日本企業であれば，そこに根づいた伝統的な
規範が存在すると考えられ，理念の不在によるインクルージョン・マネジメン
トの困難性はさらに高まると推察される。つまり，インクルージョン・マネジ
メントにおいて理念の明示と共有は不可欠であり，企業規模が拡大するほどそ
の重要性は高まっていく。

### 2.3　個別配慮の困難性

　最後に，個別配慮の困難性である。組織が大きくなるほど，業務効率からシ
ステムは画一化が図られる。結果として，個々の社員の「違い」に対する配慮
は困難になるであろう。前項で触れたように，ダイバーシティや個の尊重にか
かわる理念が不在の場合は，個別事情に対する配慮の困難性はさらに高まると
考えられる。

　なお，これは，プロアシスト社が今後，順調に成長を遂げ，その組織規模が
大きくなった場合にも懸念される点である。ましてや，これまで日本人男性総
合職に人事管理システムを対応させ，画一的に運用してきた日本企業となれば，
個別配慮の困難性がより高まるのは明白である。

　しかし，例えばA社の職場レベルでは，属性にかかわらず社員のインクルー
ジョン認識は総じて比較的高い傾向にあった。A社の多くの職場では，上司と
部下，そして社員同士のコミュニケーションが良好であり，それによるインク
ルージョン認識の高まりと，そこから生まれる相互信頼や互恵が機能していた。
ここからA社の職場では，多くのリーダーが個別配慮をある程度行っており，
それが職場のインクルージョン・マネジメントとして機能していると推察できる。

　このような各職場で実践されているインクルージョン・マネジメントを，組織レベルでも高く機能させるには，やはり理念にダイバーシティや個の尊重が明確に盛り込まれ，経営トップがそれを全面的にサポートし，個別配慮を含むインクルージョン認識の促進を行っていくことが必要であろう。

　プロアシスト社では，個の尊重を理念に据えており，自己開示された個別事情へは可能な範囲での配慮がなされ，それが社員のインクルージョン認識の促進要因の1つとなっていた。しかし，前述のとおり，企業規模が大きい場合は，統一された経営システムにより，経営トップや人事部が個別配慮に対応することは難しい。この点に鑑みると，個別配慮を可能にする経営システムの柔軟性は，今後のインクルージョン・マネジメントの大きな課題であると言える。しかし，明確にダイバーシティや個の尊重を理念として掲げ，全社的にその理解を浸透させることができれば，個別配慮の権限を一定の範囲で事業部や職場に委譲することでその実現可能性を高めることはできるであろう。

## 3　小括

　本章では，法対応や制度の整備，また女性やマイノリティ人材への活躍推進など形式面を中心にダイバーシティ・マネジメントを行う男性総合職モデル企業への社員調査（第5章）と，インクルージョン・マネジメントを実践する企業の事例研究（第6章）で得られた発見事実を振り返り，インクルージョン認識のマネジメント，すなわちインクルージョン・マネジメントについて，総合的に考察を行った。ここでは，この2つの調査の発見事実を改めて振り返ることで，日本企業におけるインクルージョン・マネジメントの重要性と困難性を明らかにしようとした。

　本章での考察をまとめると，以下のとおりである。

　まず，組織成果につながるダイバーシティ・マネジメントでは，単に特定属性のみを対象とした規程や制度を必要以上に拡充するのではなく，マイノリティ人材も含めた社員のインクルージョン認識のマネジメントがむしろ重要だという点である。加えて，本書で見出したインクルージョン認識の促進要因は，2つの調査においてほぼ共通であり，一般化を目指すことが可能ではないかと考える。

　次に，インクルージョン・マネジメントには，組織全体を貫くダイバーシティを尊重する理念や方針が重要な点である。職場レベルでインクルージョン・

マネジメントが機能していたとしても，企業規模が大きい場合は特に，組織を貫く理念や方針の不在が組織レベルでのインクルージョン認識を阻害する場合があり，それが多様な人材の活躍と，その活躍の成果への昇華を阻む可能性が考えられる。

　本章では，インクルージョン・マネジメントの実践困難性について整理を試みた。その困難性は以下の3つであり，この困難性の克服がインクルージョン・マネジメントの実践には不可欠である。

　1つめは，接触機会による信頼構築を継続的に生み出す困難性である。インクルージョン認識は移ろいやすく，組織として継続的にそれを促進し続ける取り組みが不可欠と考えられる。つまりインクルージョン認識と効果のメカニズムを恒常的に機能させ，社員がインクルージョンを認識し続ける働きかけが重要である。しかし，これを組織全体に根づかせるには，ダイバーシティと個の尊重に対する理念と経営トップのコミットメントが必要である。

　2つめは，理念共有の困難性である。全社を貫くダイバーシティや個の尊重という理念や方針が，インクルージョン・マネジメントには重要であることは既述のとおりであるが，組織規模が大きくなるほど階層が増え，その理念の浸透を難しくする。加えて，これまで日本人男性総合職を主たる対象と規定してきた伝統的な経営システムと，それを背景とした暗黙の了解のなかでは，理念共有の困難性はより高まると考えられる。

　3つめは，個別配慮の困難性である。組織が大きくなれば，業務効率からこれまでの伝統的な人事管理に頼らざるを得なくなる。効率を重視した画一的な人事管理は，多様な個を活かすための個別配慮の困難性を高めるであろう。

　以上が，本章における考察のまとめである。次章では，これまでに議論してきた各章での調査分析や考察を踏まえ，本書における研究課題の結論を導きだすこととする。

**注**

1　もちろん，プロアシスト社においても全員参加が原則であるインクルージョン施策もあり，会社の施策に参加することが良し，とされる規範がある可能性は否定できない。しかし，インタビュー調査においては，参加しなくとも咎められることはなく，インクルージョン施策への参加は社員個人の意思が尊重されていることが，経営側・社員側両方の語りで言及されていた（第6章参照）。

# 第8章

# 結　論

　本書では，日本企業の職場や組織における多様な人材の活躍推進，いわゆる
ダイバーシティ・マネジメントにおいて，職場や組織のどのような働きかけが
社員のインクルージョン認識を高めるのか，またそのインクルージョン認識の
高まりは職場や組織にどのような効果をもたらすのかという点について明らか
にすることを目指してきた。

　本章では，本書の2つの調査で明らかになった発見事実を要約し，結論及び
その理論と実践における貢献を示す。そして，本書での限界に触れたのち，今
後の展望を述べる。

## 1　発見事実の要約と結論

　本書の研究目的の背景には，近年，日本企業においてもダイバーシティ・マ
ネジメントが重要な経営課題と認識され，官民一体でその推進に取り組んでい
るにもかかわらず，その効果を認識できない企業が多く見られる，という実務
上の課題がある。また，この課題に，特に米国を中心に積み上げられてきたこ
れまでのダイバーシティ・マネジメント研究が，十分に応えられているとは言
えず，新しい知見が求められているという学術上の問題意識も存在する。

　本書では，先行研究レビューから，欧米と日本企業の両方で，ダイバーシ
ティ・マネジメントの効果を見出せていないという共通の問題意識が存在する一
方，米国と日本の企業では，ダイバーシティ・マネジメントの困難性を高める
本質自体が異なることを見出した。例えば，米国企業には元来，性別や人種の
みならず，宗教や価値観も多様な人材が存在する。また，雇用契約はジョブ型
中心であり，職務に対するパフォーマンスが評価に直結する。このような前提

では，本来，社員の職務遂行能力が重要視されるはずだが，米国では社会的な属性カテゴリーによる差別や偏見がいまだ根強い。そのため，米国のダイバーシティ・マネジメントに関する研究は，それらの影響をいかにマネジメントし，社員の能力発揮を促進するかに着目して進められてきた。

　一方，日本企業の多くは，長らく新卒一括で採用された無限定な働き方ができる日本人男性総合職中心の，一律的なマネジメントを行ってきた。そこでは男性を中心に同質性が高く，長期雇用，能力平等主義から，帰属する場での態度やプロセスが評価に大きく影響する。そのため，マイノリティ人材は，同化圧力により，能力発揮が難しくなりやすい。

　つまり，国を問わずマイノリティ人材が属性のカテゴリー化により，組織パフォーマンスに繋がる能力発揮がしにくいという現実は同じであるが，その困難性を高めている本質が異なる。

　この点を踏まえた上で，本書では先行研究レビューを進め，日本企業のダイバーシティ・マネジメントの取り組みにおいても，近年，米国を中心に注目されるインクルージョン概念が有効でないかと着想し，それが企業における人材多様性を何らかの成果につなげる要因になり得るのではないかと考えた。なぜなら，インクルージョン概念を，個人の認識——職場や組織に対し個人が帰属感を持ち，自分らしさを発揮しているという状態と捉えると，個人がその認識を高めるにあたっては，前提条件が多様性，同質性のどちらであっても関係はないと考えられるからである。つまり，個人の認識であるインクルージョン概念を介在させて，ダイバーシティ・マネジメントを考察すれば，米国のように多種多様な人材が様々な割合で存在する組織であっても，同質性が高い組織のなかで少数派として異なるカテゴリーの人材が属する組織であっても，調査研究は成り立ち，新しい知見が見出せるのではないかと考えた。ただし，経営課題としてのダイバーシティ・マネジメントは，あくまで職場や組織の成果に繋がることが求められる。この点から本書では，企業に属する個人のインクルージョン認識が，その個人の満足や利益に帰結するだけでなく，いかに，そしてなぜ職場や組織の成果に繋がるのかという点を問いたいと考えた。

　上記の検討を経て，本書では2つの研究課題を設定した。研究課題の1つめは，「日本企業において，職場や組織のどのような働きかけが社員のインクルージョン認識を高めるのか」であり，2つめは「日本企業において，社員のインクルージョン認識の高まりはどのような効果をもたらすのか」である。

　これらの問いを明らかにするにあたり，本書では 2 つの会社の調査協力者に対し，インタビュー調査を実施した。多くの日本企業がそうであるように，試行錯誤を繰り返しつつ法対応と特定属性への制度導入や活躍推進を中心に，ダイバーシティ・マネジメントを行う，いわゆる一般的な男性総合職モデルの日本企業 A 社と，ダイバーシティ・マネジメントにインクルージョン概念を取り入れ，その効果を見出す株式会社プロアシストである。そして，それぞれの調査から分析と考察を行った。

　男性総合職モデル企業社員へのインタビュー調査から見出された発見事実は，インクルージョン認識の高まりに対する上司や同僚による信頼や期待，また社内ネットワークといった人間関係に起因する要因の重要性である。そのなかで，マジョリティを占める日本人男性総合職以外のマイノリティ人材，すなわち日本人女性総合職と外国人社員には，属性カテゴリーに紐づくインクルージョン認識の阻害要因が見られ，これは特に組織レベルにおいて顕著であった。特に，女性総合職においては，阻害要因が発生すると一旦高まったインクルージョン認識が低下する「揺り戻し」が見られた。さらに，日本人と外国人では，インクルージョンの認識プロセスの相違が明らかになった。その相違とは，日本人は帰属感の確立後に自分らしさの発揮に向かい，外国人は自分らしさの発揮をもって帰属感を得ようとする点である。また，A 社では，職場レベルで職場リーダーがインクルーシブ・リーダーシップを発揮している場合も多く，職場レベルにおける社員のインクルージョン認識は高かった。しかし，組織レベルでは，マイノリティ人材のインクルージョン認識が阻害される傾向にあり，これは組織を貫く理念にダイバーシティや個の尊重が明示されておらず，社員のインクルージョン認識の重要性を組織内で十分に共有できていないことに起因すると考えられる。例えば，本調査においては，職場を超えてプロジェクトや会議が行われる場合，効率性の追求から，マジョリティ人材である日本人男性総合職に適した従来型の意思決定プロセスが選択される傾向にあった。そのように本書では組織レベルで従来型の日本人男性総合職に適したプロセスが選択されがちなこと，又それが，組織レベルにおけるマイノリティ人材のインクルージョン認識に影響する可能性が示唆された。

　次に株式会社プロアシストの事例分析では，調査協力者はインクルージョン認識を高く保持していたことから，同社の取り組みがどのように社員のインクルージョン認識と繋がっているのかを見出すことに注力した。また，そのイン

クルージョン認識の高まりが職場や組織に及ぼす効果を検討した。結果，同社では，属性に囚われない社員同士の接触や交流の場を多く設けることにより，社員間の接触と会話が生まれ，それが深い相互理解に繋がることが明らかになった。加えて，社長の生駒氏が社員との交流に主体的に関わり，「個の尊重」という理念の浸透と社員へのサポート意思を示すことを通して，インクルーシブ・リーダーシップを発揮していた。このような取り組みから，同社内ではインクルージョン認識の２つの構成要素，すなわち帰属感と自分らしさの発揮について，社員がその認識を高めている可能性が示唆されたが，このインクルージョン認識の高まりは，同社内での相互信頼をさらに高め，互恵性を生み出す可能性が見出された。なおここで重要な点は，その相互信頼と互恵性が，社員の職場や組織に対する貢献意欲を高め，自発的な情報共有や援助行動に影響する可能性である。そして，インクルージョン認識から促されたと考えられる社員行動は，働きやすさの観点から，外部評価と採用優位性に繋がっていた。また，社員１人ひとりの発言量が増えることから，新しいアイデアの創出などの組織成果に繋がる可能性が示唆された。

　以上を踏まえ，改めて本書の２つの研究課題について言及したい。

　研究課題の１つめは，「日本企業において，職場や組織のどのような働きかけが社員のインクルージョン認識を高めるのか」であった。この問いに対し，本書における調査では，次の２つの働きかけが社員のインクルージョン認識の高まりに，大きく影響を与える可能性が示唆された。

　１つめは，属性カテゴリーを超えた社員同士の面談や会話を促す働きかけである。社員同士が面識を持ち会話することが，属性カテゴリーを超えた相互理解に影響する。そしてその相互理解は，内集団意識につながり，帰属感の向上をもたらす。また，相互理解から互いの信頼が高まり，自己開示をしやすくなるため，自分らしさの発揮に繋がる可能性が高まる。その結果，インクルージョンの認識が高まると考えられる。

　２つめは，リーダーによるインクルーシブ・リーダーシップの発揮である。リーダーが，社員に親しみやすく，近づきやすく，かつ社員にとって有用と認識される存在であり，加えてリーダー自身が直接的に社員と関わり合いを持ち彼らをサポートする状況は，属性にかかわらず社員の心理的安全性を増し，自分らしさの発揮を促進する。また，リーダーによるダイバーシティ・マネジメントにかんする理念の浸透や組織目標の共有は，集合的自己概念の形成に寄与

し，帰属感の向上に影響を及ぼすと考えられる。

　研究課題の2つめは，「日本企業において，社員のインクルージョン認識の高まりはどのような効果をもたらすのか」であった。この問いに対し本書では，インクルージョン認識の高まりが，社員同士の相互信頼をさらに高め，互恵性を生み出す可能性が示唆された。そして，その相互信頼と互恵性は，社員個人の自発的な貢献行動を促していると考えられる。例えば，情報を共有する，他の社員を自発的に援助するなどである。そして，それら個々の社員行動，つまり個人の小さな成果が，働きやすさの評判による採用優位性等の社内外の評価向上や，また発言量が増えることによるアイデアやイノベーション創出といった，組織の成果に影響する可能性が示された。

　以上が，本書の研究における結論である。

## 2　理論的貢献

　本書の問題意識は，60年近く積み上げられてきたダイバーシティ研究の知見が，企業において重要性がますます高まる多様な人材の活躍推進という課題に十分応えられていない点にあった。そこで，本書では経営学では比較的新しい概念として注目されるインクルージョン概念を介在させた調査研究から，ダイバーシティ・マネジメントに対する新しい知見を得ようとしてきた。特に，欧米からかなり遅れてダイバーシティ・マネジメントに取り組みはじめた伝統的な日本企業については，いわゆる日本型の人事管理もあり，社内の多様な人材が活きる，組織成果に繋がるマネジメントの実践において，既存研究が充足しているとは言えない。そこで，本書ではその一歩先の知見を見出そうと試みた。このような前提と，これまでの議論から，本書が先行研究に対して示した理論的貢献として，次の4点を挙げたい。

　第1に，組織における多様な人材がインクルージョンを認識するメカニズムについて，その一端を明らかにしたことである。本書では，男性総合職モデルの日本企業における社員のインクルージョン認識プロセスを，インタビュー分析から紐解いた。そこから，職場や組織では，まず社員同士が面識を持ち，会話を交わすことにより相互理解を深めることが重要であり，それが内集団意識による帰属感と，信頼による自分らしさの発揮の両方に繋がる可能性が示された。加えて，ダイバーシティにかんする理念をリーダーが共有し，自ら社員と関わり，属性にかかわらず個別の事情や課題へのサポートを示すといったイン

クルーシブ・リーダーシップが，社員のインクルージョン認識に対し促進効果が高い可能性が示された。本書では，Shore et al.（2011）のインクルージョンの定義を参照し，インクルージョンを個人が帰属感と自分らしさの発揮の両方を認識している状態と定義し，調査を行ってきた。これまでは，量的調査でインクルージョン認識やその影響を測る研究が多く（e.g. Choi, et al., 2015; Downey et al., 2015; Nishii, 2013)，その認識プロセスを紐解いた研究はほとんど見当たらない。このことから，企業の社員がインクルージョンを認識するプロセスで何が起こっているのかに着目する質的研究が待ち望まれている（Shore et al., 2018)。本書では，限定されたコンテクストにおける調査であるものの，社員のインクルージョン認識における具体的なプロセスと，そこに影響する可能性の高い要因を，2つの質的調査から見出した。これらの点は，海外も含めたインクルージョン研究においても新規性が高く，今後の当該研究分野の発展に寄与すると考えられる。

　第2に，社員のインクルージョン認識が高まることによる，社員行動と組織への効果について，その一端を見出したことである。社員のインクルージョン認識は，様々な組織成果に繋がると先行研究で主張されているものの，実際に社員がどのような行動をとり，それがどのような成果に繋がるのかについては，筆者が知る限りほとんど明らかにされていない。もちろん，社員行動には個人の特性だけでなく，組織コンテクストも大きく影響すると考えられ，本書で示されたインクルージョン認識の高まりによる具体的な社員行動を，一般化が可能なものと捉えるには，さらなる検討が必要であろう。しかし，これまでのインクルージョン研究で多くを占める理論検討や量的調査だけでは，社員のインクルージョン認識が，実際にどのような行動に繋がるのかを見出すことが難しい。よって，本書が示した，インクルージョン認識の高まりが促すと考えられる社員行動は，先行研究に具体性を加える点に意義がある。インクルージョン研究は，米国においてもいまだ萌芽的研究の位置づけであり（Shore et al., 2018)，本書は今後のインクルージョン研究に新たな発展可能性を示した点で貢献したと考える。

　第3に，男性中心の一様な人事管理を行ってきた日本企業において，本書で比較するマジョリティ人材とマイノリティ人材においてはインクルージョン認識のプロセスに差異がある可能性を示したことである。具体的には，日本人は帰属感を先に確立しようとするが，外国人は自分らしさの発揮を優先し，イン

クルージョン認識を高めようとする。先行研究においては，帰属感と自分らし
さの発揮では，人々はまず帰属感を優先に考え，それを高めていくなかで，や
はり唯一無二の自分でありたいと考えだすと言われてきた（Brewer, 1991）。
この点，アジア圏の国では，集合的自己概念や対人的自己概念を志向する傾向
があると言われており（Cooper & Thatcher, 2010），帰属感を優先する傾向が
強いとも考えられる。また，伝統的な日本企業においては，その同質性の高さ
や「場」の重視から，一層帰属感を優先させる傾向があると考えられる。本書
の調査では，日本人女性総合職は，日本人男性総合職と同様，帰属感を優先し
て高めようとしていた。しかし，自分らしさの発揮を行う段階になって，女性
であることを意識させられると，自分らしさの発揮へのあきらめや同調圧力へ
の反発などから，結果として，帰属感と自分らしさの両立，つまりインクルー
ジョン認識の阻害が起こる状況が見られた。もしくは，一旦インクルージョン
を認識していたとしても，女性であるという意識づけが起こると，インクルー
ジョン認識は薄れ，同化や排除の認識へと移行する可能性が高いことも示唆さ
れた。つまり，インクルージョンの認識は，繊細で移ろいやすいものであるこ
とが明らかにされたが，このインクルージョン認識の移ろいやすさという点は，
筆者が知る限り，先行研究であまり考慮されていない。また，本書の研究では，
同一の調査協力者が同一企業，同一職場にあっても，時の流れや周囲の変化に
伴い，そのインクルージョン認識を変化させる可能性が示唆されており，イン
クルージョン認識の研究では時間概念が何らかの形で考慮されるべきであるこ
とを示した。これらは，今後，調査で考慮すべき新たな視座であり，理論的貢
献が大きいと考える。

　最後に，米国でもいまだ萌芽的概念の位置づけにある，経営学におけるイン
クルージョン概念について詳細な理論検討を行い，日本のダイバーシティ・マ
ネジメント研究におけるインクルージョン概念の有効性を議論し，当該分野の
発展に貢献した点である。ダイバーシティ・マネジメントは，米国において
1960 年代から進められてきた研究分野であるが，その組織への効果については
いまだ明確ではなく，プラスとマイナスの両方の効果が指摘されている。その
ダイバーシティを組織力に変える変数として，米国を中心に研究が蓄積されつ
つあるインクルージョン概念であるが，現在も研究や知見が充足しているとは
言えず（Shore et al., 2018），本研究を開始した 2014 年の時点では，日本の経
営学分野で，ダイバーシティ・マネジメントにおけるインクルージョン概念を

詳細かつ体系的に理論検討した論文，書籍などは，筆者が調べた限りではほとんど見受けられなかった。米国を中心とした萌芽的な先行研究に向き合い，インクルージョン概念と日本企業のダイバーシティ・マネジメント研究への接合を，日本企業というコンテクストに鑑みて検討したことは，日本のダイバーシティ・マネジメント関連の学術研究の進展に大きく寄与したと考える。

インクルージョンは，今後企業組織のみならず，あらゆる組織で重要な概念となる可能性が大きいと考えられ，その効果にかんする学術的・実践的知見のニーズは，さらに高まると確信している。

## 3 実践的貢献

つぎに，本書の実践的貢献であるが，これに関しては大きく2点ある。

まず第1に，日本企業で経営課題として重要性が広く認識されているダイバーシティ・マネジメントに対し，インクルージョンという概念を実践面で取り入れることにより，組織における人材の多様性，すなわちダイバーシティが組織の成果に繋がる可能性を示唆したことである。具体的には，社内の交流を促すことで社員の相互理解は高まり，それに加えて経営トップや職場リーダーが，組織全体を貫くダイバーシティの理念を共有し，自らが直接社員と関わり社員のサポートを行うことで，社員のインクルージョン認識が高まる。そして，そのインクルージョン認識が，社員の職場への貢献行動を促進し，それらが積み上げられ組織成果に繋がることが示された。本書では，この一連のメカニズムを提示し，企業における社員のインクルージョン認識のマネジメント，すなわちインクルージョン・マネジメントの重要性を明らかにした。

現在，日本企業においてもダイバーシティ・マネジメントは喫緊の経営課題であり，企業目的との接合と経営トップや職場リーダーのコミットメントが重要と認識されている。それは，2000年代に入って以降，日本企業でダイバーシティ推進への取り組みが増加していることが示している（一小路，2016）。それにもかかわらず，その掴みどころのなさから，経営トップやダイバーシティ推進担当者の多くは，その施策と効果に自信を持てずにいる。本書は，ダイバーシティ・マネジメントに有効な具体的事例を示しており，これまで成果は見えにくいが大切だとされてきた取り組み——例えば職場における交流，経営トップの多様性へのコミットメント等の施策展開と，組織成果の接合を1つの流れにまとめ，メカニズムとして提示した。これはダイバーシティ・マネジメ

ント実践の意義を企業内に提示できるという点で，大きな貢献だと考える。また，詳細な調査から，企業における具体的な取り組み事例とその効果を示したことで，日本企業のダイバーシティ・マネジメントにおいて具体的な推進施策の立案に大きく参考になると考えられる。これが，本書の1つめの実践的貢献である。

　第2に，男性総合職モデルの日本企業では，インクルージョン認識のプロセスが，日本人と外国人で差異がある可能性を示したことである。日本人は帰属感を先に確立しようとするが，外国人は自分らしさの発揮を優先し，インクルージョン認識を高めようとする。また，その同質性や「場」の重視から，日本人総合職は男女社員とも帰属感を優先する傾向がある。かかるなか，日本人女性総合職においては，自分らしさの発揮にあたり，女性という属性を改めて強く意識させられる事象（例えば説明なき女性参集プロジェクトなど）が起こると，インクルージョン認識の高まりが阻害される，または，それが低く揺り戻される可能性がある。また，外国人社員は，働き方の無限定性を理解できず合理的に職務を進めようとする点や，言語のハンディキャップから，インクルージョン認識が高まりにくい可能性がある。つまり，日本人女性総合職と外国人社員においては，日本人男性総合職には見られない，属性に紐づく要因で，インクルージョン認識が阻害される可能性が高いことが明らかになった。このことは，男性総合職モデルの日本企業に対し，多様な人材が属性の差異を極力意識しなくて済むよう，一様な人事管理や働き方を変化させる必要性を示している。

　加えて，本書では，職場の円滑な人間関係や，社内ネットワークの構築といったインクルージョン促進施策の実践が，属性のカテゴリー化を弱めることが明らかになった。現在もなお，多くの日本企業が実質的に特定属性を対象とした，両立支援制度や育成プログラムの拡充などをダイバーシティ・マネジメント施策の中心に据えているが，このような推進施策だけではマジョリティ人材とマイノリティ人材の差異がいっそう際立つ可能性がある。この点から，今後，組織内の人材多様性が一層高まるであろう日本企業では，社員のカテゴリー化を抑制するためにも，インクルージョン概念を具体的なダイバーシティ・マネジメント施策に取り込む必要があると考える。その際，施策の重要性を理論的に説明できることが，社内における納得感には重要であろう。本書は，インクルージョン・マネジメントという新たな考え方をもって，ダイバーシティ推進

実務における施策展開の選択肢を拡大させた。

　以上が，本書の実践的貢献である。

## 4　本研究の限界

　さて，ここまで本書の理論的及び実践的貢献について言及してきた。しかしながらそこには，貢献と同時にいくつかの限界と課題がある。最後に，本研究の限界と課題を示し，今後の研究への展望を述べる。

　本書における研究の限界として最初に挙げる点は，本書の調査は探索的調査の要素が大きく，一般化には至っていないことである。本書の発見事実は本書の2つの調査における調査協力者から見出されたものである。ゆえに，それぞれの企業のコンテクストが大いに影響すると考えられ，中範囲における分析考察の枠を超えていない。もちろん，本書では，伝統的な日本企業に多く見られる，日本人男性総合職を中心に据えた人事管理に関しても先行研究レビューを行い，調査対象企業はデモグラフィー構成に極端な差異がない企業を選択するなど，注意を払ってきた。一方で，各社のコンテクストは無視できない要素であり，それは日本企業といっても千差万別である。よって，日本企業という部分だけでなく，個社のコンテクストも十分考慮すべきという点は無視できない。つまり，今後インクルージョン概念の効果について，本書の研究における発見事実や考察の一般化を目指すならば，より多くの企業における同様の調査が必要であると考える。それが本書の研究における限界の1点めである。

　限界の2点めは，本書では，企業で働く個人のインクルージョン認識に焦点を当てているが，それを考察するにあたり，企業の規模や，組織階層については十分に考慮できていない点である。プロアシスト社は全社的なインクルージョン施策を継続的に行い，それが社員個人の成果，ひいては職場や組織の成果に繋がっていた。しかし，男性総合職モデル企業の社員に対する調査では，特に日本人女性総合職や外国人社員のインクルージョン認識の高まりは，職場レベルと組織レベルで異なり，特に日本人女性総合職は，職場を出るとインクルージョン認識が阻害される，もしくはインクルージョン認識が低下する「揺り戻し」が起こる可能性が示された。これは，会社規模の相違による差異とも考えられる。プロアシスト社は加速度的に規模が拡大しているものの，200人強の企業であり，A社は1000人を超えるいわゆる大企業である。プロアシスト社の調査では，社員のインクルージョン認識は総体的に高かったが，企業規模

の拡大から，社内手続きが煩雑となり，部門を超えた協働が以前より難しくなった気がするといった語りもあった。このことは，企業規模が社員のインクルージョン認識に影響する可能性を示唆していると考えられるが，本書ではその点については明らかにできていない。今後，プロアシスト社のような企業が，規模拡大を図るなかで，どのようにインクルージョン・マネジメントを継続するのかについては引き続き研究の必要があるだろう。

## 5　今後の展望

　最後に，日本におけるインクルージョン研究とインクルージョン・マネジメントの実践について，今後の展望を述べる。

　本書の発見事実が示すように，制度の拡充のみでは社員のインクルージョン認識を高めることはできない。多様な人材のマネジメントに，インクルージョン概念を取り入れること，すなわちインクルージョン・マネジメントの重要性は今後一層高まり，日本企業においては現在取り組まれている施策と両輪で推進することが必要不可欠である。本書においては，1人ひとりがインクルージョンを認識すること——すなわち，帰属感を持ちつつ自分らしさが発揮できている認識が，職場や組織の成果に繋がる可能性を示唆したが，このことについてより深く分析考察を行うことが，まさにインクルージョン研究の領域であり，それは今後，企業組織のみならず，あらゆる組織で重要な実践的課題となる可能性が大きいと確信している。

　本書の調査対象は日本企業における性別・国籍のダイバーシティであったが，企業経営においては，LGBT[1] やがんサバイバー[2] の社員といった，より不可視な多様性のマネジメントが求められる時代に入っている。このように不可視の違いを持つ個人には，対象を明確にした制度構築よりもむしろ，職場や組織における信頼に基づいた，相互援助や個別配慮が重要になると考える。これらの違いは不可視なだけでなく，その状況を「知る」こと自体が難しい。個人情報の保護が声高に叫ばれる現代において，これら不可視の違いは，職場や組織で信頼が構築された上で，社員本人からの情報共有，すなわち自己開示がなければ，制度の利用を促すどころか，何の配慮もできない状況となる。性別や人種・国籍といった表層的ダイバーシティだけでない，これからより多様で複雑化する企業の人材マネジメントには，今まで以上の難しさが伴う。だからこそ，相互の自己開示を促す環境を創り，そこから職場や組織における信頼を高めて

いく，インクルージョン・マネジメントの重要性が高まっていくと考える。

　そもそも人は多様であり，多様性を真に活かすことが，企業の活力にもつながる。そして，インクルージョン・マネジメントが実践されている組織では，今後どのような属性の人材が加わったとしても，個々が活きつつ一体感をもって，成果につなげていけるであろう。

　現代において多様性が強みになることは，どの企業も理解していると思う。しかし，「人材多様性とそのマネジメント，すなわちダイバーシティ・マネジメントが重要だ」と宣言しつつも，その成果やプロセスの捉えどころのなさから，本当の意味で多様性を活かすということを理解しているとは言い難く，実践に対しておよび腰になっている姿勢があるのではないか。企業においては「未来に繋がる企業戦略」としては諸手を挙げて賛成し宣言するが，「明日の利益に繋がる事業戦略」の一環としては，実践成果が見えづらく後回し，つまり「総論賛成・各論反対」という矛盾した姿勢を取っている部分がないだろうか。

　理念やそれと繋がる企業戦略としてダイバーシティを打ち出すのであれば，その本質的な考えの浸透に心血を注ぐ必要がある。日本企業においては，同質性が強みの1つであった歴史があり，多様性が組織力になるという考えは，それとはある意味対極である。よって，この考えを組織に本当に浸透させようとするならば，その施策は根気強く継続される必要があるだろう。そして，この多様性を尊重する取り組みには，経営トップだけでなく，事業・部門トップ，職場・プロジェクトリーダー，ひいては社員個々人が「明日の利益に繋がる事業戦略」であることを理解して関わることが推進の鍵となる。

　多様性の尊重に取り組む，と言うだけの宣言は容易い。しかし，その実践において近道はなく，本質を理解し，とにかくやり続ける覚悟が重要である。そして相互理解を高めていくという取り組みは，「多様性」という言葉の煌めき・彩りから想像する以上に地道な取り組みとも言え，全組織が一丸となった推進の継続が無くなれば途端に形骸化してしまう。しかし，組織と職場の両レベルで多様性にかんする理念を浸透させ，インクルージョン・マネジメントにより組織成員の交流（接触）を生み出し，信頼を根付かせていくことが出来れば，いずれ必ず，組織は多様な個が活きる場——社員が相互に理解し合い，多彩な人材が多才に活躍する組織——に発展していくであろう。

　筆者は，かつて実務家であり，ダイバーシティ推進の担当者であった。社内におけるダイバーシティ推進に対する理解と納得性を高めるには，学術的な知

見がいかに重要かつ有用であるかを痛感し，その学術と実務の接合を示す更な
る足掛かりが欲しいという想いから，研究に取り組み始めた。本書における調
査研究が，組織行動や人的資源管理分野の学術的な貢献とともに，実務家にお
いては実務・実践に役立つ示唆の提示となり，微力ながら貢献できることを願
っている。

　本書はここで閉じることとするが，読者におかれては，まずは「今，近くで
働いている誰か」に明るく声を掛けてみてほしい。実は，それこそがインクル
ージョン・マネジメントに繋がる第一歩なのだから。

**注**

1　性的少数者の総称。Lはレズビアン（Lesbian：女性の同性愛者），Gがゲイ（Gay：男性の同性愛者），
　　Bがバイセクシュアル（Bisexual：両性愛者），Tがトランスジェンダー（Transgender：こころ
　　の性とからだの性との不一致）の頭文字から作られた言葉であり，LGBTのうち，「L」「G」
　　「B」の三者は性的指向に関わる類型，「T」は性自認に関する類型とされる（中西，2017）。

2　一度でもがんと診断されたことのある人のこと。治療が終わった人だけでなく，治療中の人も含ま
　　れる。がんを「超えて生きる」というポジティブな語源をもつ言葉。出典：日本対がん協会ホーム
　　ページ．https://www.gsclub.jp/gsc（2018年12月4日閲覧）。

# あとがき

「接触（交流）による信頼構築」——筆者が本書のテーマである「インクルージョン」において見出した一番のキーワードのように思う。一方で，本書が刊行される1年以上前から，コロナ禍の影響により「他の人との接触をなるべく避けて」というニューノーマル（新常態）が台頭し，企業においてはテレワークや在宅勤務の推進が要請されている。筆者は2014年から約7年かけて本書の鍵概念であるインクルージョンに着目した研究に取り組んできた。この研究の基本主張の1つが「職場における他者との交流の重要性」である本書が，いまだコロナ禍にある2021年というタイミングで刊行されることに，若干の違和感を覚える読者もいるかもしれない。

しかし本書の本質は，単に「接触・交流」という言葉にあるわけでないことを，このあとがきで伝えておきたい。本書の基本主張は，「日々，意識的・無意識的に交わされる会話やコミュニケーションが，たとえ目に見えなくとも，人材多様性が高い職場において，実は社員のインクルージョン認識の促進に重要な役割を持ち，質の高いアウトプットやイノベーションの創造に影響すると考えられる」という点である。

コロナ禍という未曽有の事態は，それまで推進が声高に叫ばれていたにもかかわらず漸進的であった働き方改革を一気に推し進めた。そして2021年現在，テレワークや時差出勤，リモート会議はもはや珍しいことではない。そして，この状況はある意味ダイバーシティ・マネジメントを次のステージに押し上げたともいえる。コロナ禍でテレワークや在宅勤務が半ば強制的に推進されている部分はあるにせよ，ライフスタイルに合わせた働き方の選択肢が増えたのは事実である。コロナ禍も1年を過ぎ，テレワークや在宅勤務の弊害についても議論は活性化しているが*，確かに勤務の柔軟性は格段に上がり，コロナ禍収束後もテレワーク継続を望む声は増えているという**。今後は日本も，時間やプロセスによる評価でなく，職務やアウトプットをより重視しよう，一刻も早くそのように変えるべきだ，という論調が強まりつつある***ようにも思う。

　筆者はこれらを否定しているわけではない。しかし本書の研究結果から，このような状況下では（また未来においても）いっそう，上司・部下，同僚同士のコミュニケーションが重要になると考えている。しかし，必要なことを必要なだけ伝え，成果はアウトプットで示すという形態が進んでいる状況下だからこそ，日々職場に存在していた，意識的・無意識的に交わされる会話やコミュニケーションをどう創出するのかについて，マネジメント側の意識を高める必要があるのではないだろうか。また，おそらく，マジョリティ人材と比較して社内のネットワーク構築が容易ではないと考えられる人材——すなわち多様性を構成するマイノリティ人材にいっそう注意を払う必要があるとも考える。さらに，異動直後の社員や新人は，インクルージョン認識が高まるまで時間がかかる傾向にあり（第5章），これらの人材に対しても同様のことが言えるだろう。つまり，コミュニケーションの量と質をないがしろにしては，いっとき働き方改革は成功しても，近い将来においては職場や組織のパフォーマンスが下がると筆者は考える。

　さらに，このような状況下で懸念されるのは，立場にかかわらず，職場や組織におけるコミュニケーションの価値を，あまり重要でないと考える人々が増えることである。コミュニケーションがインクルージョン認識の促進により大きく影響すると考えられる属性，すなわちダイバーシティを構成するマイノリティ人材自身が，アウトプットさえ出せばコミュニケーションなど必要ない，と無意識に思ってしまうことも考えられるだろう。

　コロナ禍において1年以上，一心不乱にこの未曾有の事態に対応してきた私たちは，現在は既存の信頼関係によってある程度のコミュニケーションの質を担保しているという状態ではなかろうか。しかし，職場や組織の人材は否応なく入れ替わっていく。現在，アウトプットによる評価やジョブを基準とした雇用形態という議論は進んでいても，日本企業の根幹にある長期雇用（及びそれに伴うある程度の人事異動）と新卒一括採用前提の人事管理についての議論は変わらず漸進的であるように思う。結果として，コミュニケーション不全により，企業における効率が下がり，パフォーマンスは上がらない，または遅れるということが将来的には起こり得るのではないだろうか。また，画一的な管理が難しい，ダイバーシティを構成するマイノリティ人材が，自らの状況を伝えにくくなることでインクルージョン認識の高まりが阻害されやすい，という事象が発生するのではないか。これまでダイバーシティとインクルージョンは

混同されてきた部分があるが，今後は「ダイバーシティ（＝多様な組織成員が存在すること）」と「インクルージョン（＝組織成員が帰属感と自分らしさの発揮を認識できていること）」の違いがますます明確になるのかもしれない。

　職場や組織における人材の多様化（＝ダイバーシティ）が進み，働き方改革の制度やツールが整いつつある中，インクルージョン・マネジメントも推進しようとするならば，その推進側の人間――すなわち職場の上司，経営トップ，人事担当者がこれまで以上にその方法を考えていく必要がある。そして，そのためには組織全体に改めて，コミュニケーションの重要性を示すことが不可欠である。これが本書の刊行にあたって，今だからこそ伝えておきたいことである。

　本書の第6章，第7章でも触れているが，ダイバーシティ・マネジメントにおけるインクルージョン認識を高めていくためには，いかに職場の関係性における「他人ごと」を「仲間ごと」にするか，すなわち組織成員に拡張自己（第2章2.2）に至ってもらうかが鍵である。先にも論じたが，これからの未来において，職場や組織におけるダイバーシティは推進されても，インクルージョンの高まりが起こりにくい，という状況が考えられる。つまり，Shore et al. (2011) のインクルージョン概念のフレームワークでは，ディファレンシエーション（差別化）のみが進み，帰属感と自分らしさの発揮とされるインクルージョンが認識されにくい状況である。ただ，Shore et al. (2011) も援用し，本書でも触れた心理学者のBrewer (1991) が説いた最適弁別性理論（第2章1.3）によると，人は「帰属感」と「ありたい自分」の両立を目指すにあたり，まず先に十分な帰属を感じることを求める。そういった意味では，コロナ禍で一気に進んだ働き方の革新において，この帰属感の部分をどう醸成していくのか，という議論がもっと多くなされても良いのではないだろうか――筆者はそう考える。

　なお，このあとがきは2021年6月に執筆している。筆者においても，自身の授業はオンラインで実施し，仕事の打ち合わせもオンラインや電話で行っている。自宅の部屋から昼食時以外は一歩も出ず，家族以外は誰とも直接的な接触をせず過ごす状況がすでに1か月近く続いている。一方でこの一週間のうち，仕事のやり取りの中で「できれば会ってお話するのが一番早いと思うのですが」「一度お会いしたいものです」という会話を何度交わしたであろうか。無意識のうちに互いに口にしてしまうこれらの言葉は，多くの人々が直接の交流

238

でのほうが，やはり人となりが理解でき得られる情報が多い，そしてそのほうが信頼は高まりやすい，と感じているからではないだろうか。

　このような状況下であるからこそ改めて，職場や組織では，コロナ禍以降見過ごされがちであった，帰属感の醸成を再び真剣に考えていく時期に入っていると考える。本書を一旦閉じつつも，筆者自身もこの研究テーマについて新たな宿題をもらった，そのように感じ，大きなパラダイム・シフトが起こっている今だからこそ，日本の産業界とアカデミアが一体となって，今後いっそう重要性が増すダイバーシティ＆インクルージョンに対し，特に日本企業の強みを活かす形での打ち手を考えていく必要があるのではないかと考えている。

　本書が少しでもその一助となれば，望外の喜びである。

＊　e.g. 大和田尚孝（2020.11.30）.「テレワーク新たな課題は『同僚との対話』 半年で悪化」『テレワーク成功の勘所（22）』日経 BP 総合研究所，日本経済新聞電子版（会員有料記事），https://www.nikkei.com/article/DGXMZO66613030V21C20A1000000/（2021 年 6 月 11 日閲覧）.
＊＊　e.g. 中務庸子（2020.8.8）.「テレワーク，利点とコツは　歴 8 年『信頼が鍵』 全従業員が全国で在宅勤務」. 神戸新聞 NEXT，https://www.kobe-np.co.jp/news/sougou/202008/0013585752.shtml（2021 年 6 月 12 日閲覧）.
　　関西生産性本部（2020）.「在宅勤務に関する意識調査」WEB アンケート結果，（公財）関西生産性本部，https://www.kpcnet.or.jp/upload/news_fl/fl00000027.pdf（2021 年 6 月 12 日閲覧）.
＊＊＊　e.g. 日本経済新聞電子版（2021.01.26）.「新卒からジョブ型，生産性向上へ経団連案　春季労使交渉」日本経済新聞電子版，https://www.nikkei.com/article/DGXZQODF261Y10W1A120C2000000/（2021 年 6 月 12 日閲覧）.

# 謝　辞


　本書の刊行にあたり，いままでご指導，ご鞭撻とご協力を頂いてきた多くの
方々に，心からのお礼を申し上げる。
　まず，神戸大学大学院経営学研究科博士課程後期課程でご指導くださった金
井壽宏先生（立命館大学），平野光俊先生（大手前大学），鈴木竜太先生（神戸
大学）の3名の先生方には，特に多くの学術的なアドバイスやコメント，そし
て時に叱咤激励を頂いた。なかでも，金井先生には，筆者が専門職学位課程に
在籍中からゼミ指導でお世話になり，研究における大局観の大切さを教えて頂
いた。ご指導において溢れ出るように教えて頂く先行研究に，当時はいち実務
家としてただただ驚嘆したことを覚えている。金井先生が常々仰っていた「よ
い研究とは役に立つ研究だ」というお言葉は，私の中のテーマ選定時の礎とな
った。実務家としては長年の経験があったものの，学術研究を進めるにあたっ
ては素人同然であった MBA ゼミ生に，それぞれの研究の良い点・面白い点を
大切に懐深くご指導下さったことで，学術研究の素晴らしさを知った。心から
の感謝を申し上げたい。平野先生には，研究に向き合う姿勢と理論的・実践的
貢献の重要性を教えて頂いた。実践的貢献は理論的貢献があってこそと，実践
に引きずられ視野が狭くなりがちな筆者を温かく，時に厳しく指導くださった。
常に真摯に切り口鋭く議論をしてくださるお姿と，その後の会話での柔らかい
笑顔に，真に対等に接してくださるとはこういうことかと感銘を受けた。鈴木
先生には，研究における論理的な思考と試考について薫陶を受けた。先生のご
厚意でゼミ参加をさせて頂いていたが，そこでの院生全員への丁寧なご指導と，
論理的思考を追求される姿勢は，遠くは及ばないながらも，かなり遅れて学術
の世界に足を踏み入れた筆者にとって，常に立ち戻る幹となっている。要領が
悪く，研究において右往左往する筆者にいつも快くお時間と惜しみない助言を
くださったことを忘れることはない。先生方のおかげで，本書の内容を最後ま
で書き上げることができたと考えており，その感謝は言葉では言い尽くせない。
　また，服部泰宏先生（神戸大学）にも，MBA 生として大学院在籍時から，

240

研究上の些細な疑問や戸惑いに，折に触れて親身かつ細やかにアドバイスを頂き，真摯に深く研究に向き合う大切さを教えて頂いている。尾形真実哉先生（甲南大学）には，専門職学位論文の執筆において，多くの時間を割いてアドバイス頂いた。先生のご指導がその後に繋がっていると常に感じている。先生方に心より感謝申し上げたい。また，筆者が初めて神戸大学と関わりを持ったのは2011年度 RIAM（現代経営学研究所）Intensive コースへの参加であったが，この年のコース主宰であられた加登豊先生（同志社大学）にもお礼を申し上げたい。先生にアドバイスを頂きつつ個人テーマ発表でダイバーシティ・マネジメントを選定したことが，現在の研究に繋がっている。

　これからも，先生方がご指導に割いてくださった時間と熱量に，少しでも報いる研究ができるよう，教えて頂いたことを大切にしていきたい。

　加えて，松尾健治先生（熊本学園大学），山﨑京子先生（立教大学）に心から感謝申し上げる。研究においても常に刺激し合える大切な仲間であるが，本原稿に意見交換の時間を取って下さったことが，確実に本書の深化に繋がった。中西善信先生（東洋大学），渡邉豊彦先生（岡山大学），市村陽亮先生（宮崎公立大学），砂口文兵先生（椙山女学園大学），藤井暢人先生（桃山学院大学），土屋佑介先生（大阪産業大学）にも沢山のアドバイスを頂いた。金井壽宏ゼミ，鈴木竜太ゼミでご一緒した皆様にも感謝申し上げたい。社会人・一般院生の垣根なく意見を交わす自由闊達な雰囲気に，研究で悩み苦しむときも救われていた。

　そして，何よりもお礼申し上げたいのは，第5章の15名の調査協力者の皆様，そして第6章の株式会社プロアシスト社長の生駒京子氏と同社の調査協力者の皆様である。守秘義務に則り個々のお名前は記せないが，調査研究の意義に深いご理解を下さり，積極的かつ快くご協力くださったことで，研究がここに知見として結実している。経営者・企業人としてお忙しい中，時間を割いてくださったうえ，「不明点があれば何度でも対応します」と応援頂いた。心から感謝申し上げたい。

　さらに日頃から，研究活動への奨励を下さる大阪女学院大学に感謝申し上げたい。研究活動に大きな理解を頂いていることで，本書刊行にたどり着けた。大阪女学院の門には「VERITAS LIBERABIT VOS（真理はあなたたちを自由にする）」と記されているが，真理を探究し，洞察力をもって社会に積極的に関わるように，という素晴らしい校風に後押しされ研究活動を続けることがで

きている。また出版の機会をくださった白桃書房様，特に本作りのプロフェッショナルとして，いつも適切なアドバイスを下さる編集長の平千枝子氏，校正で惜しみないサポートを下さった金子歓子氏にも，心から感謝申し上げたい。なお，本書の内容は筆者の博士論文をベースに加筆修正したものであり，第6章の調査は科研費の助成（JSPS 科研費 JP17H07276）を受けて実施したものである。ここに記して感謝を申し上げる。

　また，これまで筆者の MBA と博士課程での学びを応援してくださった全ての方々に感謝申し上げたい。特に，企業勤務時の国内外の上司・同僚には，研究と仕事の両立にいつも励ましや温かいサポートを頂いた。また，多くの友人からも仕事と学業の両立にエールを頂いてきた。特に神戸大学 MBA 及び RIAM Intensive コースの同期メンバー，そして牧野氏，松本氏，末光氏，松下氏，松村氏，牧川氏を始めとする友人たちに感謝したい。企業の経営課題について率直に意見交換できるだけでなく，公私にわたり応援し合える大切な仲間である。このような素晴らしいネットワークがあるからこそ，常に研究を実務家の視点から俯瞰しなおすことができるのだと感じている。これまでの人生に豊かな示唆を与えて下さった平山氏，Wong 氏，末本氏にも心から感謝申し上げる。

　最後に，仕事と研究活動の両立を献身的に支えてくれた家族に感謝を伝えたい。ワーク・研究・ライフの三点倒立は転びそうになることの連続であった。そのほとんどのしわ寄せが「ライフ」にいったと感じている。特に，常に明るく応援してくれた夫には感謝の念しかない。研究を始めた時から励まし応援し続けてくれた，双方の両親や筆者の祖父母は，残念なことに現在は全員が揃っているわけではない。しかし，大変な中にあっても全ての家族が研究活動を理解し支えてくれていたことに，心より感謝したい。

　なお，このように様々な皆様のご指導やサポートを受けているにもかかわらず，本書には未熟な部分が散見される。その全ては筆者の力量不足によるものであり，その責任は筆者にあることを最後に申し添えておく。

著　者

# ダイバーシティ及びインクルージョンにかんする歴史的変遷・研究動向の整理

→ 先行研究間の関連・影響（主ならの）を示す
┄┄→ 研究における議論の系譜を示す

| | 社会および企業の動向 | 概念・定義・イデオロギーの変遷 | 経営学におけるダイバーシティ及びインクルージョン研究の変遷 | 他分野の主な関連研究 |
|---|---|---|---|---|
| 1960年代 | [米国] マイノリティの雇用機会均等を目指す法律（公民権法第7編等）の制定[7,12,18]<br><br>[米国] 職場におけるマイノリティ人材（人種・国籍・性別・宗教等）に対する差別の禁止（1960年代半ばから70年代）[7,12,18]<br><br>[米国] アファーマティブ・アクション（以下、AA）の実施要請に企業が対応開始[7,12,18]<br><br>[米国] マイノリティ人材を既存の企業文化に適応させる［同化］アプローチの時代[7,13,18] | 1960~1970年代：<br>ダイバーシティとは通常雇用上で差別や格差の対象になる人材を指す。すなわち人種や女性のことを意味していた[14]<br><br>ダイバーシティの伝統的な定義：<br>「ダイバーシティとは、年齢における違いのこと（米国雇用機会均等委員会による定義：谷口、2005, p.39）[17] | このころは、職場属性での雇用差別の対象となり得る属性の実態把握、その是正方法、またAAの実現方法等のテーマが研究の中心であった[11,14]<br><br>法整備で組織内に増えた多様な人材をどうマネジメントすればよいのかという研究が着目されていた（ダイバーシティ・マネジメント研究）[7,11,12,18] | 接触仮説（Allport, 1954）<br><br>Pelled (1996) によると、組織における人口統計的な分類カテゴリの変遷は、1970年代半ばまででああまり見られない。見られたとしても心理学的な○実験室実験のようなもので実証的研究は少ない。<br><br>集団間葛藤（Sherif et al. 1961）<br><br>社会交換理論（Blau, 1964）<br><br>類似性・アトラクション理論（Byrne, 1971）<br><br>心理的距離（Brewer, 1979）※協力行動<br><br>社会的アイデンティティに関する諸研究（Hogg & Abrams, 1988; Tajfel, 1971; Turner et al. 1987 など）<br><br>「デモグラフィック研究とダイバーシティ研究の融合」組織におけるデモグラフィ（Organizational Demography：組織内の人口統計）の組織への影響に対する着目[e.g. 3), 5), 21), 22)] |
| 1970年代 | [米国] AAがダイバーシティ（主に白人）への逆差別との世論が高まる[7,11,13,18] | | | |

**[米国]** 政府としてのAAの推進を縮小(1980年~1990年半ば)。一方で、引き続き戦略的にAAを継続しようとする企業・経営者が存在[7].12).13).18)

**[米国]** 企業が差別是正目的ではなく、ビジネス上の競争力向上から多様性を理解し価値を置くことに、より着目し始める[7].11).13).18).20)

[ **「ダイバーシティ (Diversity)」** という言葉が一般的になり始める[11] ]

**[米国]** 企業内の雇用機会均等/AAの担当者が、「労働市場・消費者の人口動態の変化によりマイノリティに選ばれる雇用主になる必要性」「マイノリティ活躍の必要性」「市場のグローバル化による異文化理解の必要性」から、ダイバーシティが企業競争力に繋がるという主張を始める[7].11).12).18)

**[米国]** 初期のダイバーシティ・コンサルタントとして活躍したR. Roosevelt Thomasが「マネージング・ダイバーシティ」という言葉を使い始める[7].12).18)

**[日本]** 1986年「男女雇用機会均等法」施行

**[米国]** 1987年 "Workforce 2000" 報告書の発表（米国労働省及びHudson Institute）：将来の米国の労働市場における人種的マイノリティや移民割合の増加、女性の仕事と家庭の両立支援の必要性等を主張。企業のダイバーシティ推進を促進した[7].11).12).13).17).18)

---

[ 1980年代：
ダイバーシティとは教育や価値観などを含む広範な個人的属性が多様性の構成要素を意味するようになる[14] ]

[ 1980年ごろ：
組織内の1人1人の違いに価値があり理解するという「Valuing (Understanding) Diversity」のパラダイムへの変換[7].12).13).18) 尊重するだけでなく「理解する」ことより重要であること、「Understanding」が好んで使われることもあった[13].18) ]

[ 1980年代後半：
属性にかかわらず組織や職場のだれもが目の能力を最大限発揮できる重要性を説く「マネージング・ダイバーシティ」のパラダイムへの転換[7].12).18).19).20)
「企業の競争優位のためにダイバーシティとそのマネジメントが必要である」[11].18).20) ]

---

[ 1980年代のダイバーシティ研究の主な研究関心：
(1) 組織におけるダイバーシティ推進コスト（訴訟や法対応）抑制の目的もあり、組織内のダイバーシティをいかにマネジメントするかという研究に着目し始める[11].14)
・ダイバーシティにかかるコストと管理の側面[14]
・組織や職場におけるダイバーシティを増やすか（採用・教育・キャリア）[11].14)
・1人1人に価値を置く組織文化の醸成[11].14)
(2) 1970年代から引き続き人種、性別、年齢、チャレンジド（障がい者）等の社会的格差に関連する研究[12].14).18)
・差別・偏見という社会的な見地から、より経営学的な見地への移行
・雇用機会均等だけでなく、組織への影響に着目する理論モデルの導出 ]

[ 「企業の競争優位のためにダイバーシティとそのマネジメントが必要である」[11].18).20)
→学術面・実務面の研究関心「組織やダイバーシティをますます高まるダイバーシティをどのようにマネジメントし、それを職場や組織のパフォーマンスに繋げればよいのか」[9].11).18) ]

[ これ以降現在に至るまで、筆者の先行研究レビューでは「組織のダイバーシティをどのように考えるか」は徐々に変わっていないと考えられる。以降は成果につながる調整要因の研究対象（属性、対象組織、着眼点が多岐に渡っていく。[9].11).18).20) ]

---

・Pelled (1996)：組織内のデモグラフィー（人口統計学的）見地からの人材やマネジメントへの着目が、組織内のダイバーシティをいかにマネジメントするかという研究に着目し始めるより[11].14) 1970年代後半までに着目されなかったことを指摘

・Pfeffer (1985)：組織におけるデモグラフィー（人口統計学的）な属性に着目する。結果。類似性は互いの理解や好感、結果としてその属性に繋がる。属性によるグループが組織に与える影響に着目すべきことを主張

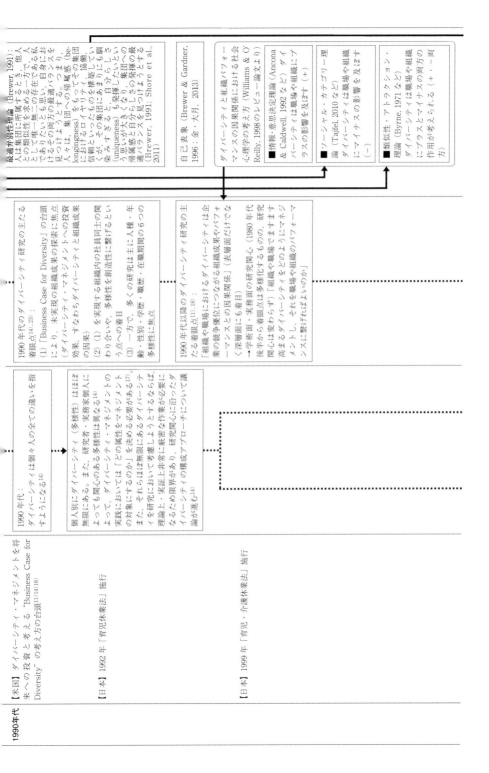

**1990年代**

[米国] ダイバーシティ・マネジメントを将来への投資と考える "Business Case for Diversity" の考え方の台頭[11][14][18]

[日本] 1992年「育児休業法」施行

[日本] 1999年「育児・介護休業法」施行

---

1990年代：
ダイバーシティは個々人の全ての違いを指すようになる[14]

個人別にダイバーシティ（多様性）はほぼ無限にある。また、研究者・実務家個人によっても関心のある多様性は異なる[14]。ダイバーシティ・マネジメントの実践においては「どの属性をマネジメントの対象にするのか」を決める必要がある[17]。また、それらは無限にあるダイバーシティを研究においても厳密に考察しようとするならば、理論上・実証上非常に厳密な作業が必要になるため限界があり、研究関心に沿ったダイバーシティの構成概念アプローチについて議論が進む[14]

---

1990年代のダイバーシティ研究の主たる着眼点[14][23]：

(1)「Business Case for Diversity」の台頭により、未実現の組織成果の探索に焦点（ダイバーシティ、すなわちダイバーシティ・マネジメントへの投資効果。未実現のダイバーシティと組織成果の因果）

(2) (1) を実現する組織内の社員同士の関わり合いや、多様性を創造性に繋げるといった点への着目

(3) 一方で、多くの研究は主に人種・年齢・性別・学歴・職種・在職期間の6つの多様性に焦点

---

1990年代以降のダイバーシティ研究の主たる着眼点[11][18]：

「組織や職場におけるダイバーシティは企業の競争優位につながる組織成果やパフォーマンスとの因果関係」（表層面だけでなく深層面にも着目）

→学術面・実務面の研究関心に（1980年代後半から変わらず）「組織や多様性はますます高まるダイバーシティをどのようにマネジメントし、それを職場や組織のパフォーマンスに繋げればよいのか」

---

最適弁別性理論（Brewer, 1991）
人は集団に所属するとき、他人との類似性を求める一方で私として唯一無二の存在であるために、自身のバランスを見つけると思い。つまり人々は、集団での帰属感（belongingness）をもっての集団に対する信頼というものを構築していくといったロードにおける集団にある帰属という思いが大きくなると、自分らしさ（uniqueness）も発揮したいという帰属感と自分らしさの発揮の最適バランスを見つけようとする（Brewer, 1991; Shore et al., 2011）

自己矛盾（Brewer & Gardner, 1996；金・大月, 2013）

ダイバーシティと組織パフォーマンスの因果関係における社会心理学のレビュー論文より（Williams & O'Reilly, 1998論文より）

■情報・意思決定理論（Ancona & Caldwell, 1992 など）ダイバーシティは職場や組織にプラスの影響を及ぼす（+）

■ソーシャル・カテゴリー理論（Tajfel, 2010 など）ダイバーシティは職場や組織にマイナスの影響を及ぼす（−）

■類似性・アトラクション理論（Byrne, 1971 など）ダイバーシティは職場や組織にプラスとマイナスの両方の作用が考えられる（+・−両方）

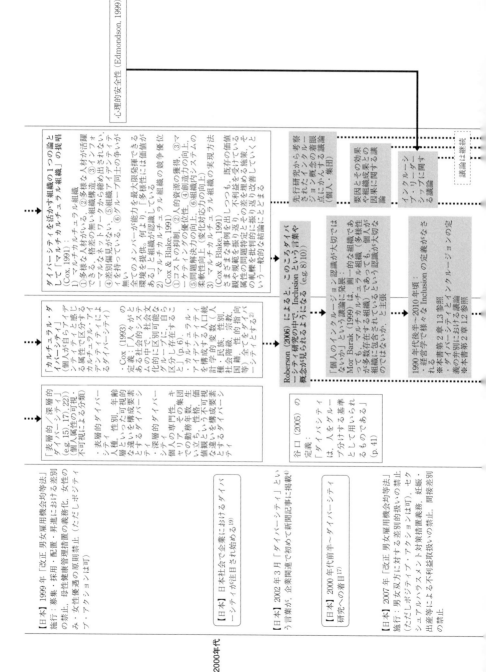

2000年代

【日本】1999年「改正 男女雇用機会均等法」施行：募集・採用・配置・昇進における差別の禁止、母性健康管理措置の義務化。女性のみ、女性優遇の原則禁止（ただしポジティブ・アクションは可）

【日本】2002年3月「ダイバーシティ」という言葉が、企業関連で初めて新聞記事に掲載[4]（ただしポジティブ・アクション／アファーマティブ・アクションは可）

【日本】2000年代前半〜ダイバーシティ研究への着目[17]

【日本】2007年「改正 男女雇用機会均等法」施行：男女双方に対する差別的扱いの禁止、セクシュアルハラスメント対策措置義務。妊娠・出産等による不利益取扱いの禁止、間接差別の禁止。

有口（2005）の定義「ダイバーシティは、人をグループ分けする基準として用いられるものである」(p. 41)

【日本】日本社会で企業におけるダイバーシティが注目され始める[19]

「表層的／深層的ダイバーシティ」（個人属性の可視性（e.g. 15), 17), 22)）

表層的／深層的ダイバーシティ
・表層的ダイバーシティ：人種、性別、年齢層といった可視成要素
・深層的ダイバーシティ：個人の専門性、キャリア、勤続年数、価値観といった不可視成要素で構成されるダイバーシティ

「カルチュラル・ダイバーシティ」（個人が目らを感じるアイデンティティと、社会文化的に区分される属性による分類）

・Cox（1993）の定義「人々がそれぞれ異なる社会文化的な集団に所属している中で、社会文化的に区分される一つのグループに存在すること。人種・民族・性別・国籍・社会階級・宗教等全てをダイバーシティとする」[2]

ダイバーシティを活かすか組織の1つの論として「マルチカルチュラル組織」の提唱 (Cox, 1991)
①マルチカルチュラル組織
②多様な人材が活躍できる、③インクルーシブな構造から締め出されない、④差別偏見がない、⑤組織アイデンティティを持っている、⑥グループ間の争いがない

マルチカルチュラル組織の競争優位
①コスト的抑制、②人的資源の獲得、③マーケティングの優位性、④創造力の向上、⑤問題解決力の向上、⑥組織内システムの柔軟性（変化対応力）の向上 (Cox & Blake, 1991)

3）マルチカルチュラル組織の実現方法
さまざまな事例を出しつつ、既存の価値観や規範を振り返り、不利益を受けている属性の問題特定とその差を埋める施策の軌跡を批判的に振り返り改善していくという一般的な結論にとどまる

Roberson（2006）によると、このころダイバーシティ研究の中でInclusionという言葉や概念が見られるようになる (e.g. 8)10))

「個人のインクルージョン認識が大切ではないか」という議論に発展
ダイバーシティのある組織（多様性が多数存在する組織）でも、個人がマルチカルチュラル組織という認識を包含されているという認識が大切なのではないか。Mor Barak（1999）は主眼

1990年代後半〜2010年ごろ：経営学で様々なInclusionの定義の羽目らしいとインクルージョンの定義がなされる
※本書第2章1.3参照
義の羽目らしいとインクルージョンの議論
※本書第2章1.2参照

先行研究から考察されるインクルージョン概念に関する着眼点（個人・集団）

要因とその効果や組織構成に関する議論（個人・集団）

インクルージョン・リーダーシップに関する議論

議論は継続

心理的安全性 (Edmondson, 1999)

2010年代

[日本] 2015年「女性活躍推進法」施行 (10年の時限立法)

[日本] 2018年「働き方改革関連法」公布　労働者がそれぞれの事情に応じた多様な働き方を選択できる社会を実現する（長時間労働の是正、多様で柔軟な働き方の実現、雇用形態にかかわらない公正な待遇の確保等）

[日本] 2019年「改正女性活躍推進法」公布

Shore et al. (2011) の研究：
ダイバーシティ研究の中で着目されているインクルージョン概念について、文献レビューと最適非対称性理論（ODT）(Brewer, 1991) をベースに、インクルージョンを定義し、ダイバーシティ・マネジメントをインクルージョンを通して考察するフレームワークを示した研究。これまでの定義が "accepted," "insider," and "sense of belonging," といった「帰属感」を示すフレーズと、"valuing contributions from all employees," "contribute fully," "individual talents, and "to have their voices heard and appreciated" といった「個性」を示すフレーズから成り立っている。
【本書における定義】インクルージョンとは「社員が仕事を共にする集団において、その個人が求める帰属感と自分らしさの発揮が、集団内の扱いによって満たされ、メンバーとして尊重されている状態」(Shore et al. 2011, p.1265 を加筆修正。本書第2章1.4 参照)

インクルージョンの定義における2つの側面：組織メンバーの認識に対して定義づけられるもの[6]
(1) 組織メンバーの認識に対して定義づけられるもの[6]
(2) マルチカルチュラル組織の特徴とそれを促進させる組織の活動[6]

Shore et al. (2011) への批判：
(1) 帰属感と自分らしさの発揮は実質的に両立可能なのか（両立不可能なのか）[1],[6]
(2) インクルージョンが集団中の認識ならば、当該本人以外の認識も考慮する必要があるのではないか[1],[6]

出所：筆者作成

(注1) 本表の記載内容は、あくまで本書の研究及び筆者の調査した範疇の限りのものである。
(注2) 参考文献は表中または脚注（番号表記）にて示す。文献の詳細については本書の「参考文献」参照。
(注3) 社会及び企業の動向におおむね2011年以前の日本については、安部 (2011) を参照した。文献の詳細については本書の「参考文献」参照。
(注4) 本表に記載の法令については、すべて略称で記載している。

(参考文献)
1) Buengeler et al. (2018)
2) Ely & Thomas (2001)
3) Hambrick (1994)
4) 一小路 (2016)
5) Jackson et al. (2003)
6) Jansen et al. (2014)
7) Kelly & Dobbin (1998)
8) Kossek & Zonia (1993)
9) Miller (1998)
10) Mor Barak et al. (1998)
11) Nkomo & Hoobler (2014)
12) 野畑 (2012)
13) 野畑 (2013)
14) Qin et al. (2014)
15) Roberson (2006)
16) Tang et al. (2015)
17) 谷口 (2005)
18) 谷口 (2008)
19) 谷口 (2016)
20) Thomas (1999)
21) Tsui & O'Reilly (1989)
22) Tsui et al. (1992)
23) Van Knippenberg et al. (2004)
24) Williams & O'Reilly (1998)

# 参考文献

安部由起子（2011）.「男女雇用機会均等法の長期的効果」『日本労働研究雑誌』第53巻第10号，12-24頁.

Abegglen, J. C.（1958）. *The Japanese factory: Aspect of its social organization*. The Free Press（山岡洋一訳『日本の経営（新訳版）』日本経済新聞社，2004）.

Abegglen, J. C.（1989）. *The strategy of Japanese business*. The Ballinger Publishing Company（井尻昭夫訳『日本の企業社会』晃洋書房，1989）.

Alderfer, C. P.（1983）. An intergroup perspective on group dynamics. Yale University New Heaven CT School of Oraganization and Management Working Paper Series No. 57.

Allport, G. W.（1954）. *The nature of prejudice*（25th anniversary ed）. Basic Books（原谷達夫・野村昭共訳『偏見の心理』培風館，1968）.

Ancona, D. G., & Caldwell, D. F.（1992）. Demography and design: Predictors of new product team performance. *Organization Science, 3*(3), 321-341.

安藤房治（2001）.「インクルージョンに関する研究動向」『特殊教育学研究』第39巻，第2号，65-71頁.

有村貞則（2008）.「日本のダイバーシティ・マネジメント論」『異文化経営研究』第5巻，55-70頁.

朝日新聞出版（2016）.「リファラル採用」『コトバンク：知恵蔵 mini』https://kotobank.jp/word/%E3%83%AA%E3%83%95%E3%82%A1%E3%83%A9%E3%83%AB%E6%8E%A1%E7%94%A8-1733475#E7.9F.A5.E6.81.B5.E8.94.B5mini（2018年7月12日閲覧）.

浅井希和子（2019）.「第4章 人材育成と参加的意思決定」上林憲雄・平野光俊編著『日本の人事システム：その伝統と革新』（82-101頁）同文舘出版.

Balafoutas, L., Davis, B. J., & Sutter, M.（2016）. Affirmative action or just discrimination? A study on the endogenous emergence of quotas. *Journal of Economic Behavior & Organization, 127*, 87-98.

Bell, S. T., Villado, A. J., Lukasik, M. A., Belau, L., & Briggs, A. L.（2011）. Getting specific about demographic diversity variable and team performance relationships: A meta-analysis. *Journal of Management, 37*(3), 709-743.

Blau, P. M.（1964）. *Exchange and power in social life*. John Wiley & Sons（間場寿一・居安正・塩原勉共訳『交換と権力：社会過程の弁証法社会学』新曜社，1974）.

Brewer, M. B.(1979). In-group bias in the minimal intergroup situation: A cognitive-motivational analysis. *Psychological Bulletin, 86*(2), 307.

Brewer, M. B.(1991). The social self: On being the same and different at the same time. *Personality and Social Psychology Bulletin, 17*(5), 475-482.

Brewer, M. B., & Gardner, W.(1996). Who is this "We"? Levels of collective identity and self representations. *Journal of Personality and Social Psychology, 71*(1), 83-93.

Brimhall, K. C., Mor Barak, M. E., Hurlburt, M., McArdle, J. J., Palinkas, L., & Henwood, B.(2017). Increasing workplace inclusion: The promise of leader-member exchange. *Human Service Organizations: Management, Leadership & Governance, 41*(3), 222–239.

Buengeler, C., Leroy, H., & De Stobbeleir, K.(2018). How leaders shape the impact of HR's diversity practices on employee inclusion. *Human Resource Management Review, 28*(3), 289-303.

Byrne, D. E.(1971). *The attraction paradigm.* Academic Press.

Carmeli, A., Reiter-Palmon, R., & Ziv, E.(2010). Inclusive leadership and employee involvement in creative tasks in the workplace: The mediating role of psychological safety. *Creativity Research Journal, 22*(3), 250-260.

Cho, S., & Mor Barak, M. E.(2008). Understanding of diversity and inclusion in a perceived homogeneous culture: A study of organizational commitment and job performance among Korean employees. *Administration in Social Work, 32*(4), 100-126.

Choi, S. B., Tran, T. B. H., & Park, B. I.(2015). Inclusive leadership and work engagement: Mediating roles of affective organizational commitment and creativity. *Social Behavior and Personality: An International Journal, 43*(6), 931-943.

中日新聞 (2018).「育休の延長目的，保育所落選狙い増 政府が対策検討」7月4日，朝刊.

中小企業庁 (2012).「平成24年度版 中小企業BCPの策定促進に向けて：中小企業が緊急事態を生き抜くために」中小企業庁ホームページ．http://www.chusho.meti.go.jp/bcp/2012/download/24fyBCP.pdf (2018年6月4日閲覧).

Cooper, D., & Thatcher, S. M.(2010). Identification in organizations: The role of self-concept orientations and identification motives. *Academy of Management Review, 35*(4), 516-538.

Cox Jr, T.(1991). The multicultural organization. *Academy of Management Executive, 5*(2), 34-47.

Cox, T. H.(1993). *Cultural diversity in organizations: Theory, research and practice.* Berrett-Koehler Publishers.

Cox, T. H., & Blake, S.(1991). Managing cultural diversity: Implications for organizational competitiveness. *Academy of Management Executive, 5*(3), 45-56.

Cropanzano, R., & Mitchell, M. S. (2005). Social exchange theory: An interdisciplinary review. *Journal of Management, 31*(6), 874-900.

大坊郁夫（2005）.「社会的場面における人間の非言語的な行動と親和性の向上」『バイオメカニズム学会誌』第 29 巻，第 3 号，118-123 頁.

大坊郁夫（2006）.「コミュニケーション・スキルの重要性」『日本労働研究雑誌』第 48 巻，第 1 号，13-22 頁.

Deci, E. L., & Ryan, R. M. (2000). The "what" and "why" of goal pursuits: Human needs and the self-determination of behavior. *Psychological Inquiry, 11*(4), 227-268.

Dienesch, R. M., & Liden, R. C. (1986). Leader-member exchange model of leadership: A critique and further development. *Academy of Management Review, 11*(3), 618-634.

Downey, S. N., Werff, L., Thomas, K. M., & Plaut, V. C. (2015). The role of diversity practices and inclusion in promoting trust and employee engagement. *Journal of Applied Social Psychology, 45*(1), 35-44.

Edmondson, A. (1999). Psychological safety and learning behavior in work teams. *Administrative Science Quarterly, 44*(2), 350-383.

Ely, R. J., & Thomas, D. A. (2001). Cultural diversity at work: The effects of diversity perspectives on work group processes and outcomes. *Administrative Science Quarterly, 46*(2), 229-273.

Ferdman, B. M. (2014). The practice of inclusion in diverse organizations. In B. M. Fredman & B. R. Deane (eds.), *Diversity at work: The practice of inclusion* (pp. 3-54). Jossey-Bass.

フィールズ，ジョージ（1987）.「終身雇用の恩恵と弊害」NHK 取材班：ジョージ・フィールズ；ジェームズ・C・アベグレン；牛尾治朗『日本解剖 1 経済大国の源泉：社長・日本の会社はだれのものか：終身雇用・その神話と現実』（122-131 頁）日本放送出版協会.

Findler, L., Wind, L. H., & Mor Barak, M. E. (2007). The challenge of workforce management in a global society: Modeling the relationship between diversity, inclusion, organizational culture, and employee well-being, job satisfaction and organizational commitment. *Administration in Social Work, 31*(3), 63-94.

Foster Curtis, E., & Dreachslin, J. L. (2008). Integrative literature review: Diversity management interventions and organizational performance: A synthesis of current literature. *Human Resource Development Review, 7*(1), 107-134.

藤本健太郎（2010）.「社会保障とソーシャルインクルージョン」『経営と情報：静岡県立大学・経営情報学部／学報』第 22 巻，第 2 号，45-56 頁.

船越多枝（2016a）.「日本におけるインクルージョン概念の妥当性関する理論検討」神戸大学大学院経営学研究科ワーキングペーパー（201613a）.

船越多枝（2016b）.「インクルージョン概念の日本における適用可能性：日本の製造業社員を対象とした実証研究」神戸大学大学院経営学研究科ワーキングペーパー（201614a）.

船越多枝（2019）.「ダイバーシティ・マネジメントにおけるインクルージョンの効果と促進要因」神戸大学大学院経営学研究科博士論文. http://www.lib.kobe-u.ac.jp/handle_kernel/D1007416

Gonzalez, J. A., & Denisi, A. S. (2009). Cross-level effects of demography and diversity climate on organizational attachment and firm effectiveness. *Journal of Organizational Behavior, 30*(1), 21-40.

Guillaume, Y. R., Dawson, J. F., Otaye-Ebede, L., Woods, S. A., & West, M. A. (2017). Harnessing demographic differences in organizations: What moderates the effects of workplace diversity? *Journal of Organizational Behavior, 38*(2), 276-303.

Gündemir, S., Homan, A. C., Usova, A., & Galinsky, A. D. (2017). Multicultural meritocracy: The synergistic benefits of valuing diversity and merit. *Journal of Experimental Social Psychology, 73*, 34-41.

Hall, E. T. (1976). *Beyond culture*. Anchor Press（岩田慶治・谷泰訳『新装版　文化を超えて』TBS ブリタニカ，1993）.

濱口桂一郎（2011）.『日本の雇用と労働法』日本経済新聞出版社.

濱口桂一郎（2015）.『働く女子の運命』文藝春秋.

韓昌完・小原愛子・矢野夏樹・青木真理恵（2013）.「日本の特別支援教育におけるインクルーシブ教育の現状と今後の課題に関する文献的考察：現状分析と国際比較分析を通して」『琉球大学教育学部紀要』第83集，113-120頁.

Harrison, D. A., Price, K. H., & Bell, M. P. (1998). Beyond relational demography: Time and the effects of surface-and deep-level diversity on work group cohesion. *Academy of Management Journal, 41*(1), 96-107.

Harrison, D. A., Price, K. H., Gavin, J. H., & Florey, A. T. (2002). Time, teams, and task performance: Changing effects of surface-and deep-level diversity on group functioning. *Academy of Management Journal, 45*(5), 1029-1045.

服部泰宏（2018）.「多様化する働き方と心理的契約のマネジメント」『一橋ビジネスレビュー』第66巻，第2号，8-27頁.

Hays-Thomas, R., & Bendick, M. (2013). Professionalizing diversity and inclusion practice: Should voluntary standards be the chicken or the egg? *Industrial and Organizational Psychology, 6*(3), 193-205.

間宏（1964）.『日本労務管理史研究』ダイヤモンド社.

Hideg, I., & Ferris, D. L. (2017). Dialectical thinking and fairness-based perspectives of affirmative action. *Journal of Applied Psychology, 102*(5), 782-801.

Hirak, R., Peng, A. C., Carmeli, A., & Schaubroeck, J. M. (2012). Linking leader inclusiveness to work unit performance: The importance of psychological safety and learning from failures. *The Leadership Quarterly, 23*(1), 107-117.

平野光俊 (2006). 『日本型人事管理』中央経済社.

平野光俊 (2013). 「第9章『多様な正社員』と雇用の境界：三層労働市場モデルからの分析」上林憲雄編著『変貌する日本型経営：グローバル市場主義の進展と日本企業』(177-197頁) 中央経済社.

平野光俊 (2019). 「第1章 人事部の新しい役割：社員格付け制度との関連から」上林憲雄・平野光俊編著『日本の人事システム：その伝統と革新』(18-41頁) 同文舘出版.

平野光俊・江夏幾多郎 (2018). 『人事管理：人と企業, ともに活きるために』有斐閣.

Hogg, M. A., & Abrams, D. (1988). *Social identifications: A social psychology of intergroup relations and group processes.* Routledge (吉森護・野村泰代訳『社会的アイデンティティ理論：新しい社会心理学体系化のための一般理論』北大路書房, 1995).

Homan, A. C., Hollenbeck, J. R., Humphrey, S. E., Van Knippenberg, D., Ilgen, D. R., & Van Kleef, G. A. (2008). Facing differences with an open mind: Openness to experience, salience of intragroup differences, and performance of diverse work groups. *Academy of Management Journal, 51*(6), 1204-1222.

Horwitz, S. K., & Horwitz, I. B. (2007). The effects of team diversity on team outcomes: A meta-analytic review of team demography. *Journal of Management, 33*(6), 987-1015.

一小路武安 (2016). 「日本におけるダイバーシティ概念の社会的受容：新聞記事データの分析から」『東洋大学経営論集』第88号, 29-42頁.

伊丹敬之 (1987). 『人本主義企業：変わる経営変わらぬ原理』筑摩書房.

岩田龍子 (1977). 『日本的経営の編成原理』文眞堂.

Jackson, S. E., Joshi, A., & Erhardt, N. L. (2003). Recent research on team and organizational diversity: SWOT analysis and implications. *Journal of Management, 29*(6), 801-830.

Jackson, S. E., May, K. E., & Whitney, K. (1995). Understanding the dynamics of diversity in decision making teams. Guzzo, R. A., Salas, E. & associates (eds.). *Team effectiveness and decision making in organizations*, pp. 204-261. Jossey-Bass.

Jans, L., Postmes, T., & Zee, K. I. (2012). Sharing differences: The inductive route to social identity formation. *Journal of Experimental Social Psychology, 48*(5), 1145-1149.

Jansen, W. S., Otten, S., Zee, K. I., & Jans, L. (2014). Inclusion: Conceptualization and measurement. *European Journal of Social Psychology, 44*(4), 370-385.

Jansen, W. S., Vos, M. W., Otten, S., Podsiadlowski, A., & van der Zee, K. I. (2016).

Colorblind or colorful? How diversity approaches affect cultural majority and minority employees. *Journal of Applied Social Psychology, 46*(2), 81-93.

Jehn, K. A., Northcraft, G. B., & Neale, M. A. (1999). Why differences make a difference: A field study of diversity, conflict and performance in workgroups. *Administrative Science Quarterly, 44*(4), 741-763.

神信人・山岸俊男（1997）.「社会的ジレンマにおける集団協力ヒューリスティクスの効果」『社会心理学研究』第 12 巻，第 3 号，190-198 頁.

㈱情報処理推進機構 IT 人材育成本部（2018）.「IT 人材の女性割合」『IT 人材白書 2018 概要版』独立行政法人情報処理推進機構ホームページ. https://www.ipa.go.jp/files/000065943.pdf（2018 年 5 月 17 日閲覧）.

加護野忠男（1997）.『日本型経営の復権：「ものづくり」の精神がアジアを変える』PHP 研究所.

金井壽宏（1992）.「経営のなかの家族メタファー：DEC 社の社風との比較からみた日本的経営」上野千鶴子・鶴見俊輔・中井久夫・中村達也・宮田登・山田太一編『シリーズ変貌する家族 7 メタファーとしての家族』(41-63 頁) 岩波書店.

金井壽宏（1997）.「経営における理念（原理・原則），経験，物語，議論」『神戸大学研究年報 経營學・會計學・商學』第 43 号，1-75 頁.

Kanter, R. M. (1977). *Men and women of the corporation.* Basic Books（高井葉子訳『企業のなかの男と女：女性が増えれば職場が変わる』生産性出版，1995）.

河口真理子（2013）.「ダイバーシティ経営：いまだ「女性」が課題の日本企業：変えるには何が必要か」『大和総研調査季報』Vol. 9，80-103 頁.

（公社）経済同友会（2012）.「『意思決定ボード』のダイバーシティに向けた経営者の行動宣言：競争力としての女性管理職・役員の登用・活用」経済同友会.

（公社）経済同友会（2014）.「企業のグローバル競争力強化のためのダイバーシティ＆インクルージョン：「適材適所」による人財育成とボーダーレスの「適所適財」の実現」経済同友会.

（公社）経済同友会（2016）.「生産性革新に向けたダイバーシティの進化：グローバル，デジタル時代を勝ち抜くための KPI」経済同友会.

経済産業省（2015）.「平成 26 年度『ダイバーシティ経営企業 100 選』ベストプラクティス集」経済産業省ホームページ. http://www.meti.go.jp/policy/economy/jinzai/diversity/kigyo100sen/practice/pdf/h26_practice.pdf（閲覧日：2019 年 1 月 20 日）.

経済産業省（2016）.「平成 27 年度『新・ダイバーシティ経営企業 100 選』ベストプラクティス集」経済産業省ホームページ. http://www.meti.go.jp/policy/economy/jinzai/diversity/kigyo100sen/practice/pdf/h27practice.pdf（閲覧日：2018 年 7 月 19 日）.

経済産業省（2021）.「令和 2 年度 新・ダイバーシティ経営企業 100 選 100 選プライム

／新100選ベストプラクティス集」経済産業省ホームページ．https://www.meti.go.jp/policy/economy/jinzai/diversity/kigyo100sen/r2besupura.pdf（閲覧日：2021年7月21日）．

経済産業省・競争戦略としてのダイバーシティ経営（ダイバーシティ2.0）の在り方に関する検討会（2017）．「ダイバーシティ2.0 検討会報告書：競争戦略としてのダイバーシティの実践に向けて」経済産業省．

経済産業省（2017）．「平成28年度『新・ダイバーシティ経営企業100選』ベストプラクティス集」経済産業省ホームページ．http://www.meti.go.jp/policy/economy/jinzai/diversity/kigyo100sen/practice/pdf/rh28practice.pdf（閲覧日：2018年5月29日）．

経済産業省（2018a）．「平成29年度『新・ダイバーシティ経営企業100選』『100選プライム』ベストプラクティス集」経済産業省ホームページ．http://www.meti.go.jp/policy/economy/jinzai/diversity/kigyo100sen/practice/pdf/H29_diversity_ichiran.pdf（閲覧日：2018年6月28日）．

経済産業省（2018b）．「平成29年度『新・ダイバーシティ経営企業100選』『100選プライム』の公募について」経済産業省ホームページ．http://www.meti.go.jp/policy/economy/jinzai/diversity/kigyo100sen/entry/index.html（閲覧日：2018年5月29日）．

経済産業省・企業活力とダイバーシティ推進に関する研究会（2012）．「ダイバーシティと女性活躍の推進：グローバル化時代の人材戦略」（経済産業省委託事業：平成23年度企業におけるダイバーシティ推進の経営効果等に関する調査研究）経済産業省．http://www.meti.go.jp/meti_lib/report/2012fy/E002084.pdf（2018年7月19日閲覧）

Kelly, E., & Dobbin, F. (1998). How affirmative action became diversity management employer response to antidiscrimination law, 1961 to 1996. *American Behavioral Scientist, 41*(7), 960-984.

Kern, M. L., Waters, L. E., Adler, A., & White, M. A. (2015). A multidimensional approach to measuring well-being in students: Application of the PERMA framework. *The Journal of Positive Psychology, 10*(3), 262-271.

金倫廷・大月博司（2013）．「組織コントロールの規定要因としてのアイデンティティ志向」『早稲田商学』第437号，147-170頁．

北居明（2014）．『学習を促す組織：マルチレベルアプローチによる実証分析』有斐閣．

国立社会保障・人口問題研究所（2017）．「2015年 社会保障・人口問題基本調査（結婚と出産に関する全国調査）現代日本の結婚と出産：第15回出生動向基本調査（独身者調査ならびに夫婦調査）報告書」調査研究報告資料 第35号．

㈱国立特別支援教育総合研究所（n.d.）．「サマランカ声明」独立行政法人国立特別支援教育総合研究所ホームページ．http://www.nise.go.jp/blog/2000/05/b1_h060600_01.html（2021年5月9日閲覧）．

厚生労働省（2014）.『平成 26 年版厚生労働白書：健康長寿社会の実現に向けて：健康・予防元年』厚生労働省ホームページ．http://www.mhlw.go.jp/wp/hakusyo/kousei/14/dl/1-00.pdf

厚生労働省（2017）.「平成 29 年 10 月より育児休業給付金の支給期間が 2 歳まで延長されます」厚生労働省ホームページ．https://www.mhlw.go.jp/file/06-Seisakujouhou-11600000-Shokugyouanteikyoku/0000169691.pdf（2018 年 7 月 20 日閲覧）.

Kramer, R. M., & Brewer, M. B.（1984）. Effects of group identity on resource use in a simulated commons dilemma. *Journal of Personality and Social Psychology, 46*(5), 1044-1057.

Lau, D., & Murnighan, J. K.（1998）. Demographic diversity and faultlines: The compositional dynamics of organizational groups. *Academy of Management Review, 23*(2), 325-340.

Lirio, P., Lee, M. D., Williams, M. L., Haugen, L. K., & Kossek, E. E.（2008）. The inclusion challenge with reduced-load professionals: The role of the manager. *Human Resource Management, 47*(3), 443-461.

Liu, Y., Wang, M., Chang, C. H., Shi, J., Zhou, L., & Shao, R.（2015）. Work–family conflict, emotional exhaustion, and displaced aggression toward others: The moderating roles of workplace interpersonal conflict and perceived managerial family support. *Journal of Applied Psychology, 100*(3), 793.

Mamman, A., Kamoche, K., & Bakuwa, R.（2012）. Diversity, organizational commitment and organizational citizenship behavior: An organizing framework. *Human Resource Management Review, 22*(4), 285-302.

松村歌子（2012）.「女性の雇用をめぐる状況とポジティブ・アクション」『総合福祉科学研究』第 3 号，139-154 頁.

Mayer, R. C., & Gavin, M. B.（2005）. Trust in management and performance: Who minds the shop while the employees watch the boss? *Academy of Management Journal, 48*(5), 874-888.

Miller, F. A.（1998）. Strategic culture change: The door to achieving high performance and inclusion. *Public Personnel Management, 27*(2), 151-160.

Milliken, F. J., & Martins, L. L.（1996）. Searching for common threads: Understanding the multiple effects of diversity in organizational groups. *Academy of Management Review, 21*(2), 402-433.

Mitchell, R., Boyle, B., Parker, V., Giles, M., Chiang, V., & Joyce, P.（2015）. Managing inclusiveness and diversity in teams: How leader inclusiveness affects performance through status and team identity. *Human Resource Management, 54*(2), 217-239.

三戸公（1987）．『恥を捨てた日本人：民主主義と「家」の論理』未來社.

三戸公（1991）．『家の論理 1 日本的経営論序説』文眞堂.

三好正彦（2009）．「特別支援教育とインクルーシブ教育の接点の探究：日本におけるインクルーシブ教育定着の可能性」『京都大学学術情報リポジトリ（人間・環境学)』第18巻，27-37頁.

Mor Barak, M. E. (1999). Beyond affirmative action: Toward a model of diversity and organizational inclusion. *Administration in Social Work, 23*(3-4), 47-68.

Mor Barak, M. E. (2015). Inclusion is the key to diversity management, but what is inclusion?. *Human Service Organizations: Management, Leadership & Governance, 39*(2), 83-88.

Mor Barak, M. E., Cherin, D. A., & Berkman, S. (1998). Organizational and personal dimensions in diversity climate ethnic and gender differences in employee perceptions. *Journal of Applied Behavioral Science, 34*(1), 82-104.

Mor Barak, M. E., & Levin, A. (2002). Outside of the corporate mainstream and excluded from the work community: A study of diversity, job satisfaction and well-being. *Community, Work & Family, 5*(2), 133-157.

Mor Barak, M. E., Lizano, E. L., Kim, A., Duan, L., Rhee, M. K., Hsiao, H. Y., & Brimhall, K. C. (2016). The promise of diversity management for climate of inclusion: A state-of-the-art review and meta-analysis. *Human Service Organizations: Management, Leadership & Governance, 40*(4), 305-333.

守島基博（2006）．「ホワイトカラー人材マネジメントの進化：はたして，成果主義は長期雇用と適合的なシステムなのか」伊丹敬之・岡島哲二・伊藤秀史・沼上幹編『リーディングス日本の企業システム 第2期第4巻』（269-303頁）有斐閣.

守島基博（2008）．「人材マネジメントと組織の活力：バブル経済崩壊以降の変化を中心に」一橋大学日本企業研究センター編『日本企業研究のフロンティア第4号：一橋大学日本企業研究センター研究年報 2008』（180-202頁）有斐閣.

中村久人（2010）．「リーダーシップ論の展開とリーダーシップ開発論」『経営力創成研究』第6巻, 57-71頁.

中根千枝（1967）．『タテ社会の人間関係：単一社会の理論』講談社.

内閣府（2019）．「第2章 労働市場の多様化とその課題」『令和元年度 年次経済財政報告書（経済財政政策担当大臣報告)：「令和」新時代の日本経済』内閣府. https://www5.cao.go.jp/j-j/wp/wp-je19/index_pdf.html（2021年7月26日最終閲覧）

内閣府男女共同参画局（2012）．「第2部 政治分野，行政分野，雇用分野及び科学技術・学術分野におけるポジティブ・アクションの推進方策［ポジティブ・アクションWG報告]」『男女共同参画会議 基本問題・影響調査専門調査会 報告書：最終報告』

内閣府男女共同参画局ホームページ．http://www.gender.go.jp/kaigi/senmon/kihon/kihon_eikyou/senmon.html（2021 年 5 月 20 日閲覧）．

内閣府男女共同参画局（2016）『ポジティブ・アクション』http://www.gender.go.jp/policy/positive_act/index.html（2019 年 1 月 20 日閲覧）．

内閣府男女共同参画局（2018）．「第 5 章 教育・研究における男女共同参画 第 1 節 教育をめぐる状況」『男女共同参画白書：平成 30 年版』内閣府男女共同参画局ホームページ．https://www.gender.go.jp/about_danjo/whitepaper/h29/zentai/pdf/h29_genjo.pdf （2021 年 8 月 12 日閲覧）

内閣府 男女共同参画局（2020）．「第 2 章 就業分野における男女共同参画」『男女共同参画白書 令和 2 年版』内閣府 男女共同参画局．https://www.gender.go.jp/about_danjo/whitepaper/r02/zentai/index.html（2021 年 7 月 26 日閲覧）．

内閣府「選択する未来」委員会（2015）．「選択する未来：人口推計から見えてくる未来像」内閣府．

中西絵里（2017）．「LGBT の現状と課題：性的指向又は性自認に関する差別とその解消への動き」『立法と調査』*395*, 3-17 頁．

Nembhard, I. M., & Edmondson, A. C. (2006). Making it safe: The effects of leader inclusiveness and professional status on psychological safety and improvement efforts in health care teams. *Journal of Organizational Behavior: The International Journal of Industrial, Occupational and Organizational Psychology and Behavior, 27* (7), 941-966.

日経連能力主義管理研究会（編）(1973)．『能力主義管理：その理論と実践（第 6 版）』日本経営者団体連盟弘報部．

（一社）日本経済団体連合会（2020）．「ポストコロナ時代を見据えたダイバーシティ＆インクルージョン推進に関するアンケート結果」日本経済団体連合会．https://www.keidanren.or.jp/policy/2020/102.pdf （2021 年 7 月 26 日閲覧）．

日本経済新聞 電子版（2018）．「保育『落選狙い』対策へ 育休延長目的で申し込み」．https://www.nikkei.com/article/DGXMZO32588880U8A700C1000000/（2021 年 5 月 24 日閲覧）．

日本労働組合総連合（2017）．「1-4 表 女性比率の推移」『連合・賃金レポート 2017─峠を越えたか 日本の企業の高年齢化』日本労働組合総連合ホームページ．https://www.jtuc-rengo.or.jp/activity/roudou/shuntou/2017/wage_report/wage_report.pdf#search = %27%E8%A3%BD%E9%80%A0%E6%A5%AD+%E5%A5%B3%E6%80%A7%E6%AF%94%E7%8E%87+2017%27（2018 年 5 月 17 日閲覧）．

（公財）日本対がん協会（2018）．「がんサバイバークラブとは？：最初に…『がんサバイバー』ってなに？」公益財団法人日本対がん協会ホームページ https://www.

gsclub.jp/gsc（2018 年 12 月 4 日閲覧）.

Nishii, L. H. (2013). The benefits of climate for inclusion for gender-diverse groups. *Academy of Management Journal, 56*(6), 1754-1774.

Nishii, L. H., & Mayer, D. M. (2009). Do inclusive leaders help to reduce turnover in diverse groups? The moderating role of leader–member exchange in the diversity to turnover relationship. *Journal of Applied Psychology, 94*(6), 1412-1416.

Nkomo, S., & Hoobler, J. M. (2014). A historical perspective on diversity ideologies in the United States: Reflections on human resource management research and practice. *Human Resource Management Review, 24*(3), 245-257.

野畑眞理子（2012）.「米国における雇用の機会平等とステイクホルダー」『都留文科大学大学院紀要』第 16 集，1-28 頁.

野畑眞理子（2013）.「米国企業におけるダイバーシティ・イニシアティブ：アファーマティブ・アクションからマネジング・ダイバーシティへ」『都留文科大学大学院紀要』第 17 集，1-18 頁.

㈱NTT データ経営研究所（2019）.「諸外国におけるダイバーシティの視点からの行政評価の取組に関する調査研究報告書」総務省行政評価局.

小川修平（2010）.「多文化教育実践モデルの社会心理学的分析：エリン・グルーウェルによる人種間対立を改善する授業実践を事例として」『多言語多文化：実践と研究』Vol. 3, 102-124 頁.

奥林康司・平野光俊編著（2014）.『多様な人材のマネジメント』中央経済社.

O'Leary, B. J., & Weathington, B. L. (2006). Beyond the business case for diversity in organizations. *Employee Responsibilities and Rights Journal, 18*(4), 283-292.

小野善生（2013）.「フォロワーシップ論の展開」『關西大學商學論集』58, 73-91.

大城朝子（2008）.「『日本的経営』に関する先行研究について：アベグレン，伊丹，加護野を中心として」『名城論叢』第 9 巻，第 2 号，111-123 頁.

大槻茂実（2006）.「外国人接触と外国人意識 JGSS-2003 データによる接触仮説の再検討」『日本版 General Social Surreys 研究論文集 JGSS で見た日本人の意識と行動』第 5 号，149-159 頁.

Pelled, L. H. (1998). Demographic diversity, conflict, and work group outcomes: An intervening process theory. *Organization Science, 7*(6), 615-631.

Pelled, L. H., Ledford Jr, G. E., & Mohrman, S. A. (1999). Demographic dissimilarity and workplace inclusion. *Journal of Management Studies, 36*(7), 1013-1031.

Pettigrew, T. F. (1997). Generalized intergroup contact effects on prejudice. *Personality and Social Psychology Bulletin, 23*(2), 173-185.

Pfeffer, J. (1985). Organizational demography: Implications for management. *California*

*Management Review, 28*(1), 67-81.

Pless, N., & Maak, T. (2004). Building an inclusive diversity culture: Principles, processes and practice. *Journal of Business Ethics, 54*(2), 129-147.

Qin, J., Muenjohn, N., & Chhetri, P. (2014). A review of diversity conceptualizations: Variety, trends, and a framework. *Human Resource Development Review, 13*(2), 133-157.

Randel, A. E., Dean, M. A., Ehrhart, K. H., Chung, B., & Shore, L. (2016). Leader inclusiveness, psychological diversity climate, and helping behaviors. *Journal of Managerial Psychology, 31*(1), 216-234.

Randel, A. E., Galvin, B. M., Shore, L. M., Ehrhart, K. H., Chung, B. G., Dean, M. A., & Kedharnath, U. (2018). Inclusive leadership: Realizing positive outcomes through belongingness and being valued for uniqueness. *Human Resource Management Review, 28*(2), 190-203.

Richard, O. C., Kirby, S. L., & Chadwick, K. (2013). The impact of racial and gender diversity in management on financial performance: How participative strategy making features can unleash a diversity advantage. *International Journal of Human Resource Management, 24*(13), 2571-2582.

Roberson, Q. M. (2006). Disentangling the meanings of diversity and inclusion in organizations. *Group & Organization Management, 31*(2), 212-236.

㈱労働政策研究・研修機構 (2019). 『労働力需給の推計：労働力需給モデル (2018 年度版) による将来推計』JILPT 資料シリーズ NO. 209, 2019 年 3 月. https://www.jil.go.jp/institute/siryo/2019/documents/209.pdf (2021 年 7 月 26 日閲覧).

Rousseau, D. A. (2001). The idiosyncratic deal: Flexibility versus fairness? *Organizational Dynamics, 29*(4), 260-273.

Ryan, A. M., & Kossek, E. E. (2008). Work-life policy implementation: Breaking down or creating barriers to inclusiveness? *Human Resource Management, 47*(2), 295-310.

Sabharwal, M. (2014). Is diversity management sufficient? Organizational inclusion to further performance. *Public Personnel Management, 43*(2), 197-217.

齋藤敦子・杉村宏之 (2017)「働く場所の柔軟な選択とウェルビーイング度の関係の研究」『経営情報学会 全国研究発表大会要旨集 2017 年春季全国研究発表大会』245-248 頁.

酒向真理 (2006).「二十一世紀日本の労使システム」伊丹敬之・岡島哲二・伊藤秀史・沼上幹編『リーディングス日本の企業システム 第Ⅱ期第 4 巻』(234-268 頁) 有斐閣.

佐藤俊樹 (1993).『近代・組織・資本主義：日本と西欧における近代の地平』ミネルヴァ書房.

佐藤博樹 (2011).「序章 ワーク・ライフ・バランスと働き方改革」佐藤博樹・武石恵

美子編『ワーク・ライフ・バランスと働き方改革』(1-26頁) 勁草書房.

佐藤博樹・武石恵美子 (2014).「序章ワーク・ライフ・バランス支援の課題 人材多様化時代にける企業の対応」佐藤博樹・武石恵美子編『ワーク・ライフ・バランス支援の課題：人材多様化時代における企業の対応』(1-11頁) 東京大学出版会.

Schein, E. H. (1999). *The corporate culture survival guide.* Jossey-Bass (金井壽宏監訳, 尾川丈一・片山佳代子訳『企業文化 生き残りの指針』白桃書房, 2004).

Sherif, M., Harvey, O. J., White, B. J., Hood, W. R., & Sherif, C. W. (1961). *The Robbers Cave experiment: Intergroup cooperation and competition.* Wesleyan.

新村出編 (2018).『広辞苑 第7版』岩波書店.

篠﨑香織・伊波和恵・田畑智章 (2018).「正社員・正職員同士の共働き家庭におけるワーク・ファミリー・コンフリクト」『実践女子大学人間社会学部紀要』第14集, 1-16頁.

Shore, L. M., Cleveland, J. N., & Sanchez, D. (2018). Inclusive workplaces: A review and model. *Human Resource Management Review, 28*(2), 176-189.

Shore, L. M., Randel, A. E., Chung, B. G., Dean, M. A., Ehrhart, K. H., & Singh, G. (2011). Inclusion and diversity in work groups: A review and model for future research. *Journal of Management, 37*(4), 1262-1289.

Shteynberg, G., Leslie, L. M., Knight, A. P., & Mayer, D. M. (2011). But affirmative action hurts us! Race-related beliefs shape perceptions of White disadvantage and policy unfairness. *Organizational Behavior and Human Decision Processes, 115*(1), 1-12.

首相官邸・すべての女性が輝く社会づくり本部 (2018).「女性活躍のための重点方針2018」首相官邸. https://www.kantei.go.jp/jp/headline/brilliant_women/pdf/20180612honbun.pdf (2018年7月1日閲覧).

総務省 (2017).『平成29年版情報通信白書』http://www.soumu.go.jp/johotsusintokei/whitepaper/ja/h29/pdf/n3100000.pdf (2018年6月2日閲覧).

総務省 (2019).「高度外国人材の受け入れに関する政策評価書」総務省. https://www.soumu.go.jp/main_content/000627735.pdf (2021年7月26日閲覧).

Stamper, C. L., & Masterson, S. S. (2002). Insider or outsider? How employee perceptions of insider status affect their work behavior. *Journal of Organizational Behavior, 23*(8), 875-894.

Stevens, F. G., Plaut, V. C., & Sanchez-Burks, J. (2008). Unlocking the benefits of diversity: All-inclusive multiculturalism and positive organizational change. *The Journal of Applied Behavioral Science, 44*(1), 116-133.

鈴木竜太 (2013).『関わりあう職場のマネジメント』有斐閣.

Tajfel, H. (2010). *Human groups and social categories: Studies in social psychology.* Cambridge University Press (Original work published 1981, Cambridge University

Press).

Tajfel, H., Billig, M. G., Bundy, R. P., & Flament, C. (1971). Social categorization and intergroup behaviour. *European Journal of Social Psychology, 1*(2), 149-178.

高松侑矢（2015）.「ダイバーシティ・マネジメントとグローバル・マインド形成の研究」『西南学院大学大学院研究論集』第 1 号，1-14 頁.

武石恵美子（2014）.「第 1 章 女性の仕事意欲を高める企業の取り組み」佐藤博樹・武石恵美子編『ワーク・ライフ・バランス支援の課題 人材多様化時代における企業の対応』（15-33 頁）東京大学出版会.

Tang, N., Jiang, Y., Chen, C., Zhou, Z., Chen, C. C., & Yu, Z. (2015). Inclusion and inclusion management in the Chinese context: An exploratory study. *International Journal of Human Resource Management, 26*(6), 856-874.

谷口真美（2005）.『ダイバシティ・マネジメント：多様性をいかす組織』白桃書房.

谷口真美（2008）.「組織におけるダイバシティ・マネジメント」『日本労働研究雑誌』第 574 号，69-84 頁.

谷口真美（2016）.「多様性の捉え方」『季刊家計経済研究』No. 111, 12-22 頁.

Theodorakopoulos, N., & Budhwar, P. (2015). Guest editors' introduction: Diversity and inclusion in different work settings: Emerging patterns, challenges, and research agenda. *Human Resource Management, 54*(2), 177-197.

Thomas, D. A., & Ely, R. J. (1996). Making differences matter. *Harvard Business Review, 74*(5), 79-90.

Thomas, R. R. (1990). From affirmative action to affirming diversity. *Harvard Business Review, 1*.

Tsui, A. S., Egan, T. D., & O'Reilly Ⅲ, C. A. (1992). Being different: Relational demography and organizational attachment. *Administrative Science Quarterly, 37*(4), 549-579.

辻村みよ子（2011a）.「ポジティブ・アクションについて：有効・適切な導入のための総論的検討」『内閣府男女共同参画局 基本問題・影響調査専門調査会 第 2 回配布資料』内閣府男女共同参画局. http://www.gender.go.jp/kaigi/senmon/kihon/kihon_eikyou/pa/02/pdf/tujimura_data.pdf（2018 年 7 月 1 日閲覧）.

辻村みよ子（2011b）.『ポジティヴ・アクション：「法による平等」の技法』岩波書店.

鶴光太郎（2016）.『人材覚醒経済』日本経済新聞出版社.

Turner, J. C., Hogg, M. A., Oakes, P. J., Reicher, S. D., & Wetherell, M. S. (1987). *Rediscovering the social group: A self-categorization theory.* Blackwell（蘭千壽・磯崎三喜年・内藤哲雄・遠藤由美訳『社会集団の再発見：自己カテゴリー化理論』誠信書房，1995）.

Van Knippenberg, D., De Dreu, C. K., & Homan, A. C. (2004). Work group diversity and group performance: an integrative model and research agenda. *Journal of Applied Psychology, 89*(6), 1008.

Williams, K. Y., & O'Reilly Ⅲ, C. A. (1998). Demography and Diversity in Organizations: A review of 40 years of research. *Organizational Behavior, 20*, 77-140.

Winters, M. F. (2014). From diversity to inclusion: An inclusion equation. In B. M. Fredman & B. R. Deane (eds.), *Diversity at work: The practice of inclusion* (pp. 205-228). Jossey-Bass.

八幡ゆかり（2012）.「わが国におけるインクルーシブ教育のあり方：統合教育の歴史的背景を踏まえて」『鳴門教育大学研究紀要』第27巻，65-79頁.

矢島洋子（2017）.「女性活躍の視点からみた企業のあり方(2) 女性管理職の登用」『共同参画』6月，13頁.

矢島洋子・服部保志・鈴木洋子・塚田聡・尾島有美・野田鈴子（2017）.「政策研究レポート：企業におけるダイバーシティに関するアンケート調査」三菱UFJリサーチ＆コンサルティング. http://www.murc.jp/thinktank/rc/politics/politics_detail/seiken_170629.pdf（2018年5月31日閲覧）.

# 人名・組織名索引

# 事項索引

■著者紹介

船越　多枝（ふなこし・たえ）

大阪女学院大学国際・英語学部准教授。外資系企業を含む複数の企業での勤務を経て，日系企業でダイバーシティ推進，国内外の人材開発，企画管理などにマネジャーとして携わる。2013年神戸大学大学院経営学研究科専門職学位課程現代経営学専攻修了（経営学修士：MBA），2019年神戸大学大学院経営学研究科博士課程後期課程修了。博士（経営学）。2017年大阪女学院大学国際・英語学部専任講師。2019年4月より現職。2021年度神戸大学大学院経営学研究科研究員。

研究分野：
　組織行動論，ダイバーシティ＆インクルージョン・マネジメント，企業における人材開発及び働き方

主な論文：
「日本企業におけるグローバル人材育成に関する一考察：駐在経験の有無に着目して」『大阪女学院大学紀要』第16号，pp. 37-60，2020年
「日本におけるインクルージョン概念の妥当性に関する理論的検討」神戸大学大学院経営学研究科ワーキングペーパー，2016年
「インクルージョン概念の日本における適用可能性：日本の製造業社員を対象とした実証研究」神戸大学大学院経営学研究科ワーキングペーパー，2016年

■インクルージョン・マネジメント
　　個と多様性が活きる組織

■発行日──2021年9月7日　初版発行　　　　　〈検印省略〉
　　　　　　2022年1月7日　第2刷発行

■著　者──船越　多枝
　　　　　　ふなこし　たえ
■発行者──大矢栄一郎
■発行所──株式会社白桃書房
　　　　　　　　　　　　はくとうしょぼう

〒101-0021　東京都千代田区外神田5-1-15
☎ 03-3836-4781　FAX 03-3836-9370　振替 00100-4-20192
http://www.hakutou.co.jp/

■印刷・製本──平文社